DIE PRIMATEN
VON DER PARK AVENUE

WEDNESDAY
MARTIN

DIE PRIMATEN
VON DER
PARK AVENUE

Mütter auf High Heels
und was ich
unter ihnen lernte

Aus dem amerikanischen Englisch
von Nina Frey und
Hans-Christian Oeser

BERLIN VERLAG

Mehr über unsere Autoren und Bücher:
www.berlinverlag.de

MIX
Papier aus verantwor-
tungsvollen Quellen
FSC
www.fsc.org   FSC® C083411

ISBN 978-3-8270-1310-1
2. Auflage 2016
Die Originalausgabe erschien 2015 unter dem Titel
Primates of Park Avenue. A Memoir bei Simon & Schuster, New York.
© 2015 Wednesday Martin
Für die deutsche Ausgabe
© Piper Verlag in der Piper Verlag GmbH, München / Berlin 2016
Alle Rechte vorbehalten
Umschlaggestaltung Zero Werbeagentur, München
Gesetzt aus der Caslon von Fagott, Ffm
Druck & Bindung: CPI books GmbH, Leck
Printed in Germany

Für Blossom und Daphne.
Und für all die Mamis.

INHALT

——

EINLEITUNG

—

Unter den ersten Geschenken zur Geburt meines älteren Sohnes befand sich auch ein Babybuch von einer alten Freundin, selbst Mutter zweier Kinder, die noch immer in dem kleinen Nest in Michigan wohnt, wo wir gemeinsam aufwuchsen. Mit dem Geschenk wurde mein Sohn willkommen geheißen, zugleich aber der Umstand gewürdigt, dass ich mittlerweile an einem Ort lebte, der so ganz anders war als die Stätte unserer Kindheit: New York City. *Urban Babies Wear Black* ist ein launig illustriertes Pappbilderbuch, das mit der Prägnanz einer fünfminütigen Soziologievorlesung darlegt, inwiefern sich Großstadtbabys von anderen Babys unterscheiden – vom Outfit (schwarz und stylish statt rosa oder blau und auf niedlich getrimmt) über die Ernährung (Sushi und Café Latte statt Hot Dogs und Milch) bis hin zur Freizeitgestaltung (Opern- und Galeriebesuche statt Spielplatzfreuden). Ich bin mir ziemlich sicher, dass das Buch mir selbst deutlich besser gefiel als meinem Kind. Während unserer ersten gemeinsamen Wochen zu Hause las ich es ihm immer wieder vor. Manchmal ertappte ich mich sogar bei der Lektüre, wenn es gerade schlief.

Irgendwann dämmerte mir, dass der Reiz des Buches darin lag, dass es auch über die Mütter der Babys etwas zu sagen hatte. Wenn diese Wesen ihre Knirpse quer über die Buchseiten schoben, schubsten, schleppten oder chauffierten und ihnen städtischen Schick verpassten – ganz die Mama –, erhaschte man stets nur kleine, verführerische Ausschnitte von ihnen: hier High Heels, dort eine modische Hundeleine. Ob Nageldesign oder pelzbesetzte Babytragen, all das nahm ich, während ich meinem Sohn vorlas, genauestens unter die Lupe. Wer waren sie wirklich, diese glamourösen, mondänen Frauen mit ihren weltgewandten Babys? Was taten sie da eigentlich? Und vor allem: Wie taten sie es?

Ich wollte mehr über diese Großstadtbabymamis in Erfahrung bringen, denn ich wollte mehr über meine eigene Gesellschaftsgruppe wissen: Mütter in Manhattan. Als Frau im industrialisierten Westen bemutterte ich meinen Nachwuchs ganz anders als die Menschen, die ich im Rahmen meiner Arbeit als Sozialforscherin jahrelang studiert und beschrieben hatte (Schwerpunkt unter anderem: evolutionäre Geschichte und Vorgeschichte des Familienlebens). Jäger und Sammler oder Wildbeuter, die heute noch so leben wie einstmals unsere Vorfahren, ziehen ihre Kinder in der Gemeinschaft groß, in einem dichten sozialen Netzwerk von Müttern, Schwestern, Nichten und anderen Geschlechtsgenossinnen, die die Kinder anderer Frauen so zuverlässig versorgen (ja sogar stillen), als wären es ihre eigenen. Als meine Brüder und ich in Michigan aufwuchsen, konnte meine Mutter auf eine Variante dieses Unterstützungssystems zurückgreifen: Wenn sie Besorgungen erledigen oder ein Nickerchen machen wollte oder wenn sie sich schlicht und einfach nach der Gesellschaft von Erwachsenen sehnte, stand ein gutes Dutzend Nachbarinnen, allesamt Vollzeitmütter, als Quasi-Verwandtschaft bereit, um uns zu hüten. Für uns bedeutete es: mit anderen Kindern zusammmen zu sein. Die Hinterhöfe, durch die Wohnungen, Mütter und Kinder miteinander verbunden waren, brachten ein Geflecht aus reziprokem Altruismus hervor: Hilfst du mir, so helf ich dir. Heute habe ich vom Küchenfenster aus ein Auge auf die Kinder, morgen bist du an der Reihe. Danke fürs Mehl; wenn der Kuchen gar ist, bring ich dir ein, zwei Stück vorbei.

In krassem Gegensatz dazu lebten mein New Yorker Großstadtbaby und ich trotz unserer Nähe zu so vielen anderen Menschen völlig isoliert. Meine Nachbarn in Downtown Manhattan waren so sehr mit ihrem eigenen Leben beschäftigt, dass ich sie fast nie zu Gesicht bekam. Ihre sämtlichen Aktivitäten spielten sich in geschlossenen Räumlichkeiten ab: in Büros, Apartments und Schulen, abgeschirmt von der Öffentlichkeit. Meine Geburtsgruppe hatte ich verlassen, lebte weit entfernt von meinem Geburtsort und hatte in unmittelbarer Nähe keine Verwandten, an die ich mich wenden konnte. Meine engsten angenommenen Verwandten waren ältliche Schwiegereltern, die zwar stets begeistert waren, uns zu sehen, aber nicht mit anpacken konnten. Und da wir uns »neolokal« angesiedelt, unseren Wohnsitz also unabhängig von unserer jeweiligen Großfamilie gewählt hatten, um nach der Heirat einen eigenen, separaten Haushalt zu gründen, wohnten sie ohnehin eine halbe Stunde Fahrzeit von uns entfernt.

Inzwischen hatte mein Mann nach nur einer Woche Auszeit mit dem Säugling und mir schon wieder zu arbeiten begonnen, genau wie mein eigener Vater und wie so viele andere Väter der westlichen Welt, zumal in Manhattan mit seinen außerordentlich hohen Lebenshaltungskosten und seinem gewaltigen Druck auf Gehaltsempfänger mit Nachwuchs. Eine Zeitlang unterstützte uns eine Säuglingsschwester, ein Muss für jedes Baby in Manhattan, eine dank Mundpropaganda angeheuerte Person, bei der man all die Grundkenntnisse erlernt, die uns früher

Mütter und Großmütter beigebracht hatten. Jeden Morgen stand sie gut gelaunt vor der Tür, um mir zur Hand zu gehen und mir in Erinnerung zu rufen, was ich in dem kurzen Säuglingspflegekurs auf der Entbindungsstation des Krankenhauses und vor langer Zeit beim Babysitten gelernt hatte. Abgesehen von ihr und den Freundinnen, die gelegentlich zu Besuch kamen, war ich mit unserem Neugeborenen und meinen mütterlichen Versagensängsten meist allein, und das Tag für Tag.

Außerdem neigte ich zu Einsiedlertum. Hinter dem Haus hatten wir einen winzigen, wunderhübschen Garten; dort saß ich gerne mit dem Baby. Ansonsten war es mir nur selten ein Bedürfnis, das Haus zu verlassen. Die rücksichtslosen Taxifahrer, das Gedränge umherhastender Menschen, Pressluftbohrer und Autohupen ließen mir die Stadt, die ich seit mehr als einem Jahrzehnt so geliebt hatte, plötzlich unwirtlich erscheinen, wenn nicht gar lebensgefährlich für meinen Sohn. Eine gute Freundin, die ihr Kind kurz vor mir zur Welt gebracht hatte, war von ihrem Dasein als Großstadtmutter so ernüchtert, dass sie sich in einen Vorort flüchtete. Und auch im Mutterund-Kind-Yoga-Studio um die Ecke hatte ich keine Bekanntschaften geschlossen. Obwohl keine von ihnen berufstätig zu sein schien, zerstreuten sich die Jungmütter täglich mit höflichem Nicken gleich nach dem »herabschauenden Hund«, wohl um sich mit ihren individuellen Babys in ihren individuellen Wohnungen einzuschließen und sich ihren individuellen Angelegenheiten zu widmen.

Wer, fragte ich mich häufig, würde mich lehren, wie man die Großstadtmami eines Großstadtbabys wird?

Meine Kindheit im Mittleren Westen der USA war gemächlich und vergleichsweise traditionell verlaufen. Jeden Morgen ging ich gemeinsam mit einer Horde Nachbarkinder aller Altersgruppen zu Fuß zur Schule, und nachmittags spielten wir Fangen, trödelten bis in die frühen Abend hinein in unseren Gärten oder streunten ohne alle Aufsicht in den umliegenden Wäldern herum. An den Wochenenden kurvten wir alle auf unseren Fahrrädern umher oder waren mit den Pfadfindern unterwegs. Als ich älter wurde, arbeitete ich abends oder an den Wochenenden hin und wieder als Babysitterin, ein erstes Beschäftigungsverhältnis, das sich einer zupackenden großen Schwester geradezu aufdrängte und das unter den Präpubertierenden unserer Nachbarschaft einen beliebten Zeitvertreib darstellte.

Vielleicht das einzig Bemerkenswerte an meiner Herkunft, dasjenige, was mir jetzt Halt geben konnte, war die Faszination meiner Mutter für Anthropologie und für das damals noch in den Kinderschuhen steckende Forschungsgebiet der Soziobiologie. Eines ihrer Lieblingsbücher war Margaret Meads *Kindheit und Jugend in Samoa*. Meads Gedanke, dass die im Westen vorherrschende Form von Kindheit und Jugend nicht die einzige oder die einzig richtige sei und dass die Samoaner im Vergleich möglicherweise besser abschnitten, brachte bei Erscheinen des Buches im Jahre 1928 und dann noch einmal bei seiner Neuauflage 1972 das ganze Land in Aufruhr. Mead, so erklärte mir meine Mutter, war Anthropologin. Sie erforschte Menschen verschiedener Kulturen, die sie kennenlernte, indem sie mitten unter ihnen lebte und Seite an Seite mit ihnen tat, was sie taten. Dann schrieb sie darüber. Anthropologin zu sein schien mir ein unfassbar exotischer, glamouröser und verlockender Beruf, da ich als Heranwachsende von Müttern umgeben war, meistenteils Hausfrauen, während die Väter vor allem als Ärzte oder Anwälte arbeiteten.

Dies war auch die Ära Jane Goodalls, einer betörenden Blondine mit Pferdeschwanz, Khakihosen und Tropenhelm, die das öffentliche Gesicht der Primatologie wurde. Goodall, die im Gombe-Nationalpark in Tansania eine Schimpansensippe beobachtete und beschützte und sie mit Hilfe des *National Geographic* in aller Welt bekannt machte, war für mich der Rockstar schlechthin. Beim häuslichen Abendessen unterhielten wir uns darüber, was mein Vater und meine Mutter den Tag über getrieben oder was meine Brüder und ich in der Schule gelernt hatten – und über Mary Leakey, eine zigarrenrauchende dreifache Mutter, deren Fossilienfunde in der Olduvai-Schlucht und bei Laetoli in Tansania die hergebrachten Ansichten zur menschlichen Vorgeschichte über den Haufen geworfen hatten.

Gerieten sich meine kleinen Brüder bei Tisch in die Haare, berief sich meine Mutter auf Robert Trivers' Theorien über Elternaufwand und Geschwisterrivalität. Waren sie brav, dozierte sie über Sippenselektion und Altruismus. Als ich etwa zehn Jahre alt war, sinnierte sie beim Wäschezusammenlegen – offensichtlich mit E. O. Wilson im Hinterkopf –, ob es nicht seltsam sei, dass sie, wenn sie mich vor einem heranrasenden Auto beiseitezerre, dies nicht nur meinetwegen, sondern auch zur Erhaltung ihres Genmaterials tue.

Dieser unsentimentale (wenn auch 1975 stark vereinfachte) Blick auf die Soziobiologie der Mutterschaft, diese völlig neue Theorie der Eltern-Kind-Beziehung sprachen mich ungemein an. Neben der Büchersammlung meiner Mutter – Mead stand neben Colin Turnbulls Werken über die Ik in Uganda und die Mbuti-Pygmäen von Zaire, Betty Friedan, dem *Hite-Report*, *Der stumme Frühling* und gewaltigen Stapeln des *Natural History Magazine* – war dies wohl auch der Grund dafür, weshalb ich später Biologische und Kulturanthropologie studierte, mit Schwerpunkt auf der weiblichen Lebenswelt. Nichts faszinierte mich mehr als Fellpflege, Freundschaft und Machtkämpfe unter den Pavianen der Savanne. Oder befremdliche Schachtelwelten wie die weiblichen und männlichen Studentenverbindungen an meiner Universität, mit ihren griechischen Kürzeln, ihren choreographierten Gelöbniswochen-Ritualen und ihren leidenschaftlichen Loyalitäten und Rivalitäten. Ich untersuchte altweltliche und neuweltliche Affen und die Gehirngröße bei *Homo habilis* und *Homo ergaster* und schrieb darüber, dass sich Verbindungsschwestern gar nicht so sehr von Menschenaffen unterschieden.

In meinen Zwanzigern packte mich die Abenteuerlust, und ich zog nach New York, um mich in Kulturwissenschaften und Komparatistik promovieren zu lassen. Manhattan krempelte alles an mir um – meine Ziele (zwar erlangte ich die Doktorwürde, beschloss aber, lieber doch nicht in die Wissenschaft zu gehen), mein Modebewusstsein (in einer Stadt voll hinreißender und hinreißend aufgemachter Frauen wurde Kleidung, schon immer mein Steckenpferd, fast zu einer Obsession), sogar meine Zellstruktur (die schiere Aufregung des Großstadtlebens veränderte meinen Kortisolspiegel und meinen Stoffwechsel und verwandelte mich in das Klischee einer spindeldürren Manhattanerin mit Schlafstörungen). Energiegeladen verfasste und redigierte ich Artikel für Zeitschriften und unterrichtete, um die Miete zahlen zu können, gelegentlich in meinem Fachgebiet.

Heiraten und Kinderkriegen schob ich auf die lange Bank, wie es hochgebildete Frauen in wohlhabenden Metropolen gerne tun, bis ich Mitte dreißig einen kauzigen Alteingesessenen ehelichte, der beruflich und emotional tief mit seiner Stadt verwurzelt war. Hier war er geboren und aufgewachsen, eine Tatsache, die mir ebenso exotisch und anziehend vorkam wie eine Herkunft aus, sagen wir, Tahiti. Oder Samoa. Er verfügte über ein herrlich verschrobenes Detailwissen zur Stadtgeschichte und schien zu fast jeder Straßenecke, jedem Gebäude und jeder Wohngegend eine persönliche Anekdote beisteuern zu können. Jeglichen Zweifel daran, ob ich mich dauerhaft in New York niederlassen solle, fegte er mit seiner Leidenschaft für die Stadt beiseite. Mich reizte es, dass seine Eltern, sein Bruder und seine Schwägerin hier lebten, dass seine halbwüchsigen Töchter aus erster Ehe an den Wochenenden bei ihm wohnten. Hier gab es für mich, deren eigene so weit entfernt war, eine fertige heimelige Familie.

New York besaß den zusätzlichen Vorteil, einer der wenigen Orte zu sein, an denen Autorinnen wie ich in so unterschiedlichen ökologischen Nischen wie Werbung, Verlagswesen und Lehre gedeihen konnten. Die vitale, von Menschen wimmelnde Stadt erinnerte mich an einen Regenwald, den einzigen anderen Lebensraum, der eine so extreme und stabile Bandbreite an Lebensformen möglich macht. Einmal hatte ich in einem indischen Viertel gelebt, das an ein peruanisches grenzte, dann war ich in die Nähe einer Enklave namens Little Sweden gezogen. Mein Mann hatte sich nicht vom Fleck gerührt, was mich kein bisschen störte. Wir zogen nach Downtown, und sechs Monate nach der Hochzeit war ich schwanger. Wir dachten keinen Augenblick daran, New York zu verlassen. Schließlich war mein Mann hier groß geworden, und ich hatte mir die nicht unerhebliche Mühe gemacht, quer durchs halbe Land nach Manhattan zu ziehen. Warum sollte New York nicht auch für unseren Nachwuchs geeignet sein? Und so war der Augenblick, als wir es erfuhren – *Wir bekommen ein Baby!* –, nicht nur ein persönlicher Glücksmoment, sondern auch der Beginn von etwas viel Gewaltigerem als meine Person, meine Ehe, meine Herkunft oder meine Gefühle zum Thema Muttersein. Er bezeichnete, was mir aber erst später bewusst wurde, einen Übergang: meinen Eintritt in eine andere Welt, die Welt der Mutterschaft in Manhattan.

Dieses Buch erzählt eine Geschichte, in der die Realität alle Fantasie weit übertrifft. Es beschreibt, was ich herausfand, als ich ein wissenschaftliches Experiment durchführte, bei dem ich das Muttersein in Manhattan erforschte, indem ich es lebte. Es ist die Geschichte einer Schachtelwelt – ein Begriff, den ich nicht leichtfertig verwende. Unmittelbar nach 9/11 zogen wir in die Upper East Side, weil wir physischen Abstand vom Schauplatz der Tragödie ebenso dringend benötigten wie größere Nähe zur Familie meines Mannes. Nun, da wir ein Kind hatten, erschien uns dies besonders wichtig. In jenem Augenblick, da die Welt so bedrohlich und unsere Stadt so gefährdet wirkte, sehnten wir uns danach, uns und ihm die Geborgenheit enger Familienbande, liebevoller Angehöriger zu bieten. So weit, so einfach. Aber da waren ja noch die anderen Mamis, die ich kennenlernen und unter denen ich leben sollte.

Schließlich ließen wir uns in der Park Avenue nieder, etwa auf der Höhe des Sees im Central Park. Von meinem Basislager aus besuchte ich Krabbelgruppen, bewarb mich bei exklusiven Musikkursen, haderte mit Kindermädchen, kaffeeklatschte mit anderen Müttern und ging bei Kindergärten »vorspielen«, zunächst für meinen erstgeborenen Sohn, danach für seinen kleinen Bruder.

Dabei lernte ich, dass Mutterschaft auf der Insel Manhattan eine ganz eigene Insel war und die Mütter der Upper East Side nichts weniger als einen Stamm für sich bildeten: eine Art Geheimgesellschaft, bestimmt von Regeln, Ritualen, Kleiderordnungen und Migrationsmustern, die mir vollkommen neu waren, durchzogen von Glaubenssätzen, Ambitionen und Kulturpraktiken, von deren Existenz ich nie geträumt hätte.

Zur Upper-East-Side-Mutter zu werden – mit jedem Tag, jedem Gespräch und jedem Spielplatzbesuch ein wenig mehr –, war ein Unterfangen, das ich mit gewisser Beklommenheit in Angriff nahm. Die superreiche und statusbewusste Nachbarschaft, in der wir gelandet waren, und die oft blasiert wirkenden, wie aus dem Ei gepellten Mütter kamen mir so fremdartig wie einschüchternd vor. Doch wie jeder Primat höherer Ordnung und wie Menschen überall sehnte ich mich danach, dazuzugehören, in meinem eigenen Interesse, mehr noch aber im Interesse meines Sohnes und schließlich meines Zweitgeborenen.

Aus meinem Literatur- und Anthropologiestudium wusste ich, dass wir Menschenaffen ohne Zugehörigkeitsgefühl und ohne tatsächliche Zugehörigkeit verloren sind. In der Literatur und im wahren Leben mögen Ausgestoßene zwar interessante Antihelden mit Identifikationspotenzial abgeben, aber in der Regel sind sie zutiefst unglücklich. Von Odysseus bis Daisy Miller, von Huck Finn bis Hester Prynne, von Isabel Archer bis Lily Bart nimmt es mit sozialen Außenseitern und Verstoßenen nie ein gutes Ende, besonders nicht mit weiblichen. Schutzlos und ohne unterstützendes Netzwerk gehen sie im übertragenen, mitunter auch im wörtlichen Sinn elendiglich zugrunde, nicht nur auf den Seiten von Büchern, sondern auch in der Gesellschaft und in der Wildnis, wie es Feldbiologen sattsam dokumentiert haben. Und niemand ist gefährdeter als eine Primatin, die mit einem Neugeborenen Anschluss an eine neue

Horde sucht. So berichten Primatenforscher beispielsweise, dass Schimpansenmütter, die versuchen, sich einer fremden Gruppe anzuschließen, regelmäßig Anfeindungen und brutaler körperlicher Gewalt seitens alteingesessener Weibchen ausgesetzt sind; mitunter werden sie und ihre Jungen von ebenden Artgenossinnen, in deren Gemeinschaft sie unterkommen wollen, sogar getötet.

Mir wollte natürlich niemand den Hals umdrehen, als ich auszog, um meinen Platz in der Upper East Side zu finden, zumindest nicht im wörtlichen Sinn. Aber einen Fuß in die Tür zu bekommen und akzeptiert zu werden schien mir wichtig, ja dringlich geboten. Wer bleibt schon gerne außen vor? Welche Frau möchte keine Freundinnen haben, mit denen sie, wenn das Kind im Kindergarten abgeliefert ist, noch schnell einen Kaffee trinken kann? Wer möchte nicht, dass sein Kind Spielkameraden und Spielverabredungen hat? Meine Schwiegereltern und mein Mann halfen mir über die Runden. Sie sagten mir, wo ich Lebensmittel kaufen konnte, und erklärten mir das verzwickte Regelwerk der Galas, der überdrehten Bar-Mizwas und Bat-Mizwas, der Klubs, der »Co-op«-Vorstände und anderer mir völlig fremder Riten und Praktiken, die mit unserer neuen Wohngegend einhergingen. Doch die Mamikultur der Upper East Side war noch einmal etwas ganz anderes, eine Nuss, die ich zu knacken hatte, weil ich eine Mami war, die mitmachen wollte, ja musste. Gewiss, im Laufe meiner New Yorker Jahre hatte ich bereits zahlreiche Expeditionen in die Upper East Side unternommen. Ich wusste, der Stadtteil war glitzernd, vermögend und privilegiert. Ich wusste, Understatement war in der Upper East Side nicht gefragt. Ich wusste, Kleidung, Philosophie und Ethos waren anders als Downtown. Doch die geheime Schachtelwelt der Upper-East-Side-Mutterschaft würde sich mir erst erschließen, wenn ich sie betreten hätte. Ohne Kinder wäre es mir womöglich nie aufgefallen, dieses Paralleluniversum privilegierter Elternschaft und privilegierter Kindheit. Mit Kindern jedoch fühlte ich mich magisch von ihm angezogen – geradezu verpflichtet, es zu begreifen, in es einzudringen, seinen kulturellen Code zu entschlüsseln. All die Mamis um mich herum kennenzulernen und es ihnen nachzutun, eine Upper-East-Side-Mutter zu werden war eine Reise, auf die nichts mich vorbereitet hatte, eine Reise, die an Seltsamkeit und Überraschungen alles in den Schatten stellte, was ich je studiert oder erlebt hatte – sei es der Rindersprung der Hamar in Äthiopien oder das Bluttrinken der Massai, die Axtkämpfe der Yanomami am Amazonas oder die ritualisierten Bacchanale der Studentinnenverbindungen während der Rekrutierungswochen an den Big Ten.

Eine Kindheit in der Upper East Side muss aus so ziemlich jedem Blickwinkel ungewöhnlich erscheinen. Da gibt es Chauffeure und Kindermädchen und Hubschrauberflüge in die Hamptons. Da gibt es die »richtigen« Musikkurse für Zweijährige, Privatlehrer für Dreijährige, um sie für die Aufnahmeprüfung der Privatschulen zu drillen, und Spieltreffenberater für Vierjährige, die nicht wissen, wie man spielt, weil sie vor lauter Frühförderung – Französisch, Mandarin, Little Learners und Kochkurse, dazu noch Golf, Tennis und Stimmbildung – nach dem Kindergarten nicht die Zeit zum Spielen haben. Da gibt es Modeberater, die den Mamis dabei helfen, die richtige Garderobe für das Hinbringen und Abholen der Kleinen anzuschaffen. Über die Spielplätze schwanken sie auf schwindelerregenden Absätzen und in atemberaubenden Pelzmänteln von J. Mendel und Tom Ford, die sie auch gerne zu Geburtstagspartys tragen. Letztere kosten ab 5000 Dollar aufwärts und finden in Apartments statt, die so weiträumig sind und so hohe Decken aufweisen, dass man ganze Hüpfburgen darin unterbringen könnte. Was man auch tut.

Und wenn schon Kindheit hier ungewöhnlich ist – Mutterschaft ist geradezu grotesk. Ich lernte aus erster Hand jene Statussymbole kennen, die das Leben der privilegierten und perfekten Frauen mit Kindern bestimmen, unter denen ich hauste. Ihre Identität, merkte ich, wird von grausamen Upper-East-Side-spezifischen Initiationsriten geprägt: der Befragung durch die Vorstände der Wohnungsgenossenschaften; den »Exmissions« – Auswahlverfahren für den Übergang von elitärem Kindergarten zu ebenso elitärer Privatschule –; den Fitnesstempeln Physique 57 und SoulCycle, wo die reichen, hochqualifizierten und beruflich oft unterbeschäftigten Frauen, die bei mir inzwischen »Manhattan-Geishas« heißen, ihre einst hochgerühmten Karriereambitionen in die Perfektionierung ihres Körpers umleiten. Da gibt es die besessene Jagd nach schier unerreichbaren Luxusgütern (so wie meine eigene Jagd nach einer Birkin Bag, kaum dass ich mich der Lebensweise der Eingeborenen assimiliert hatte) und den »Insiderhandel« mit Informationen – etwa, wie man, um die vielen Menschenschlangen in Disneyland zu umgehen, auf dem Schwarzmarkt einen Führer mit Behindertenausweis anheuert. Die Identität einer Upper-East-Side-Mami zeigt sich auch in den angespannten, hochkomplizierten Beziehungen zu den Frauen, die sie einstellt, um sich bei der Aufzucht ihrer Kinder und der Führung des Haushalts (bisweilen mehrerer Haushalte) helfen zu lassen. Indem ich die Mutterschaft der Upper East Side westlich der Lexington Avenue studierte, unter den Mamis dort lebte und von ihnen lernte, eröffnete sich mir eine Welt, die mich formte, erregte, faszinierte und gelegentlich entsetzte.

Die Frauen, die mich lehrten, eine Upper-East-Side-Mutter zu sein, konnten bei der Vertretung der Interessen ihres Nachwuchses – und ihrer eigenen – völlig skrupellos sein. Natürlich waren sie liebevolle Mütter, zugleich aber dynastisch orientierte Unternehmerinnen, fest entschlossen, erfolgreich zu sein, ergo »erfolgreiche« Kinder zu haben. Beispielsweise gab keine von ihnen zu, schon ihr dreijähriges Kind für den ERB-Test – die standardisierte Aufnahmeprüfung für Privatschulen – gedrillt zu haben, nicht einmal ihren besten Freundinnen gegenüber. Doch sie alle taten es, heuerten durch persönliche Empfehlung vermittelte Privatlehrer an und blätterten mitunter Tausende von Dollar für die Unterrichtsstunden hin, zu gleichen Teilen motiviert von Liebe, Angst und knochentrockenem Ehrgeiz. Ebenso viele achteten darauf, dass sich ihre Kinder zum Spielen mit dem »Alphanachwuchs« der Reichen und Einflussreichen verabredeten, um in der unsichtbaren, aber alles beherrschenden Hierarchie, die das hiesige Leben strukturiert, aufzusteigen. Die Kinder »niederrangiger« Eltern mieden sie so systematisch wie gebrauchte Heftpflaster. Mir fiel auf, dass für einige der Frauen, in deren Nachbarschaft ich lebte und mit denen ich in den Gängen des Kindergartens plauderte, ein Kind nur eine weitere Möglichkeit darstellte, auf großem Fuß zu leben – eher Spielerei als Sprössling, jemand, dem man die richtigen Sachen kaufen, den man mit der richtigen, von führenden Fachleuten empfohlenen Art von Aufmerksamkeit überschütten, mit den besten und gesündesten Nahrungsmitteln ernähren und in die prestigeträchtigsten Schulen hieven konnte. Ich muss gestehen, dass mir bei meinem Abenteuer manchmal nur noch Zynismus blieb.

Die Kehrseite all dieses Ehrgeizes, all dieser Aggression ist, wie ich feststellen musste, eine außerordentliche Ängstlichkeit.

Der Druck, alles richtig zu machen, eine vollendete Mutter und zugleich eine vollendet trainierte, vollendet gekleidete und vollendet erotische Frau zu sein, sowie die Zeit und die Energie, die auf diese Aufgabe verwandt werden, scheinen manche bis an die Grenzen ihrer Belastbarkeit zu strapazieren. Linderung verschaffen Alkohol, verschreibungspflichtige Medikamente und Party-Kurztrips mit den Freundinnen im Privatflugzeug nach Las Vegas, St. Barths oder Paris, zwanghaftes Fitnesstraining und Selbstpflege (ganz groß: Indoor-Radeln bei FlyWheel, Knochenmarkbrühe und Fastentage mit rohen, kaltgepressten Biosäften), Kleider- und Accessoireskäufe, bei denen einem die Kinnlade herunterfällt (die Frauen in meiner Bekanntschaft benutzen das Wort *presale*, Vorabverkauf, als Verb und finden nichts dabei, bei Bergdorf Goodman oder Barneys eben mal 10 000 Dollar an einem Tag zu lassen), sowie Mittagessen mit anschließendem Coiffeurbesuch oder Wellnesstage mit ihren häufig ebenso ängstlichen Freundinnen, manchmal auch neidischen Freundfeindinnen.

Anfangs plante ich, mich zwar anzupassen, dabei aber die nötige Distanz zu den Belastungen, dem Irrsinn und dem Konkurrenzdenken der Mamikultur in der Upper East Side zu wahren. Ich stellte mir vor, dass meine Erfahrungen als Sozialforscherin und Anthropologin mir dabei helfen würden, vernünftig und geerdet zu bleiben, solange ich in einer Welt, die mir zuweilen ungastlich erschien, einen Platz für mich und meine Kinder suchte. Doch wie alle Anthropologen rund um den Erdball bemerkte auch ich an mir irgendwann Anzeichen des »Going native«-Phänomens. So nennt man es, wenn ein Feldforscher den objektiven Blick verliert, sich mit dem Gegenstand seiner Untersuchung zu identifizieren beginnt und die Grenze zwischen dem Verstehen des Anderen und dem

Sich-Anverwandeln an das Andere überschreitet. Die Verbindungen zu meinen Freunden Downtown wurden brüchiger, je stärker ich mich meiner Arbeit, der Mutterschaft und der Kultivierung von Mamifreundschaften in Uptown widmete. Langsam, aber sicher, wenn auch völlig unbewusst begann ich, mich zu kleiden und zu verhalten wie die Frauen um mich herum, immer mehr wie sie zu denken und dieselben Dinge wichtig zu nehmen, die sie wichtig nahmen. Ihre Welt war zu gleichen Teilen befremdlich, verführerisch und abschreckend für mich, mein inneres Bedürfnis, mir unter ihnen einen Platz zu erobern, jedoch erstaunlich stark.

Glücklicherweise fand ich im Stamm der exklusiven Upper-East-Side-Frauen mit Kindern schließlich doch noch Freundinnen. Tiefe, nährende Freundschaften sind keine einfache Angelegenheit in einem streng hierarchisch gegliederten sozialen Umfeld, das auf Machtgerangel, Konkurrenz, allgegenwärtiger Unsicherheit und Dauerbelastung beruht. Ihre Rituale, die Regularien und Praktiken ihres Stammes, wirkten auf mich meist sonderbar und häufig abstoßend. Ebenso jene Haltung der Überlegenheit und der Gleichgültigkeit, mit der sie mir anfangs begegneten. All das hob diese Frauen von anderen ab. Dennoch konnte ich bald feststellen, dass sie mit anderen Müttern in allen Teilen der Stadt, in allen Teilen der Welt viel gemeinsam hatten. In schweren Zeiten gehen sie häufig Beziehungen mit anderen ein und kümmern sich um sie auf ebenso überraschende wie außergewöhnliche Art. Dieser uralte evolutionäre Imperativ der Zusammenarbeit und der Fürsorge, den unsere Spezies mit so vielen Primaten teilt, prägt und kennzeichnet weibliche Freundschaft und Mutterschaft auf der ganzen Welt. Selbst in der glamourösen, durchtrainierten, hyperkompetitiven und rasend reichen Upper East Side.

Was ich an diesen Freundinnen besonders ungewöhnlich fand – und immer noch finde –, war ihre Großzügigkeit, der Eifer, mit dem sie die Welt, die sie besser als ich begriffen, für mich übersetzten, die Begeisterung, mit der sie mir Einblick in ihr Universum gewährten, ihre ironische Sicht auf das eigene Leben und auf ihr Umfeld. Und ihr Sinn für Humor. »Mit jemandem, der nicht schnallt, wie lächerlich und übertrieben und lustig und durchgeknallt unser Leben ist, möchte ich sowieso nicht befreundet sein«, versicherte mir eine Mutter, als ich nur halb im Scherz meine Sorge ausdrückte, ihre Bekanntschaft mit mir könnte sie, wenn man von meinem Projekt Wind bekäme, in Schwierigkeiten bringen. Ich hatte Angst davor, dieses Buch zu schreiben. Sie und andere beruhigten mich jedoch, indem sie mir zeigten, dass noch in den befremdendsten, abschreckendsten Umgebungen und in den scheinbar seltsamsten Welten ein Gutteil Normalität zu finden ist, und indem sie mir in Erinnerung riefen, dass man selbst unter unwirtlichen, unfreundlichen Himmelsstrichen echte Wärme und Güte erfahren kann.

In den Jahren, in denen ich als Mami und Sozialwissenschaftlerin unter ihnen lebte und forschte, lernte ich, dass Frauen mit Kindern in der Upper East Side für ihren Nachwuchs genau dasselbe wollen wie Mütter überall in der Welt – dass sie gesund und glücklich sind, dass sie sich geliebt fühlen, dass sie sich gut entwickeln und eines Tages etwas aus sich machen. Aber dann ist auch schon Schluss mit den Gemeinsamkeiten. Ist man nicht selbst in Manhattan aufgewachsen, vielleicht nicht einmal dann, kommt einem an einer Kindheit in der Upper East Side nichts natürlich vor.

Und dementsprechend erscheint das hiesige Muttersein niemandem, der nicht von einer Upper-East-Side-Mutter erzogen wurde, auch nur im Ansatz logisch, überschaubar oder vernünftig. Mütter der Upper East Side werden nicht geboren wie ihre Babys, das musste ich auf die harte Tour erfahren. Sie werden gemacht. Diese Geschichte erzählt davon, wie ich gemacht und immer wieder neu gemacht wurde, und davon, wie es mich oft ins Verderben zu stürzen schien. Es ist die Betrachtung eines kleinen Ausschnitts Mutterdasein auf einer winzigen Insel und eine Erörterung der Frage, was er über uns alle aussagen könnte.

COMME IL FAUT

FELDNOTIZEN

Umwelt und Ökologie

Die Insel ist eine geographisch, kulturell und politisch abgesonderte Landmasse, ungefähr sieben Mal so lang wie breit. Das Klima ist gemäßigt, mit vergleichsweise harten Wintern und außerordentlich heißen und schwülen Sommern, die sich in jüngster Zeit, auch aufgrund von zwei Jahrhunderten intensiver Rodung und Industrietätigkeit, immer mehr tropischen Verhältnissen annähern. Die geographischen Koordinaten der Insel: 40°43′42″ nördlicher Breite und 73°59′39″ westlicher Länge.

Die Inselbewohner leben in einem Zustand ökologischer Entlastung – Ressourcen wie Nahrungsmittel und Wasser sind reichlich vorhanden und leicht verfügbar, Krankheiten sind selten, Fressfeinde fehlen. In dieser Nische beispiellosen Überflusses können die Wohlhabendsten unter den Insulanern unbelastet von aller materiellen Not kräftig in jeden einzelnen ihrer Nachkommen investieren und elaborierte, komplexe soziale Codes und Riten entwickeln, deren Befolgung zeit-, arbeits- und ressourcenintensiv ist.

Trotz des inselweiten außergewöhnlichen Reichtums an Nahrung, Wasser und anderen Ressourcen zeichnen sich bestimmte Gebiete durch ausgeprägte und anhaltende Armut aus. Die räumliche Isolation, die hohe Bevölkerungsdichte und das enorme Wohlstandsgefälle, aber auch traditionelle geschlechtsspezifische Rollen und Verhaltensmuster bezüglich Kinderaufzucht und Arbeit dürften viele der seltsam anmutenden Handlungsweisen der vermögendsten Inselbewohner, die im Folgenden behandelt werden, beeinflussen, teilweise sogar dafür verantwortlich sein.

Inselbehausungen

Die Einwohner der Insel siedeln überwiegend vertikal, will sagen: sie richten sich ihre Behausungen unmittelbar übereinander ein, in Bauwerken aus fein gemahlenem Stein. Das Leben in diesen »vertikalen Dörfern« gestattet den Bewohnern maximalen Raumgewinn, denn Raum stellt auf ihrer winzigen, ungewöhnlich dicht besiedelten Insel ein kostbares Gut dar. An einigen Orten, besonders dort, wo die wohlhabendsten Insulaner residieren, sind diese vertikalen Dörfer auffällig restriktiv organisiert: Sie verfügen über einen geheimnisvollen »Ältestenrat«, der darüber befindet, wer dort wohnen darf und wer nicht. Die Suche nach einer Behausung ist eines der arbeitsintensivsten Unterfangen der weiblichen Angehörigen des von mir untersuchten Stammes – gewöhnlich wird diese Aufgabe von Erstgebärenden übernommen. Fast ausnahmslos lassen sich diese Frauen bei ihrer Suche nach einem Heim, die stets auch eine Suche nach der eigenen Identität ist, von einem »Behausungsschamanen« anweisen. Diese Schamanen bieten während des ganzen kostspieligen, langwierigen

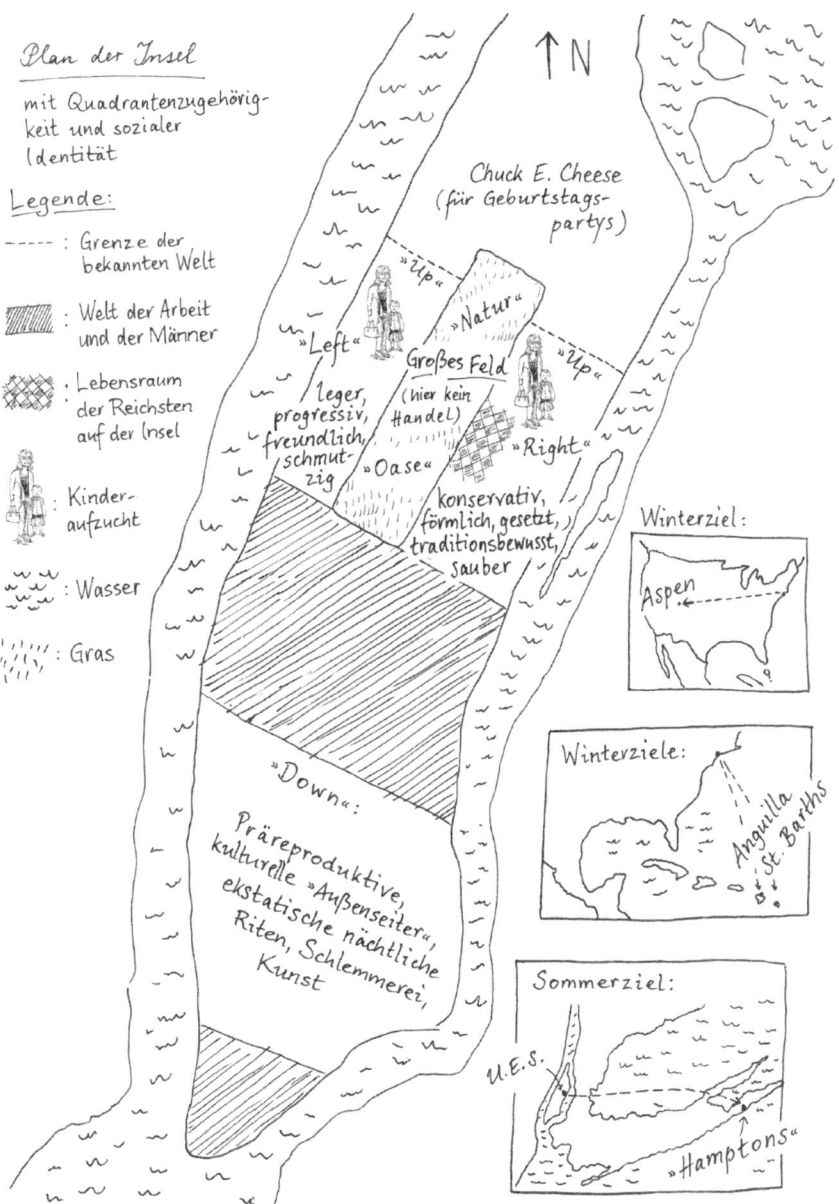

und mühsamen Initiationsprozesses Fachwissen, Beratung und emotionale Unterstützung an.

Geographische Herkunft der Insulaner

Die Inselbewohner weisen eine heterogene geographische Herkunft auf. Viele haben sich mit Erreichen der Geschlechtsreife von ihrer Geburtsgruppe in entfernten, kleineren, teils sogar ländlichen Dörfern gelöst und sind verbesserter beruflicher, sexueller und ehelicher Aussichten wegen auf die Insel emigriert. Andere Inselbewohner sind Eingeborene. Diese genießen einen höheren Status als nicht autochthone Bewohner, zumal wenn sie in bestimmten Winkeln der Insel aufgewachsen sind oder bestimmte »Lernhütten« besucht haben.

Eigen- und Fremdwahrnehmung der Insulaner

Gleich, ob alteingesessen oder zugezogen, in den Augen von Außenstehenden, zahlreichen Besuchern und Landsleuten hegen die Inselbewohner eine hohe Meinung von sich und ihrem Eiland. Im ganzen Land sind sie bekannt für ihre Schroffheit, für ihre Geistesgaben, für blendende Verschönerungspraktiken sowie für ihr Geschick im Tauschen, Verhandeln und Geschäftemachen. Zunehmend handeln sie auch mit unsichtbaren Ideen und Abstraktionen, was wiederum den Eindruck verschärft, dass sie über privilegiertes Wissen oder gar »magische« Kräfte verfügen. Die Irrungen und Wirrungen all derer, die auf die Insel ziehen, um etwas aus sich zu machen, sind im wahrsten Sinne des Wortes legendär – es besteht eine reiche mündliche und schriftliche Überlieferung über den angeblich unbezähmbaren und einzigartigen Lebensmut jener Menschen, die es dort »zu etwas gebracht« haben. Haben sie sich auf der Insel erst einmal etabliert, sagt man, können sie es überall »zu etwas bringen«.

Ressourcenbeschaffung und -verteilung

Im Großen und Ganzen übertreffen die Inselbewohner an Reichtum alle anderen Bewohner ihres Landes; ihr Leben ist frei von jenen umweltbedingten Einschränkungen, die sich in anderen Lebensräumen der Welt so massiv auf den Verlauf von Biographien auswirken. Sich und den eigenen Kindern eine ausreichende Kalorienzufuhr sichern zu können, was seit den Anfängen der Evolution die größte Herausforderung an Eltern rund um den Globus darstellt, ist für wohlhabende Inselbewohner schlichtweg eine Selbstverständlichkeit. Doch wie in vielen industriellen und postindustriellen Gesellschaften konzentrieren sich die Väter des von mir untersuchten, traditionellen Geschlechterrollen stark verhafteten Stammes vornehmlich darauf, ihre Frauen und Kinder mit weniger handfesten materiellen Ressourcen zu versorgen, unter anderem mit finanziellem, sozialem und kulturellem Kapital. Zwar arbeiten zahlreiche weibliche Inselbewohner außerhalb ihres Heimes, indes halten es viele wohlhabende Insulanerinnen für einen Bestandteil ihrer »Rolle«, in den Jahren der Gebärfähigkeit und der Kinderaufzucht zu Hause zu bleiben, wo ihnen häufig alloparentale Helferinnen zur Seite stehen – Individuen, die nicht selbst die Eltern sind, aber Elternfunktionen übernehmen. Diese alloparentalen Individuen werden »Haushälterinnen«, »Kindermädchen« und »Betreuungspersonen« genannt.

Aufbau der Insel

In der Vorstellung ihrer Bewohner ist die Insel in vier Quadranten aufgeteilt: »Up«, »Down«, »Right« und »Left«. Die Gebiete »Up« und »Down« werden als stark gegensätzlich eingestuft: »Up« wird für die Kinderaufzucht bevorzugt, während »Down« eher als Ort für Präreproduktive und kulturelle »Außenseiter«, für Schlemmereien und ekstatische nächtliche Riten gilt. Weiterhin scheiden die Insulaner ihr Eiland in eine linke und eine rechte Hemisphäre. »Left« und »Right« sollen einander genauso polar entgegengesetzt sein wie »Up« und »Down«. In der linken Hemisphäre soll es lockerer und fortschrittlicher zugehen als in der rechten, einer Gegend, die als steif und konservativ wahrgenommen wird.

Für die Insulaner sind »Up«/»Down« und »Right«/»Left« mehr als bloße Richtungen oder Koordinaten; es sind mächtige und tief empfundene Gegensätze, die die Identität und die Alltagserfahrung eines jeden Inselbewohners prägen. Dementsprechend werden die inseleigenen Unterstämme nach ihrem jeweiligen Quadranten definiert – Rechtsseitige, Linksseitige, Obenwohnende, Untenwohnende.

Anrainern benachbarter Bezirke stehen unsere Insulaner alles in allem gleichgültig gegenüber; nur selten suchen sie sie auf oder erwähnen sie auch nur.

Das »Hinüberwechseln« in Randgebiete der eigenen Landmasse oder auf andere Inseln des Archipels erfordert ein komplexes Transportwesen sowie Insiderkenntnisse über Routen und Tarife, was nicht nur die ausgeprägte Fremdenfeindlich-keit der Insulaner verstärkt, sondern auch ihre buchstäbliche geographische Abgesondertheit.

Quadrantenzugehörigkeit und Aufbau sozialer Identität

Bewegen sich Insulaner einmal aus ihrem eigenen Inselqua-dranten in einen anderen, so äußern sich viele bestürzt bezie-hungsweise empfinden Angst und Verzweiflung, da sie sol-cherlei Grenzüberschreitungen für unbequem, zeitraubend, beschwerlich und sogar unheilbringend halten. Aus Aberglau-ben organisieren manche ihren Alltag und ihre Termine (bei Medizin-, Finanz- und Kinderbetreuungsschamanen) derge-stalt, dass sie ihre unmittelbare Umgebung kaum je verlassen müssen. Die Quadrantenidentität beeinflusst auch Lebens-aspekte wie Schmuck und Bekleidung, Kinderaufzucht und jahreszeitbedingte freiwillige Migrationsmuster: Bewohner der westlichen Zone zieht es im Sommer eher ins Gebirge, während Bewohner der östlichen Zone – namentlich der »Up Right« genannten – eine ausgesprochene Vorliebe für ein ganz bestimmtes elitäres Reiseziel am Meer haben. Auch im Win-ter lassen sich zonenspezifische Warmwetterreiseziele aus-machen.

Der Glaube, zwei der Zonen seien für Kinderaufzucht und Fa-milienleben besonders geeignet, ist auf der gesamten Insel verbreitet. Diese beiden Zonen, nämlich »Up Right« und »Up Left«, flankieren eine riesige fetischisierte Fläche, die tref-fend »Großes Feld« genannt wird und deren unmittelbare Nähe als besonders erstrebenswert gilt. Dies mag in der kol-lektiven Geschichte und Vorgeschichte der Insulaner wurzeln, die als Savannenbewohner den Schutz der Bäume suchten, später als grundbesitzende Ackerbauern nach feindlichen Eindringlingen Ausschau halten mussten und daher wohl auch heute noch eine freie Sicht aus »sicherer« Höhe bevorzugen, bei der sie sich am wohlsten fühlen. Behausungen mit Blick auf das Große Feld sind dementsprechend begehrt und kostspielig; sie verleihen und unterstreichen einen hohen sozialen Status. Das Große Feld gilt auch als ideal für Kinder, die unter Aufsicht von Lehrern und Eltern, meist aber von alloparentalen Helferinnen dort spielen. Im Großen Feld ist die Ansiedlung von Industrie verboten, der Handel auf ein Minimum beschränkt. Es ist ein heiliger Bezirk und wird als heilkräftiges Gesundheitselixier angesehen; seiner Betrachtung und Begehung wird eine beruhigende und stärkende Wirkung nachgesagt. Diejenigen im Quadranten »Up Right« (der Upper East Side), die dem Großen Feld am nächsten siedeln, sind auf der Insel die Wohlhabendsten, und ihre Praktiken, Rituale und Glaubensüberzeugungen zählen zu den markantesten, gefestigtsten und wohl auch bizarrsten des Stammes. Diese Bewohner bilden den Gegenstand unserer Untersuchung.

Wir hatten beschlossen, nach Uptown zu ziehen, um unserem Sohn eine »schönere Kindheit« zu bieten. Schließlich gibt es Uptown den Central Park, eine Art Oase, eingezwängt zwischen die Upper East Side und die Upper West Side, und jede Menge gute öffentliche und private Schulen. Damals gab es dort auch all die Dinge, die man Downtown oft vergeblich suchte – kinderfreundliche Restaurants, Kindermodegeschäfte und Läden, in denen das Kind zum Haareschneiden auf einem feuerwehrautoförmigen Stuhl sitzen und sich ein Wiggles-Video ansehen konnte. Wir wollten Abstand von den ständigen Erinnerungen an 9/11, die Downtown ein knappes Jahr danach noch vielfach spürbar waren – schlechte Luft in Innenräumen, ständige Beklommenheit und mit Händen zu greifende Trauer. Wir wollten Spielplätze in Wohnnähe und eine familienfreundliche Nachbarschaft in einem Bezirk mit ausgezeichneten öffentlichen Schulen. Und wir wollten nah bei den Eltern meines Mannes, seinem Bruder und dessen Familie leben, ein Beziehungsnetz liebender Cousins, Cousinen und Erwachsener, die uns unterstützen und aufrichten würden, wenn wir unter Schlafentzug litten und uns mit Zahnen oder mit Trotzanfällen herumschlagen mussten. Und da wir unbedingt in Manhattan bleiben wollten, konnte dies nur eines heißen: die Upper East Side.

Immer wenn ich unseren Freunden Downtown gegenüber erwähnte, dass wir nach Uptown ziehen wollten, sahen sie mich an, als erklärte ich ihnen voller Begeisterung, einer Sekte beitreten zu wollen. »Wenigstens haben die Vorzeigefrauen hier in Downtown Brille, Doktortitel und ihren eigenen gemeinnützigen Verein«, bemerkte der Ehemann einer Freundin, als wir uns eines Abends bei einem Drink darüber unterhielten. Natürlich wussten wir alle, dass die Vorzeigefrauen der Upper

East Side eine blonde Mähne und künstliche Brüste hatten. Und zu Hause bei den Kindern blieben. Und beim Personal. Oder? Ich wusste es nicht so genau. In die Gegend nördlich der West Twenty-Third Street hatte ich mich seit Jahren nicht gewagt, außer um meine Schwiegereltern zu besuchen oder gelegentlich ins Museum zu gehen. Ich hatte sie durchaus wahrgenommen, die auf Hochglanz polierten Menschen und die Geschäfte, die Mauern, Monturen und Messingbeschläge. Aber die Mamis dort waren mir nie besonders aufgefallen. Schließlich hatte ich noch nie eine Mutter von der Upper East Side kennengelernt. Wie das wohl wäre? Wie die wohl wären? »Leg auf jeden Fall schon mal was für den Pelzmantel beiseite«, feixte meine Freundin. Ich lachte, und mein Mann verschluckte sich an einem Cashewkern. An Uptown/Downtown-Vorurteilen herrschte jedenfalls kein Mangel, und ich war ganz versessen darauf, selbst herauszufinden, welche davon zutrafen und welche nicht.

Erst einmal jedoch musste ich eine Wohnung für uns finden. Und damit meine ich wirklich *ich*, denn mein Mann delegierte die Apartmentsuche kurzerhand an mich. Vordergründig war das nur logisch: Als Mutter eines Kleinkindes hatte ich meine Arbeitszeiteinteilung als Schriftstellerin auf »flexibel« und »freiberuflich« umgestellt – meine Tätigkeit konnte ich tage-, wenn nicht gar wochenlang ruhen lassen. Außerdem beschäftigten wir stundenweise ein Kindermädchen, das auf meinen Sohn aufpassen konnte, während ich mich auf Wohnungssuche begab. Aber das Ganze folgte auch einer tiefer liegenden kulturellen Logik, denn in Manhattan ist es Aufgabe der Frau, der Familie ein Dach über dem Kopf zu verschaffen. Manchmal bezahlt sie dieses Dach auch, wenigstens zur Hälfte. Doch in heterosexuellen Ehen findet gewöhnlich die Frau die Woh-

nung, ganz unabhängig vom jeweiligen Beruf. Darüber hatte ich ausführlich nachgedacht und schließlich entschieden, dass daran die Landwirtschaft schuld sein müsse. Während unsere Vorfahren, Jäger und Sammler, mit ihren Vorräten noch umhergestreift und -geschweift waren und ihr Lager ohne allzu große Bindung an Orte oder Besitztümer aufgeschlagen und wieder abgebaut hatten, war mit dem Übergang zum Ackerbau alles anders geworden. Dieser führte zu Besitzdenken – »Die Felder da gehören mir!« – und zu gesteigerter Fruchtbarkeit der Frauen, die jetzt relativ sesshaft lebten und deshalb häufiger ovulierten. Und schneller, als man »Hirse« sagen konnte, verwandelten sich Sammlerinnen – mit all der Macht, dem Einfluss und der Freiheit derer, die ihre Angehörigen mit nahezu dem ganzen täglichen Kalorienbedarf versorgten – in Hüterinnen von Heim und Herd, die kaum mehr zu sagen hatten, als um welche Zeit das Abendessen aufgetragen würde, das sie tagsüber zubereitet hatten, und deren Prestige sich weitgehend auf das von Austrägerinnen des Nachwuchses beschränkte. Mir machte es nichts aus, diejenige zu sein, die sich um Säugling und Haushalt und die Suche nach einem neuen Heim kümmerte. Es war ja auch sinnvoll, angesichts der lukrativeren Karriere meines Mannes und meines heftigen Verlangens, bei unserem kleinen Sohn zu bleiben. Aber an manchen Tagen stellte ich mir schon die Frage, ob das, was meine Freundin und ihr Ehemann bei einem Drink gesagt hatten, nicht doch zutraf: dass die Geschlechterpolitik der Upper East Side, verglichen mit Downtown, noch viel stärker der der Ackerbau betreibenden Bantu ähnelte als der der umherziehenden, »downtownigen«, wildbeuterischen !Kung San.
Unterdessen vermutete ich, dass es selbst für jemanden, der so ahnungslos war wie ich, nicht allzu schwer sein dürfte, unser

Stadthaus zu verkaufen und dafür ein Apartment in Uptown aufzutreiben. Schließlich gelten Stadthäuser in New York City als Statussymbole ersten Ranges. Für die Menschen von Manhattan verkörpern allein stehende Behausungen, in denen niemand über oder unter einem wohnt, einen außergewöhnlichen, hoch gehandelten und höchst begehrenswerten Lebensstil. Sie sind dazu gedacht, die in der westlichen Welt geschätzte Privatsphäre zu sichern und in einer Stadt, in der Wohnfläche nach Quadratmetern bezahlt wird, eine gewisse räumliche Grandezza zu ermöglichen. Und so standen potenzielle Käufer bald Schlange, um unser Haus zu besichtigen. Dabei war dieses eher bescheiden, hatte nur eine kleine Küche und keinen Aufzug. Ich war rund um die Uhr damit beschäftigt, es tipptopp herzurichten und mich dann schleunigst zu verdrücken, damit ein Makler oder Klient es in Augenschein nehmen konnte.

Diese Zeit im Exil nutzte ich, um von einem nahe gelegenen Café aus meinerseits Makler anzurufen. Die meisten von ihnen waren Frauen. Sie hielten mich eine Weile hin, und statt mir Auskunft zu geben, durchlöcherten sie mich mit Fragen – nach dem Beruf meines Mannes, danach, woher ich stammte und wo ich zur Schule gegangen sei, sogar nach unserem Vermögenswert.

Ein ähnliches Fragespiel kannte ich bereits von Manhattaner Partys und Zusammenkünften, wo die Anwesenden einen mit dem Taktgefühl von Volkszählungsbeamten aushorchen, um das Gegenüber richtig einordnen zu können. Als mir dies zum ersten Mal widerfuhr, war ich völlig verwirrt. »Ach, die haben Kleine Jüdische Welt mit dir gespielt«, stellte mein jüdischer Ehemann fest. »Die wollten nur wissen, wo du hingehörst.« Soweit ich erkennen konnte, war hier allerdings nicht Religion im Spiel. In einer Riesenstadt kann es durchaus sinnvoll sein, zu wissen, ob und welche Verbindungen man zu jemandem hat, ob der andere jemanden kennt, den man ebenfalls kennt oder kennenlernen möchte. Die Chinesen nennen es *guanxi*: ein System, das in einem Land mit mehr als einer Milliarde Einwohner ein Netzwerk wechselseitiger Beziehungen knüpft. Sinnvoll, wenn auch ein wenig (oder sehr) berechnend.

Jedes dieser Verhöre beendeten die Maklerinnen unweigerlich mit der Mitteilung, sie hätten zwar nicht genau das Objekt im Angebot, nach dem ich mich erkundigt hatte, dafür aber ein paar andere, die sie mir zeigen könnten. Tatsächlich hatte es den Anschein, als ob keines der herrlichen Apartments, die ich im Internet oder in Zeitungsannoncen gesehen hatte, wirklich existierte – bei Anruf ergab sich, dass sie »bereits verkauft« oder »in der Vertragsphase« waren oder nur deshalb als verfügbar angezeigt wurden, weil die Webseite »aktualisiert« werden musste. Als ich meinem Mann davon erzählte, bezeichnete er sie als typische Lockvogelangebote und schlug mir vor, eine Kaufmaklerin zu beauftragen. »So eine Art eingeborene Informantin? Oder Führerin?«, fragte ich aufgeregt, und mein Mann bejahte. Wie die loyalen Spurensucher, die Dian Fossey tagtäglich ihre Gorillas finden halfen, oder die Inuit der Baffininsel, die es auf sich nahmen, Franz Boas, dem Vater der modernen Anthropologie, ihre Gebräuche zu erklären, als er unter ihnen weilte, benötigte ich eine Eingeweihte, die mich beriet und aufklärte.

Mein Mann gab mir die Telefonnummer einer Frau, die ihm vor Jahren geholfen hatte, seine kleine Studiowohnung in der Upper East Side zu verkaufen – und am folgenden Tag rief ich sie an, stellte mich vor und verkündete ihr, ein paar Apartments besichtigen zu wollen. Ich dachte, jetzt, wo ich jemanden an meiner Seite hatte, würde alles ganz leicht werden. Ich war ja so naiv. Ich hatte gerade mal die Tür aufgestoßen. Jetzt ging die Arbeit erst richtig los.

Inga hatte einen berückenden Akzent – mein Mann hatte gesagt, sie sei Dänin und früher Model gewesen –, war forsch und sachlich. »Also erst einmal vorweg – Sie haben schon jemanden, der Ihr Stadthaus für Sie verkauft, oder? Denn in Downtown arbeite ich normalerweise nicht.« Was Immobilien anbelange, erklärte sie, seien Uptown und Downtown ganz unterschiedliche Welten. Und die Upper West Side sei auch nicht ihre Stärke, sie sei in erster Linie Upper-East-Side-Maklerin.

»Nun ja, also, wir wollen in der Upper East Side leben.« Hier verhaspelte ich mich ein wenig, als mir die offenbar gewaltigen, unüberwindlichen Unterschiede zwischen den Wohngegenden aufgingen, zumindest was die Maklerpraktiken betraf. »Und« – langsam fing ich mich wieder – »wir wollen eine Wohnung in dem Bezirk mit guten öffentlichen Schulen.« Eine lange Pause. Dann das knappe Urteil: »Das wird nicht einfach sein.« Irgendwie hatten meine Ansprüche sie enttäuscht, und plötzlich fühlte ich mich ganz geknickt und ohne jede Hoffnung. *Das wird nicht einfach sein.*

»Aber«, sagte Inga in ihrem skandinavischen Singsang, den ich bereits sehr einnehmend fand, »einen Versuch ist es wert. Ich hätte da schon was, das ich Ihnen zeigen könnte.« Hier hellte sich meine Stimmung wieder auf, Erleichterung und Zuversicht durchströmten mich. Sie hatte da schon was, das sie mir zeigen könnte! Jetzt hatte ich eine Führerin! Inga, das spürte ich schon beim Auflegen, würde mir nicht nur dabei helfen, ein Zuhause zu finden. Sie würde mich auch die Grammatik der Upper East Side lehren. Jeder Anthropologe braucht mindestens einen zuverlässigen, verständnisvollen eingeborenen Informanten, der bereit ist, ihm den Weg zu weisen, die Sprache zu dolmetschen, Gebräuche zu erläutern, die schmutzigen Geheimnisse und stummen sozialen Codes seiner Kultur auszuplaudern. Kurzum, ein Informant ist das Entréebillet. Und ich war mir ziemlich sicher, meine Informantin gefunden zu haben.

»Kommt Ihre Chefin heute auch?«, fragte mich zweifelnd die gut gekleidete Dame mit dem Hermès-Schal um den Hals. Ihre glänzende, botoxgefrorene Stirn signalisierte einen zarten Hauch von Verwirrung, als ich am ersten Tag unserer Apartmentsuche noch vor Inga in eine reichverzierte Empfangshalle in der Park Avenue trat.

»Äh, nein, ich ... ich habe keine Chefin ...«, stammelte ich, streckte die Hand aus und stellte mich vor. Aufgrund meines »Nerdy Hipster«-Outfits von Marc Jacobs, in Downtown der letzte Schrei, hatte sie mich offensichtlich für die Assistentin von Ingas Klientin gehalten. Das erste Indiz dafür, dass nichtberufstätige Frauen in meiner Stadt persönliche Assistentinnen hatten, die für sie Wohnungen auskundschafteten. Und dass ich für die Wohnungssuche einen Uniformwechsel benötigte. Eben da erschien Inga, eine großgewachsene, rasiermesserdünne brünette Schönheit in einem auserlesenen, unglaublich schicken Hosenanzug von gebrochenem Weiß, und ich verstand, dass die andere Maklerin sie bewunderte, was mir sofort die Befangenheit nahm – bezüglich meiner Kleidung, unseres Umzugs und des ganzen Suchvorgangs. Es war wie Zauberei.

Damit lag ich gar nicht so weit daneben. In Manhattan ist die Maklertätigkeit – der Kauf und Verkauf von Apartments – eine ökologische Nische von, für und wegen Frauen. Auf die Upper East Side trifft dies in besonderem Maße zu. Sprache der Maklerinnen ist die Kleidung. Die Maklerin der Verkäuferseite kleidet sich, um den Respekt, den sie für ihre Klientin erzielen möchte, auf sich zu ziehen; die Maklerin der Käuferseite kleidet sich, um die Maklerin der Verkäuferseite zu beeindrucken und einzuschüchtern und um ein Bild im Sinne der angehenden Käuferin zu projizieren, die sich ihrerseits kleidet, um beiden Maklerinnen ihre Ernsthaftigkeit zu vermitteln (ist sie außergewöhnlich wohlhabend, kann sie sich auch zwangloser kleiden und auf diese Weise zeigen, dass sie weiß, dass beide wissen, wie wenig sie dieses Spielchen nötig hat; schließlich donnern sie sich ihr zuliebe auf). All das mündet in eine Art Modeduell, das Tag für Tag, Besichtigungstermin für Besichtigungstermin, Empfangshalle für Empfangshalle ausgefochten wird. Man stelle sich Sergio-Leone-Musik vor, dazu Frauen im Morgengrauen, eingehüllt in Brunello Cucinelli und Loro Piana. Taschen schienen dabei besonders wichtig. An jenem ersten Tag, an dem wir vier oder fünf Apartments besichtigten, trugen viele der Maklerinnen schimmernde Chanel-Handtaschen aus gestepptem Kalbsleder mit Ketten, schwerer Klappe und CC-Logo-Schließe. Oder rechteckige Kalbsledermodelle, oben offen und mit Griffen, unter denen die C angebracht waren, sehr lässig, sehr elegant. »Wenn wir ein Apartment finden wollen, muss eine neue Handtasche her«, sagte ich halb im Scherz zu meinem Mann, als ich nach jenem ersten Tag nach Hause kam. Ich war völlig geschafft, sowohl von der Lauferei (wäre ich eine andere Art Klientin gewesen, vertrauter mit den Gepflogenheiten der Upper East Side, hätte ich für Inga und mich einen Chauffeur angeheuert) als auch von den ungewohnten seelischen Verrenkungen, den emotionalen Strapazen der Wohnungsbesichtigungen, der Interaktion mit den Maklerinnen, der Anpassung meiner Erwartungen und Wünsche an die Möglichkeiten eines jeden angebotenen Apartments und der Unsicherheit, ob es klappen würde.

Mehrere Wochen lang legte ich jeden Morgen meine Upper-East-Side-Wohnungssuche-Uniform an: ein nüchternes Etuikleid, Ballerinas von Agnès B. oder French Sole und meine damenhafteste Handtasche – latschige Umhängetaschen hatten hier nichts verloren. Die Krönung des Ganzen war ein seidig glänzender (hoffte ich zumindest) Pferdeschwanz. Schließlich machte ich mich gerade auf den Weg ins Reich der Seidig-Glänzenden. Derart ausstaffiert rief ich mir ein Taxi und traf, gewöhnlich nach einer halben Stunde Fahrt in nordöstlicher Richtung, Inga in einer vereinbarten Eingangshalle eines vereinbarten Vorkriegsgebäudes, fast immer westlich der Lexington Avenue. Das Suchgebiet gaben uns die Grenzen des Bezirks mit ausgezeichneten öffentlichen Schulen vor, was im Grunde hieß, dass wir in der teuersten Wohngegend von ganz Manhattan suchten. Um unsere Kinder irgendwann einmal gratis dorthin schicken zu können. Die Ironie des Ganzen entging weder mir noch meinem Mann noch Inga, die bald die Dritte in unserem Ehebund wurde. »Wenn Sie in puncto Schulbezirk flexibel wären, hätten wir deutlich mehr Auswahl«, schlug sie mir einmal diplomatisch vor, als wir uns schon eine Weile kannten. »Aber ich weiß ja, was Sie suchen, Sie und Ihr Mann«, ergänzte sie rasch, als ich ihr einen kurzen Blick zuwarf. »Also konzentrieren wir uns weiter auf dieses Viertel.«
Ein Apartment zu finden dauerte eine gefühlte Ewigkeit. Damals boomte New York bekanntlich, und der Immobilienmarkt war angespannt. Die Verkäufer verlangten astronomische Preise, die Käufer waren ihnen auf Gedeih und Verderb ausgeliefert. Und die Gegend, in die wir ziehen wollten, war, wie Inga anzudeuten nicht müde wurde, der härteste Brocken in der gesamten Stadt. Wir suchten und suchten und suchten.
Wir besichtigten »klassische Sechszimmerwohnungen«, »klas-

sische Siebenzimmerwohnungen« und »klassische Achtzimmerwohnungen« in »Nice Buildings«, in »Good Buildings« und sogar in »White Glove Buildings«, wo die Angestellten tatsächlich weiße Handschuhe tragen. Sämtliche Apartmenthäuser hatten Portiers, die einen begrüßten, viele verfügten über Aufzüge mit Liftboy, was bedeutete, dass man nicht selbst auf die Knöpfe zu drücken brauchte. Sie alle jedoch unterschieden sich von einem »Great Building«. Ein solches mochte in demselben Häuserblock stehen und von außen genauso aussehen wie die von uns besichtigten Gebäude, hier aber verlangte man eine horrende Anzahlung, verweigerte Hypothekenfinanzierung und forderte von potenziellen Käuferinnen den Nachweis, dass sie das Drei-, Fünf- oder gar Zehnfache des Immobilienwerts an flüssigem Kapital besaßen. Bei »Great Buildings« kann all dies eingefordert werden, für bestimmte Leute können aber auch, wie Inga mir gleich zu Anfang verriet, bestimmte Ausnahmen gemacht werden, und zwar völlig willkürlich. Denn im Grunde funktionieren sie wie Privatklubs, betrieben vom Vorstand der jeweiligen Wohnungsgenossenschaft, der seine Regeln nach Gutdünken festlegt und durchsetzt. Solche Vorstände lassen reiche Berühmtheiten routinemäßig abblitzen, solche Vorstände verbannten Richard Nixon ebenso wie Madonna in Stadthäuser, wo sie zweifellos, empört und gekränkt, ihre Wunden leckten. »Great Buildings« werden von Wirtschaftstitanen und ihren angetrauten Salonlöwinnen bewohnt und laufen unter ihrer Adresse: 740 Park. 927 Fifth. 834 Fifth. 1040 Fifth. Andere haben Namen: The Beresford. The San Remo. The Dakota. River House. Sie sind aus Kalkstein erbaut und von namhaften Architekten wie Rosario Candela und Emery Roth entworfen. Für uns kamen diese Gebäude nicht in Frage, ebenso wenig »Familienhäuser«, obwohl gerade diese wie für uns gemacht schienen. »Nein«, klärte Inga mich geduldig auf, als ich mich danach erkundigte, »das bedeutet nicht, dass es dort Spielzimmer gibt. Es bedeutet lediglich, dass man eine Hypothek von bis zu neunzig Prozent des Kaufpreises aufnehmen kann. Wir finden was Besseres.« So wie Ingas Outfit – Jil Sander, Piazza Sempione, Prada, wie sie mir auf Nachfrage verriet – meinen Status widerspiegelte, würde das Haus, in dem ich endete, ihren Status widerspiegeln. Sie wollte das Beste für uns – weil es bei diesem Spiel auch um sie ging.

Was diese Unterscheidungen betraf, war ich nicht wählerisch – wir wollten nur eine hinreichend gute Wohnung im richtigen Schulbezirk. Doch zu meiner Überraschung und letztendlich zu meiner Enttäuschung vereinfachte meine Flexibilität den Suchprozess nicht. Es gebe einfach keinen großen »Bestand«, ließen uns die Maklerinnen immer wieder wissen. Und es war überwältigend und unerwartet seltsam, auf so intime Weise in das Leben und den Wohnraum wildfremder Leute einzudringen – ihre Besitztümer und Gewohnheiten zu Gesicht zu bekommen oder umgekehrt in tadellos hergerichteten Apartments die Abwesenheit aller menschlichen Lebenszeichen zu bemerken. Ich konnte einen speziellen Upper-East-Side-Einrichtungsstil ausmachen. Viel Leinenstoff. Viel Gelb. Und Blau. Wieder und wieder. Schwer, sich auszumalen, was ich anders machen würde, wie unsere Möbel hier hineinpassen, wie wir in jedem dieser Apartments leben würden, mein Mann, mein Sohn und ich. In welcher Ecke würde das Gitterbett stehen? Falls wir uns für ein zweites Kind entschieden, wo würde dieses unterkommen? Könnte ich in diesem Apartment von zu Hause aus arbeiten? Und so weiter und so fort.

Wenn eine Wohnung den Anforderungen zu genügen versprach – richtiger Schulbezirk, richtige Anzahl von Badezimmern, Helligkeit und Aussicht –, dann erschien am Folgetag stets mein Mann, um sich – wie alle Männer – einen eigenen Eindruck zu verschaffen, und sämtliche anwesenden Frauen (Inga und ich, die Maklerin der Verkäuferin, mitunter sogar die Verkäuferin persönlich) wurden von einer völlig neuen Energie ergriffen, von einer nervösen Aufmerksamkeit, dem Drang zu gefallen. Ich kam mir vor wie eine Glücksradmoderatorin, es war einfach lächerlich, wie ich im Reigen mit den anderen Frauen das Apartment »präsentierte«, Türen öffnete und Wandschränke herzeigte. Lächelnde Unterwürfigkeit war sonst gar nicht meine Art, und trotzdem führte ich mich auf, als stünden wir alle auf der Bühne und spielten die uns zugewiesenen Rollen. Dem Drehbuch der Wohnungssuche gemäß schnüffelte mein Mann in der Wohnung herum, während die Maklerinnen jedes seiner Worte, jede seiner Gesten auf die subtilsten Anzeichen von Gefallen oder Missfallen untersuchten. Gewöhnlich gab er sich in derlei Situationen höflich, jedoch keineswegs übermäßig freundlich. Vor den Maklerinnen selbst zeigte er keinerlei Regung, und nach einem raschen Rundgang durch die Wohnung eilte er zurück in die wichtige Welt der Männerarbeit. Von dort aus rief er mich an, um mir seine Meinung kundzutun.

Vor dem Gefühl, vollends in einer Vorabend-Sitcom gelandet zu sein, bewahrte mich nur die Gewissheit, dass letztlich ich diejenige war, die entschied, wo wir leben würden. Haus und Heim waren Frauensache. Deshalb waren sämtliche Makler und potenziellen Käufer Frauen. Die Männer waren dazu da, der Sache Gewicht und etwas Nervenkitzel zu verleihen, doch danach mussten sie verschwinden – und unterschreiben. Oder auch nicht. Hinterher konnten wir tun und lassen, was wir wollten. Willkommen in der Upper East Side.

Noch während ich über diese geschlechtsspezifische Trennung von Arbeit und Sinn in meinem zukünftigen Lebensumfeld nachgrübelte, konnte ich nicht umhin, mich praktischeren Problemen zu stellen. Allen voran dem, dass trotz eines Budgets, das uns in Atlanta oder in Grand Rapids ein Herrenhaus samt Swimmingpool ermöglicht hätte, viele der Apartments eine Enttäuschung waren. Das Ganze folgte einem Muster: eine prächtige vergoldete Empfangshalle mit Portier an einer »repräsentativen« Adresse in der Park, Madison oder Fifth Avenue. Wir fuhren hinauf, betraten das Apartment ... und ich dachte, es haut mich um. *So also wohnen all die gut gekleideten Frauen der Upper East Side?*, fragte ich mich oftmals fassungslos. Einige der Wohnungen waren in einwandfreiem, manche sogar in »neuwertigem« Zustand, viele jedoch, wenn nicht sogar die meisten, befanden sich in einem Zustand sanfter oder nicht ganz so sanfter Vernachlässigung. Ausgefranste Teppiche und alte Auslegware. Abgenutzte Küchen. Vergilbte Wandfarbe. Und fast immer mittendrin ein Zimmermädchen beim Staubwischen, Silberpolieren oder Wäschezusammenlegen.

Und im Wohnzimmer ausnahmslos jedes Mal gerahmte Fotos und Erinnerungsstücke, die die immergleiche Geschichte erzählten. Ich war wie gebannt von ihnen, in jedem Apartment aufs Neue: das Bild einer jungen Frau neben einem Diplom von Brearley oder Spence. Das Abschlussfoto eines jungen Mannes ... neben einem gerahmten Diplom voller Blattgoldbuchstaben in eleganter Kalligraphie von Horace Mann oder Buckley oder St. Bernard's. Die perfekte Frisur. Die glatten, jungen Gesichter. Das hineinretuschierte Lächeln und die von Kieferchirurgen perfekt gerichteten Zähne.

Wir besichtigten gerade eine Wohnung in der Madison Avenue auf der Höhe der niedrigen Eighties, als mich die Erkenntnis wie ein Keulenschlag traf: Diese Leute wollten verkaufen oder sich verkleinern, weil sie es mussten. Ihre Kinder, in die sie so viel, so heftig investiert hatten, hatten ihre Ausbildung endlich abgeschlossen und waren flügge geworden. Die Eltern hatten ihre finanziellen Möglichkeiten bis zum Äußersten ausgereizt ... für Hauspersonal und Privatschulen. Lieber zogen sie um, als darauf zu verzichten. Und deshalb verkauften sie jetzt und suchten etwas Kleineres. Und nahmen Diplome und Haushälterin einfach mit.

»Kannst du dir das vorstellen?«, fragte ich meinen Mann am Abend meiner großen Erkenntnis, als ich mich erschöpft und deprimiert ins Bett fallen ließ, nachdem ich vier Apartments hintereinander besichtigt hatte, allesamt mit vergoldeten Eingangshallen, abgewetzten Teppichen und edlen Diplomen.

»Kann ich«, seufzte er. Als gebürtiger Brooklyner, der als Teenager in die Upper East Side gezogen war, stammte er zwar aus New York, nicht aber aus Manhattan, war also bestens vertraut mit den Wünschen und Vorstellungen und Bestrebungen und Ängsten und Prioritäten der Menschen, deren Wohnungen ich mir tagtäglich ansah, und trotzdem fähig, etwas Befremdliches darin zu sehen. »All das Zeug, die Haushälterinnen, die Diplome der Privatschulen, das ist nicht nur Staffage«, sagte er mir jetzt. »Es zeigt, wer sie sind.«

Er gähnte, ich aber war mit einem Schlag hellwach. Mir fiel ein Anthropologieprofessor ein, der versucht hatte, uns den Ehrbegriff eines von ihm untersuchten jemenitischen Stammes begreiflich zu machen. »Da geht es nicht um eine abstrakte Idee«, hatte er uns vor etlichen Jahren in einem Proseminar erklärt. »Wenn jemand deine Ehre befleckt, kannst du das nicht einfach ignorieren und beschämt weitermachen wie bisher.« Nein, sagte er, es sei, als habe einem jemand ein Stück Fleisch herausgeschnitten. Etwas fehlt, und man ist beschädigt, verwundet. Die Privatschuldiplome und die Haushälterinnen, wurde mir jetzt klar, waren eben nicht nur fetischisierte Statussymbole, nicht nur etwas, was man vor sich hertrug oder besaß oder stolz zur Schau stellte. Sie waren für die Identität eines Menschen in der Upper East Side so wesentlich, so entscheidend, so unabdingbar, dass man, um daran festhalten zu können, sogar auf neuen Sisalboden, eine Küchenrenovierung und ein Apartment in »neuwertigem« Zustand verzichtete.

Das erklärte alles. Die Art, wie die Frauen um mich herum – Maklerinnen mit Kindern, Frauen, deren Apartments ich besichtigte, Freundinnen von Freundinnen in der Upper East Side – ständig davon redeten, wo ihre Kinder zur Schule gingen, wie sie geschickt das Alter und die Schulzugehörigkeit ihrer Kinder einfließen ließen, wenn sie sich vorstellten. Ja, das war eine Art, sich selbst zu beschreiben und gleichzeitig ein bisschen Bündnispolitik zu betreiben. Aber es zeigte eben auch, wer sie waren. Punkt. »Hi, ich bin Alicia. Meine Kinder Andrew und Adam gehen auf die Allen-Stevenson – Ihre doch auch, oder?«

»Nein, meine gehen auf die Collegiate School [Wumm! Damit demonstriert sie ihren höheren Rang, denn ihre Kinder sind in einer Eliteschule eingeschrieben], aber die vier Jungs meiner Freundin Marjorie gegen alle auf die AS. [Subtext: Meine Freundin Marjorie ist stinkreich – muss man sein, wenn man vier Kinder hat –, und ich selbst demnach auch.] Vielleicht kennen Sie sie ja. Wie alt sind denn Ihre Kinder?«

»Nein, so was! Meine Neffen gehen beide auf die Collegiate School. [Hier verrät sie, dass sie selbst nur einen Hauch vom Eliteschulstatus entfernt ist, da die Kinder ihrer Schwester eine Eliteschule besuchen und sie ihr folglich fast ebenbürtig ist.]

Es sind Zwillinge, in der zweiten Klasse: Devon und Dayton?«
Und so weiter und so fort.

Der Besuch einer Privatschule war so wichtig, dass die Frauen durchweg aus allen Wolken fielen, als ich ihnen eröffnete, unseren Sohn später einmal auf die ausgezeichnete öffentliche Schule des Viertels schicken zu wollen, auf die PS 6. Dann hoben sie vielleicht die Augenbrauen und sagten nach einer Pause höflich: »Nun, Sie können sich ja noch überlegen, wohin er am Ende soll.« Andere waren unverblümter. »Ach, kommen Sie«, sagte eine Maklerin mit einem aufgesetzten Lächeln und offensichtlich leicht entnervt, als sie die Küchenschränke öffnete, um mir die Innenbeleuchtung vorzuführen. »Sie werden Ihr Kind auf eine Privatschule schicken wie alle anderen auch. Sie werden Ihr Kind von Ihrem Chauffeur hinbringen lassen. Wie alle anderen auch. Also können Sie kaufen, wo immer Sie wollen.«

Doch mein Mann und ich ließen uns nicht beirren. Wir hatten beide öffentliche Schulen besucht, und unser Sohn konnte getrost das Gleiche tun. Es schien normal und vernünftig, und so bestanden wir weiterhin auf einer Wohnung in der Nähe der ausgezeichneten öffentlichen Schule in der East Eighty-First Street zwischen Madison und Park Avenue. Diese Gegend wird von den Maklern auch gerne als »Upper East Side Prime« bezeichnet. Was unsere Suche nur noch erschwerte.

Nun, da wir so weit gekommen waren, benötigte ich ein paar Nachhilfestunden von meinem Mann und Inga. Ich wusste, dass ich die erste und entscheidende soziale Kluft zwischen Immobilienidentitäten in Manhattan schon mit meiner Heirat übersprungen hatte, nämlich die zwischen Mietern und Eigentümern. Mein Mann hatte mich als Miteigentümerin seines Hauses eintragen lassen: Damit gehörte es uns beiden, mehr nicht, aber in unserer Stadt bedeutete dies offenbar eine ganze Menge. Viele Leute, die in Manhattan zur Miete wohnen, halten den Umstand geheim oder sprechen zumindest nicht darüber, vermutlich aus einem Gefühl der Minderwertigkeit heraus, dem Gefühl, dass Zur-Miete-Wohnen etwas Zweitklassiges und Ungewisses ist. »Sie sind doch Eigentümerin, oder?«, war eine der ersten Fragen, die mir die Maklerinnen stellten (oder noch häufiger, die sie Inga über uns stellten, bevor sie einwilligten, uns Wohnungen zu zeigen). Sie wollten sichergehen, dass wir ihnen keine zusätzliche Hürde in den Weg legten, und waren erfreut, wenn ich ihnen versicherte, dass wir dem Stamm der Eigentümer bereits angehörten.

Ein weiteres Unterscheidungsmerkmal war Vorkriegs- vs. Nachkriegsarchitektur. Klar, dachte ich, es wäre schon nett, in einem dieser wunderschönen alten Gebäude mit wunderschönen historischen Details zu wohnen, entworfen von einem namhaften Architekten, umwittert von Geschichte und Geschichten. Aber ich würde deswegen keinen großen Aufstand machen. Und schon sahen wir uns einem weiteren fundamentalen Unterschied gegenüber, der mit jenem zwischen Vorkriegs- und Nachkriegsarchitektur einherging: »Co-op« oder »Condo«. Auf diese ganz eigene binäre Opposition – für die Organisation der Wohngebäude in Manhattan und die Definition von Upper-East-Side-Identität ein grundlegendes Gegensatzpaar – hatte mich mein Leben in einem Haus Downtown überhaupt nicht vorbereitet.

In einer Co-op, so erklärten mir Inga und mein Mann, entscheiden die Vorstandsmitglieder, wer einziehen darf und wer nicht und welche Regeln befolgt werden müssen. Manche dieser Regeln sind klar und einleuchtend. So sorgt beispielsweise die »Sommerregel« dafür, dass Renovierungsarbeiten nur im

Sommer stattfinden dürfen, wenn man dem Lärm leichter entgehen kann, indem man sich ins Freie oder vielleicht sogar, den ganzen Sommer über, auf den eigenen Landsitz flüchtet. Da wir in Manhattan alle übereinandergestapelt leben, können Bauarbeiten einem das Leben zur Hölle machen. Die Sommerregel sei »sehr Upper East Side«, informierte mich Inga, in den Co-ops der Upper West Side sei sie so gut wie unbekannt. Und sie sei sinnvoll.

Andere Co-op-Regeln sind recht willkürlich, eher kulturell zu erklären als funktional. Beispielsweise darf man in einer Co-op seine Wohnung nicht ohne weiteres untervermieten oder den fünfundzwanzigjährigen Sohn einziehen lassen. All das muss erst vom Vorstand gebilligt werden. Und die Co-ops gewisser Gebäude können von gewissen Bewerbern fordern, dass sie flüssiges Kapital in astronomischer Höhe nachweisen. Oder eben auch nicht. Diesen Nachweis »verlangen« sie (falls sie nicht beschließen, über die Vorschrift hinwegzusehen), um sich »abzusichern«, trotz der Tatsache, dass sie ohnehin auf jede Wohnung im Haus ein Pfandrecht genießen. Das liegt daran, dass niemand in einer Co-op wirklich Eigentümer eines Apartments ist. Man ist »Anteilseigner« – je mehr Anteile, desto größer im Allgemeinen die Wohnung. Anteile sind Macht. Wer sich ein Co-op-Apartment zulegen möchte, muss sich fast immer einer Befragung durch den Vorstand unterziehen. Und bei einer solchen Befragung durch den Vorstand, so warnten mich mein Mann und Inga, konnten die Vorstandsmitglieder jede erdenkliche Frage stellen. Oder ohne Angabe von Gründen beschließen, den Bewerber nicht einziehen zu lassen. Deswegen also herrschte ein so großer Andrang auf die Handvoll Wohnungen in den Co-op-Gebäuden der Park oder der Fifth Avenue, die damit warben, dass eine »Zustimmung durch den Vorstand«

nicht erforderlich sei. Ob sich wohl der Besitz von Anteilen an einer Co-op genauso anfühlte wie eine Haushälterin oder ein Privatschulkind zu haben?

Apartments in Condos sind zwar etwas teurer, erfuhr ich, gestatten meist jedoch mehr Fremdfinanzierung und gehören einem dann tatsächlich. Außerdem geht es dort lockerer zu. Wenn man möchte, darf man das Apartment untervermieten oder als Zweitwohnung nutzen. Und in einem Condo wird die Bewerbung von einer externen Hausverwaltung geprüft. Das greift weniger in die Privatsphäre ein, als wenn eine Gruppe potenzieller zukünftiger Nachbarn jedes Detail Ihrer finanziellen Situation und Ihres persönlichen Lebens unter die Lupe nimmt.

Ob Co-op oder Condo, Vor- oder Nachkrieg, auf meiner täglichen Fahrt vom West Village zur Upper East Side kam ich zu dem Schluss, dass eine Entscheidung getroffen werden musste. Die Taxikosten waren noch mein Untergang. Wir mussten nach Uptown ziehen, damit ich endlich aufhören konnte, jeden Tag dorthin zu pilgern.

Und eines Tages fand ich sie dann, die möglicherweise passende Wohnung. Es war ein modernes Gebäude in der Park Avenue, nicht der prestigeträchtige Vorkriegsbau eines berühmten Architekten. Ich machte mir nichts daraus – schließlich waren es keine zwei Querstraßen zum Central Park. Das Apartment selbst schien mir anfangs etwas düster. Doch das lag nur an der Farbe, und ich konnte darüber hinwegsehen. Die Küche war zwar eher klein, aber auf »Spitzenniveau«, wie die Makler es nennen. Die Wohnung hatte einen »unverbauten Blick auf die Stadt«, was bedeutete, dass sie keinen Blick auf den Park hatte; dafür standen andere Gebäude nicht genau vor dem Fenster, sondern in ausreichender Entfernung, sie ließen genug Licht herein und gaben mir ein angenehmes Gefühl von Platz und von Geselligkeit. Es waren genügend Schlafzimmer vorhanden; in einem von ihnen war an einem niedlichen kleinen Tisch mit Stühlen gerade ein Bastelprojekt im Gange – Knöpfe, ungekochte Makkaroni und Glitzerkram auf rosa Karton. Das Zimmer dieses kleinen Mädchens, durchfuhr es mich, könnte ohne weiteres das meines kleinen Sohnes sein. Das warme Gefühl, das mich beim Anblick dieses Kinderidylls durchströmte, bezwang meine Abneigung gegen die niedrigen Decken, die Lage an der verkehrsreichen Kreuzung und den nicht eben optimalen Grundriss.

Mit wachsender Begeisterung machte ich einen zweiten, dann einen dritten Rundgang. »Die Maklerin konnte nicht kommen«, erklärte Inga – mir war bewusst, dass dies in der Welt der Maklerinnen, Käuferinnen und Verkäuferinnen einer Zurücksetzung gleichkam, der Botschaft, dass Inga und ich ihre Zeit nicht wert waren, dass sie anderweitig zu tun hatte oder was immer – aber das war mir gleich. Schleunigst wurde ein weiterer Termin angesetzt, damit die Maklerin – gehetzt, gleichgültig, unfreundlich – mich treffen und gutheißen konnte. Kaum war das überstanden, vereinbarten wir eine dritte Besichtigung, diesmal mit meinem Mann im Schlepptau.

Dass die Besitzerin diesmal zu Hause war, erkannte ich gleich, als am Tag der »Paarbesichtigung« die Tür aufging und ich hörte, wie sie drinnen ihre Tochter ermahnte. Ich spähte den Flur entlang und sah, dass sie blond war wie ich und etwa mein Alter und meine Figur hatte. Sie sagte: »Leda, wenn du etwas essen willst, dann bietest du erst einmal den anderen im Zimmer etwas an!« Offenbar bezog sich das auf ihre Maklerin, eine füllige Frau mit rötlicher Kurzhaarfrisur, die ich schon bei meinem vorhergehenden Besuch flüchtig kennengelernt hatte und die sich jetzt zwischen uns und der Familie aufbaute wie ein mit Jean-Schlumberger-Accessoires versehener Pitbull. Mit funkelnden Ringen und Armbändern wollte sie mir buchstäblich den Weg versperren, als ich, um mich vorzustellen, auf die Besitzerin zuging, die mir die Hand entgegenstreckte und mir ein freundliches Lächeln schenkte. »Ich bin Allie«, sagte sie auf jene gehetzt-höfliche Art, deren Tonfall (einschließlich der dahinterstehenden Haltung) mir von den Frauen, denen ich auf den Straßen und in den Wohnungen der Upper East Side begegnete, bereits vertraut war. Offenbar war es Allie wichtig, mit eigenen Augen zu sehen, wer ihr das Apartment abkaufen wollte, und ich war heilfroh, für meine Verhältnisse anständig gekleidet zu sein. Ihr Outfit war ausgesprochen schick – eng anliegende schwarze Caprihose, taillierte lavendelfarbene Bluse und bloße Füße mit zartrosa glänzendem Nagellack. Ihrem Aussehen nach zu urteilen konsultierte sie einen eigenen Haar- und Make-up-Stylisten. Und das an einem ganz normalen Mittwochnachmittag. »Das ist Sharon«, sagte Allie. Die Maklerin reichte mir eine schlaffe Hand und sah zielgerichtet an mir vorbei. »Hallo. Wir kennen uns bereits«, äußerte ich in hoffentlich freundlichem Ton.

Nicht zum ersten Mal erlebte ich, dass eine Maklerin sich derart unverhohlen und theatralisch vor ihre Klientin stellte und einer potenziellen Käuferin sonderbar feindlich gegenübertrat. Ich hatte begriffen, dass Maklerinnen auf Verkäuferseite die selbsternannten Hüterinnen von Familien in einer Übergangszeit waren, Führerinnen durch eine liminale Phase, in der die Familien von Eigentümern zu Verkäufern, zu Käufern und wieder zu Eigentümern wurden. Und zu jedem Zeitpunkt dieser großen Übergänge wollten die Maklerinnen dabei sein, denn jeder Übergang bedeutete zugleich eine Transaktion, bei der eine fette Provision auf dem Spiel stand. Der Gedanke, dass ihnen bei dem anstehenden Geschäft etwas in die Quere kommen könnte, war ihnen unerträglich – und dazu gehörte jeder Kontakt zwischen Eigentümer und potenziellem Käufer, samt der Gefahr, ausgeschaltet zu werden. Aber da war noch etwas an der Beziehung zwischen Maklern und Klienten der Upper East Side, etwas noch Merkwürdigeres, und das bekam ich nun vorgeführt, als Allie sich kurz entschuldigte, um nach ihrer Tochter zu sehen, die in Richtung Kinderzimmer getrottet war. Ich wandte mich an Sharon und erkundigte mich höflichkeitshalber, wie alt die kleine Leda sei.

»Sie ist drei, und sie geht in den Kindergarten Temple Emanu-El«, entgegnete sie knapp und derart hochnäsig, als gebe sie gerade ihren eigenen Nobelpreisgewinn bekannt. Mir war bereits aufgefallen, dass Maklerinnen, Architektinnen und Kindermädchen in der Upper East Side gerne so taten, als sei ihr eigener Status identisch mit dem ihrer Klienten oder Arbeitgeber – und genau das geschah hier. Als ich fragte, ob Temple Emanu-El in der Nähe liege, und damit meine völlige Ahnungslosigkeit offenbarte, starrte Sharon mich ungläubig an. Ich lächelte in der Hoffnung, damit den Schock abzumildern, den meine schreiende Ignoranz und Mittelmäßigkeit ihr bereitet hatten. Doch innerlich verdrehte ich die Augen und dachte: Lass gut sein, Mädel. Das hier ist nicht dein Haus. Oder deine Familie. Zweifellos war sie auf ihre Provision aus, hatte aber bestimmt etliche andere Interessenten in Aussicht, die die Wohnung kaufen wollten. Sharon war eine reiche Dame, wie so viele Maklerinnen der Upper East Side. Bei jedem Verkauf betrug ihre Provision sechs Prozent, drei davon flossen direkt in ihre Tasche. Mitten im Wirtschafts- und Immobilienboom bedeutete ich ihr rein gar nichts, und das ließ sie auch durchblicken. Ich konnte sie nicht ausstehen. Und so schwiegen wir uns einfach an.

Zum Glück kehrte Allie bald zurück, entschuldigte sich und bot mir ein Sprudelwasser an. Während sie mich durch die Wohnung führte und mir mit sympathischer Freimütigkeit verriet, was sie daran mochte und was nicht, unterhielten wir uns über unsere Kinder – ihre Tochter war ein wenig älter als mein Sohn. Sharon war hinter uns zurückgefallen. Gegen Mamigespräche kam sie nicht an. Inga, die uns mitteilte, mein Mann habe angerufen, er stecke im Stau, hatte sich die ganze Zeit über weise im Hintergrund gehalten und begann nun ihrerseits, mit ihrer Kollegin zu tratschen, die ihr, wie ich in einem bizarren Anflug von Stolz erkannte, niemals das Wasser reichen würde. Inga war die in jeder Hinsicht überlegene Maklerin, selbstsicher, beruflich und gesellschaftlich geschickt, schön. Ha!

»Die Leute, die hier im Gebäude arbeiten, sind okay«, verriet mir Allie, als sie mich den endlosen Flur entlang zum Elternschlafzimmer führte, »nicht unbedingt toll, aber okay.« Sie würden im Gebäude bleiben, erklärte sie mir, aber das Penthouse beziehen, das ein Schlafzimmer mehr hatte als das Apartment und einen Blick auf den Park. Ich verspürte den leisen Stachel der Beschämung – sie zog in eine bessere und wir in ihre ausrangierte Wohnung –, versuchte jedoch, ihn zu ignorieren. Wen scherte das schon? Ihre Worte ließen vermuten, dass sie schwanger war, aber ich verkniff mir die Nachfrage. Stattdessen murmelte ich etwas der Art, wie erleichtert ich sei, endlich eine Empfangshalle und einen Lift zu bekommen – das Leben in einem Stadthaus, all die Stufen und so weiter, sei mit Kleinkind und Buggy keine leichte Sache. Da leuchtete ihr Gesicht auf. »In einem Stadthaus wohnen Sie? Mein absoluter

Traum«, verkündete sie mit Nachdruck. Das war Balsam für die Wunde, die mir die Aussicht auf einen Einzug in ihre abgestreifte Wohnhülse zugefügt hatte, so als wäre ich ein bedürftiger Einsiedlerkrebs. Damit waren wir im Schlafzimmer angekommen, und sie begann, Kommoden und Einbauschränke zu öffnen und zu kommentieren. Die kleinen Fächer waren für Handtaschen – ich sah Gucci, Louis Vuitton und Goyard aufblitzen –, und hier waren die Schuhregale, reihenweise Schuhregale.

»Möchten Sie den Safe übernehmen?«, fragte sie mich und beugte sich hinab, um mir zu zeigen, wie er funktionierte. Ich stutzte. *Was bitte soll ich in einen Safe tun?*, überlegte ich. Mit Juwelen hatte ich es nicht so. Auf unserem ersten gemeinsamen Urlaub hatte mein Mann mir Schmuck schenken wollen, und ich hatte gesagt: »Danke, aber eigentlich mag ich keine ... Edelsteine.« Das stimmte. Sogar zu einem relativ bescheidenen diamantenen Verlobungsring hatte er mich überreden müssen, denn für meine Begriffe sandte dieser ein abwegiges, nicht sehr subtiles und eher geschmackloses Signal aus: Ich war jemandes Eigentum. Schließlich kapitulierte ich, einmal weil es einfacher war, zum anderen weil es mir ein gewisses Gefühl der Sicherheit gab, Teil des Stammes zu sein. Und, na ja, hübsch war er auch noch.

»Klar.« Jetzt geriet ich ins Schwimmen, weil ich Allie nicht merken lassen wollte, dass ich ihr weder in dieser noch in irgendeiner anderen Hinsicht ähnelte, und sie beeilte sich zu erklären: »Für den Alltagskram ist er ganz praktisch. Ihre großen Sachen können Sie in der Privatbank an der Ecke aufbewahren; so mach ich's auch.« Ich ließ meinen Blick über die High Heels und die sorgsam gefalteten, nach Farbe sortierten Kaschmirpullover schweifen, und sie redete weiter.

»Den Schrank habe ich maßanfertigen lassen, aber dabei ein paar Fehler gemacht«, fasste sie zusammen und richtete sich wieder auf. »Wenn Sie möchten, zeige ich Ihnen gerne, wie ich ihn heute entwerfen würde, damit er praktischer ist.« Hier seufzte sie und entschuldigte sich für das »Durcheinander«, obwohl davon keine Spur zu sehen war. Das taten die Frauen, denen ich in der Upper East Side begegnete, dauernd: sich für ein Durcheinander entschuldigen, das gar nicht existierte. Nicht vergessen: der Sache auf den Grund gehen.

Allie lächelte und hielt mir wieder die Hand hin. »Also, es hat mich wirklich gefreut, Sie kennenzulernen.« Sie erklärte, sie müsse jetzt mit Leda schnell aus dem Haus und bedaure es sehr, meinen Mann verpasst zu haben. »Aber ich hoffe, es geht alles klar«, betonte sie vielsagend. »Und ... in Palm Beach halte ich Ausschau nach Ihnen. Sie fahren doch, oder? Wir sind im Breakers.«

Ich verstand gar nichts mehr. »Ähem ...« Ich sah mich im Zimmer um und heftete den Blick auf die blaue Leinentapete, als könne diese mir eine Erklärung liefern. »Wir fahren auch ... aber erst im Mai«, sagte ich, da mir plötzlich einfiel, dass wir wegen einer Konferenz meines Mannes im Spätfrühling nach Palm Beach aufbrechen würden. Woher in aller Welt wusste sie davon?

Sie wirkte ein wenig bestürzt. »Oh, nun ja ... Vermutlich ist es dann immer noch schön dort ...« Sie stockte. Dann neigte sie den Kopf, nickte und sagte: »Dann bis Aspen!«

So zuversichtlich, wie sie das sagte, als sei Aspen eine ausgemachte Sache, glaubte ich einen Augenblick lang, sie wisse mehr über meine Reisepläne als ich und wir führen tatsächlich dorthin. Aber natürlich hatte ich seit Jahren nicht mehr auf Skiern gestanden, und so sagte ich, nein, wir seien Weihnachten in New

York. Ihre Augen wurden groß. »Ach, verstehe«, sagte sie, »Umzugsvorbereitungen und so, stimmt's?« Ich nickte und lächelte, wie um die Möglichkeit offen zu lassen, dass wir nächstes Jahr wie üblich zu Thanksgiving nach Palm Beach und in den Winterferien nach Aspen reisen würden. Ganz bestimmt.

Anscheinend hatte ich sie genauso verwirrt wie sie mich. Offensichtlich musste ich die Migrationsmuster der Upper East Side erst noch in den Griff bekommen. Hier war ich der schräge Vogel.

Das Apartment, auf das wir hofften, befand sich in einem der wenigen Condos in der Park Avenue, was es für Leute, die sich nicht mit einer Co-op und all ihren Regeln, Vorschriften und Verboten herumschlagen wollten oder die befürchteten, ihnen nicht gewachsen zu sein, besonders attraktiv machte. Und für Leute, denen eine Adresse in der Park Avenue wirklich wichtig war. Aber genau da lag der Hase im Pfeffer: Das Haus war eine »Condop«, ein Zwitter, der eigentlich ein Condo war, sich aber »wie eine Co-op« verhielt. Herr im Himmel, dachte ich, als Inga mir die Nachricht unterbreitete, dafür gibt's einen eigenen Begriff?

Was immer es war – das Bewerbungsprozedere erwies sich als langwierig und detailliert; wir mussten alles offenlegen: unsere Kreditkartennummern, unseren Notendurchschnitt am College sowie sämtliche Schulen, die wir, unsere Eltern und unsere Kinder jemals besucht hatten. »Warum fragen sie uns nicht gleich danach, wie oft wir Sex haben?«, jammerte ich, als mein Mann und ich die Sache besprachen. Das zurückhaltende Kind des Mittleren Westens, das ich im Herzen noch war, empörte und kränkte sich über all die Schnüffelei und Fragerei seitens wildfremder Menschen.

Nur langsam begriff ich, dass das »Bewerbungsverfahren für den Immobilienerwerb« eines der denkbar erniedrigendsten Initiationsrituale überhaupt darstellte. Danach konnte man, wie jedermann sagte, das Gefühl nicht abschütteln, viel zu viele Leute, über die man nicht viel wusste, wüssten viel zu viel über einen selbst. Denn das tun sie. Und auch auf diese Weise, so wurde mir klar, als wir über unsere Bewerbung und unsere nächsten Schritte nachdachten, werden in Manhattan Hierarchien gebildet und gepflegt, denn wo Fremde ohne alle familiäre Bindungen auf engstem Raum unter einem Dach leben, entsteht eine anfällige, aber vollkommen zwingende Abhängigkeit. Wir stellen Beziehungen her und damit die Verpflichtung, uns richtig zu verhalten, indem wir Informationen austauschen, ganz wie Frauen, die am Gartenzaun schwatzen oder nebeneinander am steinigen Flussufer sitzen und Wäsche waschen.

Natürlich ist es ein ungleicher Austausch. Als Bittsteller (für mich die treffendere Bezeichnung, weil sie mir redlicher erschien als »Bewerber«), die sich erniedrigen mussten, um zugelassen zu werden, waren wir im Nachteil, der Gnade unserer potenziellen Nachbarn ausgeliefert. Indem wir wie im Kampf unterlegene Hunde auf dem Rücken liegend unsere Halsschlagader oder unseren Bauch darboten, demonstrierten wir unsere Bereitschaft, uns unterzuordnen, Macht aufzugeben, uns völlig angreifbar zu machen. Und wie bei allen qualvollen Aufnahmeriten und Übergangsritualen rund um den Erdball würden wir irgendwann die andere Seite erreichen, völlig erschöpft und ausgelaugt, dafür aber mit einer nigelnagelneuen Identität: Bewohner von XYZ Park Avenue. Zumindest hofften wir das.

Ich befand mich in der Frühphase einer Problemschwangerschaft und musste, als der Zeitpunkt unserer Befragung durch

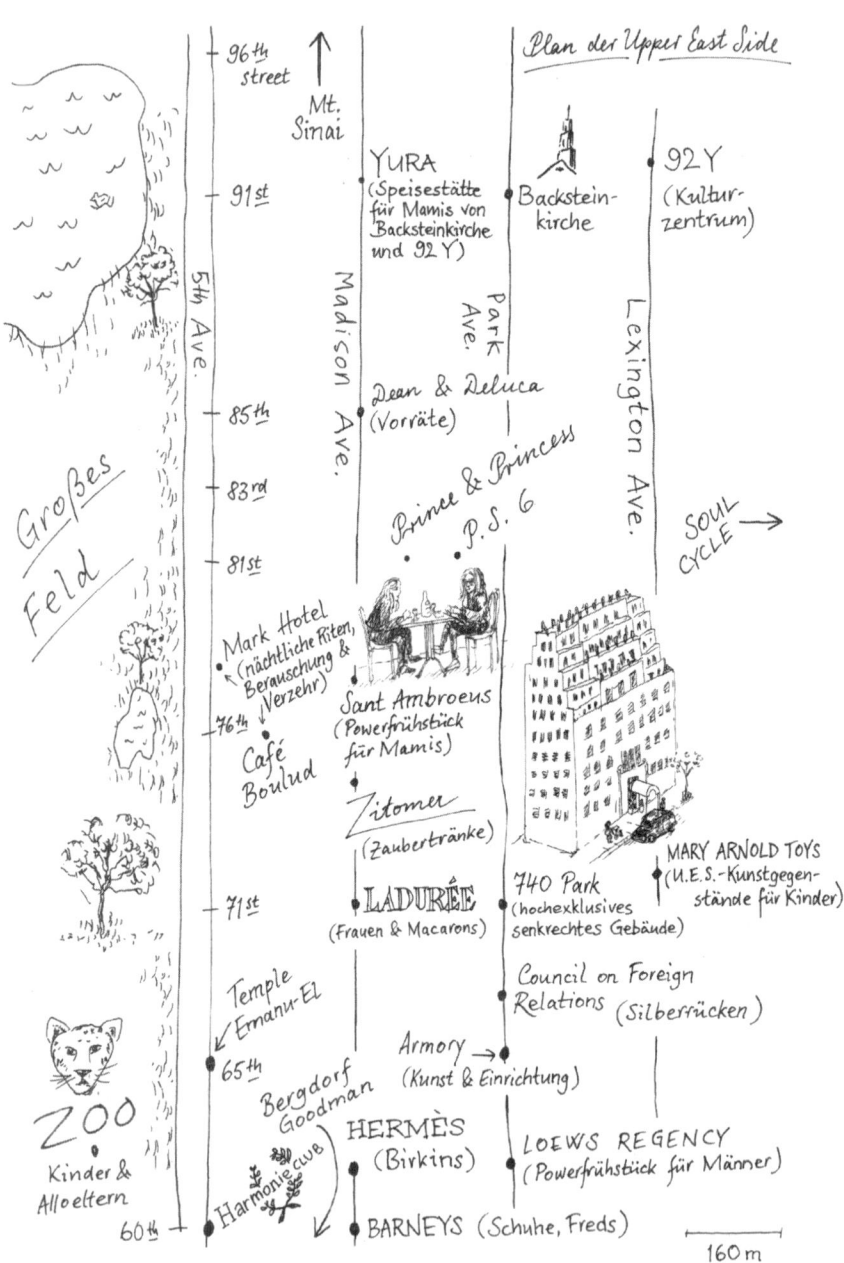

Plan der Upper East Side

96th street

↑ Mt. Sinai

91st — YURA (Speisestätte für Mamis von Backsteinkirche und 92 Y)

Backstein-kirche

92 Y (Kultur-zentrum)

5th Ave.

Madison Ave.

Park Ave.

Lexington Ave.

Großes Feld

85th — Dean & Deluca (Vorräte)

83rd — Prince & Princess P.S. 6

81st

SOUL CYCLE →

Mark Hotel (nächtliche Riten, Berauschung & Verzehr)

76th — Café Boulud

Sant Ambroeus (Powerfrühstück für Mamis)

Zitomer (Zaubertränke)

MARY ARNOLD TOYS (U.E.S.-Kunstgegen-stände für Kinder)

71st — LADURÉE (Frauen & Macarons)

740 Park (hochexklusives senkrechtes Gebäude)

Council on Foreign Relations (Silberrücken)

Temple Emanu-El

65th — Bergdorf Goodman

Armory → (Kunst & Einrichtung)

ZOO Kinder & Alloeltern

HERMÈS (Birkins)

LOEWS REGENCY (Powerfrühstück für Männer)

Harmonie club

60th — BARNEYS (Schuhe, Freds)

|← 160 m →|

den Vorstand heranrückte, auf ärztliche Anweisung das Bett hüten. Kein Problem, hieß es vonseiten der Vorstandsvertreter – sie würden zu uns kommen. Und das taten sie auch. Da waren wir also, nur wir und sieben Wildfremde. In unserem Schlafzimmer. Obenherum trug ich Perlenkette und Kostümjäckchen, unter der Decke meine Pyjamahose. Wir servierten Käse, Salzgebäck und Wein. Sie mussten stehen. Sie gaben unbeholfene Kommentare zu unserer Büchersammlung ab und fragten uns nach unserem Sohn und unseren Renovierungsplänen.

Offenbar genügten unsere Bewerbung und unsere Antworten. Wir bezogen unser neues Heim in der Park Avenue auf dem Höhepunkt des Wirtschaftsbooms, in einem Moment, da Einkommen, Investmentportfolios und Egos in der ganzen Stadt in schwindelnde Höhen schossen, und nirgendwo höher als in unserem selbstgewählten elitären Postleitzahlbezirk. Falls wir glaubten, es geschafft zu haben, in Sicherheit, vielleicht sogar heimgekommen zu sein, weil wir diesen ungewöhnlichen, verletzenden und erniedrigenden Initiationsritus überstanden hatten, und endlich das Visier hochklappen und ein wenig entspannen zu können, dann hatten wir uns geirrt.

Ach du Schreck, durchzuckte es mich eines Nachmittags, als mein kleiner Sohn und ich auf dem neuen Sofa in unserem neuen Wohnzimmer saßen und eine Geschichte über eine Lehrerin und ihre Klasse in einem magischen Schulbus lasen. *Kindergartenanmeldung. Hab ich völlig vergessen.*

SPIEL NICHT
MIT DEN
SCHMUDDELKINDERN

——

Geographisch gesehen sind es nur ein paar Kilometer vom West Village zur Upper East Side. Wir waren gerade mal von einer Ecke der Stadt in die andere gezogen, was sich nicht gerade nach einer großen Sache anhört. Doch was das Soziale, Emotionale und Kulturelle anging, war es eine andere Welt. Es gab große und kleine Veränderungen, wie etwa unseren Sohn an sein neues Bett und an das Geräusch der Badewanne zu gewöhnen. Und wir alle brauchten eine Weile, um uns in unserer neuen Nachbarschaft einzuleben. Alles hier fühlte sich steifer und förmlicher an, als ich es mir vorgestellt hatte. Als ich die ersten Male in das Lebensmittelgeschäft an der Ecke ging, kam ich mir in meinen Jeans und Clogs viel zu einfach gekleidet vor; die anderen Frauen waren frisiert, herausgeputzt und aufgedonnert bis zum Gehtnichtmehr, selbst an einem Dienstagmorgen um zehn. Alles an ihnen – die unaufdringlichen Edelstiefel und die kurzen Kaschmirmäntel mit den glänzenden Knöpfen, die schimmernden, salongeföhnten Haare und die traumhaft schönen Handtaschen – sah über die Maßen teuer und penibel gepflegt aus. Die ganze Welt, so schien es mir, war Bühne in unserer neuen ökologischen Nische und jeder Tag eine Gelegenheit zu einem märchenhaften, sorgfältig kuratierten Garderobenwechsel und akribischem Augenmerk auf Frisur und Make-up.

Das Innere unseres neuen Wohngebäudes war nicht entspannter oder zwangloser. Oder freundlicher. Zum Zeitpunkt unseres Einzugs tobte unter den Bewohnern gerade eine Debatte, ob Leute mit Babys oder Kleinkindern in Buggys in den Lastenaufzug verbannt werden sollten, der normalerweise für Lieferungen oder Müll benutzt wurde. Die Personenaufzüge, so glaubten einige unserer Nachbarn offenbar, sollten allen anderen vorbehalten bleiben, einschließlich Hunden. Letztere waren in Kaschmir und feinstes Leder gewandet, und ihre juwelenbesetzten Leinen wurden von den Händen entschieden ungroßmütterlicher Witwen umklammert, an denen gewaltige Diamanten funkelten. »Ist das Ding echt?«, flüsterte ich eines Nachmittags dem Fahrstuhlführer zu, nachdem eine soignierte ältere Dame mit dem dicksten Klunker, den ich je gesehen hatte, ausgestiegen war. »Denke schon«, flüsterte er zurück und zog erstaunt die Augenbrauen hoch. »Von denen hat sie sogar mehrere.«

Tag für Tag staunte ich über den schieren Überfluss, der mich umgab. Es war ja nicht nur so, dass das Viertel und die Nachbarn reich waren. Durch die Brille der Anthropologie sah ich, dass sie in einem Zustand lebten, den man nur als extreme ökologische Entlastung bezeichnen konnte. Jedes Lebewesen ist unlösbar an seine Umgebung gebunden. Umweltbedingungen – Klima, Flora und Fauna, Prädation – bestimmen den Tagesablauf, den gesamten Lebenszyklus und die Evolution jeder Population jeder Spezies. In großen Teilen der Welt leben die Menschen noch in ständigem Kampf gegen Fressfeinde und Krankheiten und müssen schwer arbeiten, um sich und ihre Familien in unendlich schwierigen Umgebungen zu versorgen – in der Savanne, im Regenwald oder in einer Barackensiedlung in Brasilien. Dass es für die Wohlhabenden der industrialisierten westlichen Welt ganz anders ausssieht, ist nichts Neues: Unsere Mahlzeiten kommen abgepackt aus dem Geschäft, wir sind geimpft, und, um mit der Primatenforscherin Sarah Hrdy zu sprechen, vor unseren Kinderzimmern lauern keine Jaguare. Kurzum, viele von uns leben in bislang beispiellosem Maße frei von den Zwängen unserer Umwelt. Aber nirgendwo, ging es mir durch den Kopf, als ich jeden Tag von hier nach da ging, um gestärkte Bettwäsche von Frette, glänzendes All-Clad-Kochgeschirr und perfekte Wandleuchter aufzustöbern, haben wir uns so radikal, so allumfassend ausgebreitet wie in der Upper East Side von Manhattan. Es war das Land üppiger knallroter Riesenerdbeeren bei Dean & Deluca, kuscheliger, schmucker Barbour-Jacken und kostbaren, auserlesenen Plundergebäcks aus exquisiten kleinen Konditoreien in spiegelblanken, beschaulichen Seitenstraßen. Alle waren so honigsüß, begütert und mustergültig, dass mir oft ganz schwindelig wurde.

Was mich jedoch richtig faszinierte, war das Überangebot an unbeschreiblich herrlichen Kindergeschäften. Allein in unmittelbarer Nähe unseres neuen Hauses gab es fast ein Dutzend davon, und alle hatten sich auf dieselbe klassische, wunderschöne, handgenähte Kinderkleidung spezialisiert, die man Downtown nie zu sehen bekam – kleine Wollshorts und Kniestrümpfe, marineblaue Schuhe mit beigen Ledersohlen, weiße Blusen mit Peter-Pan-Kragen und rotem Zackenlitzenbesatz und altmodische Strickjacken mit Argyle-Muster für das kleine Mini-Me. Alles aus Italien oder Frankreich. Bis auf die Schlafanzüge, die ausnahmslos aus Portugal stammten. Mein Favorit unter diesen Nobelkinderboutiquen hieß Prince & Princess. »Nein, Schlussverkauf machen wir nie, den gibt's bei uns nicht. Aber dafür haben wir immer genau die richtige Größe da«, erklärte mir eine Verkäuferin, als ich fragte, ob ein winziger taubenblauer Kaschmirpulli, den ich für meinen Racker gerne erstanden hätte, irgendwann im Preis reduziert würde. In einem Zustand ökologischer Entlastung zu leben, mutmaßte ich, musste auch Auswirkungen auf die Elternschaft haben. Aber was genau hieß es, als Kind und als Mutter in der geradezu exotisch blühenden Upper East Side in Hülle und Fülle zu leben – mal abgesehen davon, dass man für schicke Kinderklamotten den vollen Einzelhandelspreis zahlte? Was stellte es mit den Müttern und Kindern an, in einer solchen Welt zu leben – und was, fragte ich mich mit zunehmendem Herzklopfen, würde es mit meinem Kind anstellen? Und mit mir?

Es war ja nicht so, dass es für jedermann gleichermaßen paradiesisch war, selbst hier nicht, das wusste ich. Denn das Paradies war unterteilt in Besitzende, Mehr-Besitzende und Am-meisten-Besitzende. Man erkannte die Unterschiede recht schnell – die Frauen der Am-meisten-Besitzenden waren am sorgfältigsten gestylt, am schönsten gekleidet und hatten im Allgemeinen die meisten Kinder. Als ich das erste Mal eine perfekt frisierte, perfekt gekleidete zierliche Brünette und ihre beiden Kindermädchen sah, die ihre sechsköpfige Brut in eine exklusive Kinderboutique schleiften, kam mir der Anblick so surreal vor, dass ich kaum meinen Augen traute. Waren einige von denen Stiefkinder?, fragte ich mich und starrte ihnen nach. Die Kinder quälten sich zappelnd und jammernd durch allerlei kostspielige Outfits, deren Gesamtpreis wohl in die Tausende ging. Es musste ja wohl so sein. Oder? O nein, keineswegs, erklärte mir die Verkäuferin später. Es handelte sich um eine Hausfrau und Mutter, deren Ehemann jede Menge Unternehmen und Immobilien und Konzerne besaß. Und in meiner neuen Nische war sie mitnichten eine Seltenheit. Solche Großfamilien waren bald ein gewohnter Anblick – es gab sie überall. Drei waren die neuen zwei, in diesem Lebensraum fast üblich. Vier waren die neuen drei – früher ein Partyschocker, inzwischen aber nichts Außergewöhnliches mehr. Fünf hieß nicht länger verrückt oder strenggläubig, sondern einfach nur reich. Und sechs waren offenbar das neue Stadthaus – oder der neue Privatjet. Der Kulturkampf, der in unserem Gebäude zwischen den älteren Bewohnern und Familien mit Kindern tobte – zwischen den Ruheständlern mit ihren kleinen Kläffern und ihrer Auffassung, Babys in Buggys gehörten in Lastenaufzüge, und den Pärchen mit kleinen Kindern, die ein Spielzimmer hinter der Empfangshalle durchsetzen wollten –, spiegelte nur einen allgemeinen, stadtweiten Trend wider. Leute mit Kindern blieben wohnen, statt, wie so häufig die frühere Generation, in die Vororte zu flüchten. Die aufgeheizte Wirtschaftslage brachte es mit sich, dass die Reichen – ob die Neureichen der Hedgefonds oder die Altreichen, die ihren Wohlstand geerbt hatten – Stadthäuser oder zwei oder mehr Apartments auf einmal aufkauften und sie in riesige Wohnflächen mit drei, vier oder sechs Schlafzimmern umwandelten. So viel Platz konnte man früher nur in Westchester oder Wyoming finden.

Dieser Umschwung setzte gleich zwei Bereiche unter Druck: den Wohnungsmarkt – wo, wie ich gerade gelernt hatte, der »Bestand« mit der Nachfrage nicht Schritt halten konnte – und die Manhattaner Privatschulen. Ich wusste, dass es einmal Zeiten gegeben hatte, da jeder, der die Schulgebühren bezahlen konnte – die inzwischen auf rund 25 000 Dollar im Jahr für den Kindergarten und 35 000 Dollar im Jahr für eine »durchgehende« Schule gestiegen waren –, seinen Nachwuchs auch tatsächlich dort hinschicken konnte. Eine Zulassung für Brearley war lediglich eine Frage des Geldes. Jetzt hingegen, so las ich es in der Zeitung und hörte die Mütter um mich herum beim Kaffee auf den Parkbänken raunen, war alles anders – so viele Familien beschlossen, sich hier niederzulassen, und so viele von ihnen konnten sich eine Privatschule leisten.

So viele Kinder. So viel Geld. Und so wenige Schulen. In diesem Land des Überflusses, so schien es, gab es einige Dinge, an die sehr, sehr schwer heranzukommen war. Das Schreckgespenst, sein Kind nicht an einer Eliteschule unterbringen zu können – unter den gewandelten Umweltbedingungen der Upper East Side war dies das grausige Raubtier, das man überlisten und besiegen musste. Es war unser Jaguar.

»Wie, völlig vergessen?«, fragte die Frau, jedes Wort ein Register höher und eine Spur schärfer als das letzte.

Ihre Stimme verriet Ungläubigkeit, Missbilligung und mehr als nur einen Hauch der Überheblichkeit derjenigen, die etwas haben, von dem sie wissen, dass alle anderen es auch haben wollen. Irgendwann würde unser Sohn die öffentliche Schule besuchen, davon waren wir überzeugt. Also brauchte er auch keinen Platz in einem Kindergarten, der als »Sprungbrett« für eine prestigeträchtige Privatschule galt. Aber überhaupt einen Platz in einem Kindergarten zu ergattern – ob »führend« oder nicht – war ein mörderisches Vorhaben. Dank all dieser Eltern, die sich der Aufzucht all dieser Kinder in der Stadt verpflichtet fühlten, waren Plätze in Kindergärten, die bislang nur als »Notnagel« hergehalten hatten, plötzlich heiß begehrt und fast nicht aufzutreiben. Manhattan platzte aus allen Nähten vor

Kindern und ihren ängstlichen Eltern, die den größten Ehrgeiz für sie entwickelten. Doch die Kindergärten selbst hatten die Entwicklung verschlafen. Die meisten hatten ihre Gruppengrößen nicht nennenswert erhöht. Und »neue« Kindergärten gab es auch keine.

Sein Kind nicht in den Kindergarten schicken gehörte sich längst nicht mehr. Der überwältigende Konsens lautete, dass Kinder mit formalisierter Vorbereitung und Sozialisierung in der Schule besser abschnitten. Und so wusste die Frau am Telefon, wie sie mich packen konnte – nämlich genau an der Stelle, wo Ehrgeiz und Sorge um das Wohlergehen meines kleinen Sohnes sich kreuzten. Ich machte mir kurz Gedanken um meinen Blutdruck – es fühlte sich an, als poche mein Herz zu den Augen hinaus – und holte noch einmal tief Luft, bevor ich zu einer neuen Bettelarie anhob. Schon wieder. Es handelte sich bereits um meinen dritten Anruf an diesem Vormittag. Ja, ich wisse, es höre sich seltsam an, aber wir seien erst kürzlich von Downtown hergezogen, wo es anders zugehe und die Anmeldefristen großzügiger seien, und wenn sie mir eventuell sagen könnte, ob es überhaupt Sinn habe zu warten, wäre ich ihr unendlich dankbar. Und wenn es denn Sinn habe und sie sich dazu herablasse, würde ich sofort zu ihr eilen, um jene berüchtigte Mappe abzuholen, den großen Dokumentenumschlag mit dem Bewerbungsformular, dem Formular für den Selbstvorstellungsaufsatz der Eltern und, auch das kam vor, den Formularen für Empfehlungsschreiben. Ich wisse es aufrichtig zu schätzen, dass sie sich Zeit für mich nehme, ganz ehrlich, und bäte vielmals um Entschuldigung, dass ich ihr so viele Umstände bereitete.

Was ich ihr, was ich ihnen allen in Wahrheit sagen wollte, war dies: »Warum sind Sie so unfreundlich?!« Schließlich redeten

wir hier von Kleinkindbetreuung! Natürlich gab es zu viele
Kinder und zu wenig Plätze. Schon verstanden. Aber ich bitte
Sie, hier geht es um Vollkornkekse, Fingerfarben und Sitz-
kreise. Um warmen, kuschligen Spaß in der Gruppe. Freunde
finden, Geschichten hören. War es nicht ihre Aufgabe als Ver-
mittlerin zwischen Kindergarten und Außenwelt, hilfsbereit
und höflich zu sein, so ahnungslos die Anruferin und so naiv
ihre Fragen auch sein mochten? Hier in der Upper East Side
jedoch schien jedes Kinderspiel eine todernste Angelegenheit
zu sein. Und verdammt viel Arbeit. Es gab nur eine zulässige
Vorgehensweise – für Anmeldungen, für Verabredungen zum
Spielen, für alles. Was den Kindergarten anbelangte, hatte ich
noch eine Menge zu lernen.

Einige Mamis aus der Musikstunde sowie meine Schwägerin,
selbst Upper-East-Side-Mutter von vier Teenagern, waren mit
meiner Nachschulung betraut und klärten mich auf, wie hier
die Dinge liefen. Bestimmte Kindergartenleiterinnen unterhielten Verbindungen zu den Leitern bestimmter »durchge-
hender« Schulen (K-8 oder K-12, von der Grundschule bis zur
Sekundarstufe I oder II), die je nach Beziehung eine mehr
oder minder gute Erfolgsbilanz aufzuweisen hatten, wie viele
ihrer Schüler es auf »gute Colleges« schafften – was in einem
überhitzten, wettbewerbsintensiven Umfeld nicht mehr nur die
Universitäten der Ivy League bedeutete, sondern im Grunde
jedes amerikanische College mit einigermaßen anständiger
Forschung und Lehre. Zudem praktizieren viele Kindergärten
und »durchgehende« Schulen recht großzügige Geschwister-
regelungen – hat man sein Kind erst einmal untergebracht, ist
die Aufnahme eines zweiten so gut wie garantiert. Wenn man
also bedenkt, dass bereits im Kindergarten die Weichen dafür
gestellt werden, an welcher Universität das Kind einmal lan-

den wird, und dass man, wenn man seine Karten richtig aus-
spielt, nur *einen* Aufnahmeantrag für die K-12 stellen muss,
spielt der Kindergarten eine wichtigere Rolle, als man vielleicht
annimmt. Und die Kindergartenleiterinnen waren sehr, sehr,
sehr mächtige Menschen. Ja, wir waren überzeugt, dass die
hiesige öffentliche Schule für unseren Sohn und für die ganze
Familie gut sein würde. Was aber, wenn wir uns die Option of-
fenhalten wollten, unseren Sohn irgendwann einmal doch noch
auf eine Privatschule zu schicken? Was, wenn die Klassenstärke
an der öffentlichen Schule für effektives Lernen zu groß war?
Was, wenn die Qualität der öffentlichen Schule im Laufe seiner Schulzeit nachließ (das kam, wenn ein Direktorenwechsel
stattfand, gelegentlich vor) oder sogar noch vor seiner Einschu-
lung? Was, wenn der Trend zum prüfungsorientierten Unter-
richt, eine Praxis, die Lehrer, Schüler und Eltern gleichermaßen ausbrannte und unter Druck setzte, weiter anhielt und
meinem Sohn genau die Probleme bereitete, die so viele andere Kinder an öffentlichen Schulen damit hatten? Was, wenn
wir ihn irgendwann aus welchem Grund auch immer auf eine
Privatschule schicken wollten? Das hieß, dass wir schon jetzt
eine hervorragende Kindergartenleiterin brauchten, die später
für uns Strippen ziehen konnte. Lektion gelernt.
Seufzend blieb ich in der Leitung. Wieder war ich die Bittstel-
lerin, und diesmal, so dämmerte mir, war ich sogar noch deutlicher im Nachteil als bei meiner Wohnungssuche, weil ich anders als alle anderen Upper-East-Side-Mütter die Botschaft
nicht vernommen hatte. Die Botschaft, die da lautete: »Plane
immer weit, weit, weit im Voraus.« Eine der Stammessitten,
von denen ich bei meinen Spielplatz- oder Parkplaudereien mit
anderen Mamis erfuhr, besagte: Immer alles längst getan zu
haben, was man tun soll, noch bevor man daran denkt, es zu

tun. So sollte das Kleinkind noch vor dem Kindergartenbesuch musikalische Früherziehung an der Diller-Quaile-Musikschule genießen. Und noch vor der Diller-Quaile sollte es in eine ganz bestimmte Spielgruppe gehen. Alles schien direkt in etwas anderes zu münden, und das nötige Wissen zu besitzen, es auszutauschen und rechtzeitig danach zu handeln hatte etwas von Insidergeschäften. Es bekräftigte die Zugehörigkeit zum Stamm der Upper-East-Side-Mamis.

Zugleich war es eine angsteinflößende Art, sein eigenes Leben zu führen, Kinder großzuziehen und einfach nur zu sein, denn es bedeutete, dass man in seiner Wachsamkeit nicht nachlassen und sich in keinerlei Hinsicht entspannen durfte. Als die Mamis hörten, dass mein Kind im glanzlosen Gymboree Play & Music Center Musikunterricht nahm, schüttelten sie den Kopf. Ich fühlte mich an Jane Goodalls matriarchale Schimpansendame Flo erinnert, jene unternehmerische Dynastin, deren gewitzte Interessenvertretung, blanker Ehrgeiz und geschickte Bündnisbildung zugunsten ihrer Jungen Fifi, Figan und Faben diese an die Spitze der Dominanzhierarchie ihrer Horde in Gombe (Tansania) katapultierten, womit sie etwas bisher nie Dagewesenes schuf: die generationenübergreifende Herrschaft einer Familie. Hier in New York einfach nur über die Runden zu kommen schien Flos Zähigkeit, Gescheitheit, Voraussicht und Vorausplanung zu erfordern.

Wenn diese Frauen ihr Wissen an mich weitergaben, schienen ihnen mitunter auch dunkle Federn, scharfe Schnäbel und mitleidlos glitzernde Vogelaugen zu wachsen, genauer gesagt: Sie schienen sich in die Vogelmütter David Lacks zu verwandeln. Lack, ein britischer Ornithologe, sprengte nach dem Zweiten Weltkrieg mit seiner Studie zum Brutverhalten englischer Vögel unsere liebgewonnenen Vorstellungen von Mutterschaft und Mutterliebe. Er beobachtete, dass einige Vogelmütter erfolgreicher waren als andere, indem sie mehr Jungvögel ausbrüteten, die sich ihrerseits stark vermehrten. Dem wollte er auf den Grund gehen. Weshalb gelang manchen Vogelmüttern, was anderen misslang, fragte sich Lack. Schließlich fand er heraus, dass Mütter mit Spatzenhirn diejenigen waren, die ständig alles gaben, die so viele Eier wie möglich legten und hegten und sich während jeder Brutzeit für jedes einzelne Küken mordsmäßig ins Zeug legten. Dabei rieben sie sich völlig auf. Erschöpft und ermattet von der Anstrengung, ihre zahlreichere Brut zu verteidigen und zu versorgen, hatten sie geringere Überlebenschancen – und ihre Küken ebenso. Diese »selbstlosen« Vogelmütter hatten beileibe nicht so viel Erfolg wie die kühler kalkulierenden Vogeldamen, die erst einmal alles genau berechneten, bevor sie sich ans Ausbrüten und Füttern ihrer Jungvögel machten. »Sieht mir nach arschkaltem spätem Frühling aus, wahrscheinlich kaum Würmer. Soll ich diese Eier nun ausbrüten oder es einfach sein lassen und später, wenn die ökologischen Bedingungen besser sind, ein paar mehr legen? Oder vielleicht nur zwei davon ausbrüten?« Waren die Küken erst einmal geschlüpft, stellte Lack fest, wurden die Chancen und Risiken weiter abgewogen. Eine nicht ganz so schlaue Vogelmutter würde ihre gesamte Brut durchfüttern. Eine klügere tat das vielleicht. Oder sie ließ, je nach den Umständen, das größte Küken die kleineren aus dem Nest schubsen. Oder auf die jüngeren Geschwister einpicken, bis sie tot waren. Oder sie gab gleich das ganze Nest auf, weil sie sich ausrechnete, dass sie das nächste Mal, in einer anderen Brutzeit mit größerer Partnerauswahl und üppigeren Beeren, besser dastehen würde. Derartige »Einschränkungen mütterlicher Fürsorge« waren nach Lacks Erkenntnis für den Erfolg als Mutter genauso wichtig wie die Bereitschaft, sich für die Ernährung des Nachwuchses aufzuopfern. Kluge Vogelmütter wogen Tag für Tag Chancen und Risiken ab und stellten eine wohlüberlegte mütterliche Kosten-Nutzen-Rechnung auf. Es dauerte nicht lange, bis Evolutionstheoretiker und Primatenforscher wie Sarah Hrdy darauf kamen, dass Primatinnen – ob menschlich oder nicht – sich keineswegs anders verhalten.

Natürlich unterschieden sich die Mamis der Upper East Side seit dem Aufkommen der Empfängnisverhütung und in einer von Überfluss und extremer ökologischer Entlastung gekennzeichneten Umgebung radikal von Vogelmüttern, da sie sich jedes ihrer Kinder leisten und sie alle mit Nahrung, Aufmerksamkeit und Kleidung von Bonpoint überschütten konnten. Aber das bedeutete nicht, dass hinter ihrer Vorgehensweise kein Kalkül steckte. Ein Beispiel: die Frage der Empfängnis. Wäre es nicht nett, das Baby in den warmen, trägen Sommermonaten zu bekommen, wenn Papa leichter Vaterschaftsurlaub nehmen kann? Hört sich eine Kindergeburtstagsparty an der frischen Luft, mit Kuchen auf dem Picknicktisch, nicht gut an? *Nicht bei uns, Schwester.* Sommergeburtstage waren, wie sich herausstellte, schlichtweg unerwünscht. Besonders dann, wenn man einen Sohn hatte. Jungen, so die Überlegung, waren ungestümer, weniger fügsam und, was die feinmotorische Entwicklung anging, langsamer – weshalb sie auch bei Schuleintritt »älter« zu sein hatten. Im Süden waren diese Rückstellungen einst eingeführt worden, damit die Jungen in der Sportmannschaft größer wären. Doch in New York ging es um kognitive Entwicklung und den entscheidenden geistigen Vorsprung. Schulen nähmen Jungen, die nach dem Monat August geboren seien, nur ungern in ihre Klassen auf, sagten sie. Was bedeutete, dass mein im Juli geborener Sohn eben noch so durchrutschen würde. Aber was sie wirklich meinten, war der Monat Mai, wie mir meine Schwägerin erklärte. Und am liebsten hätten sie einen Geburtstag im, sagen wir, Oktober. Mütter, die im Januar, Februar oder März schwanger wurden, gewannen den Flo-Preis – und, wenn alles andere gut ging, auch die begehrten Schulplätze. Wir anderen hatten Kinder, die das Leben und das Privatschulsystem Manhattans mit dem Kainsmal eines Juni-, Juli- oder August-Geburtstags durchliefen. Eine Freundin witzelte, vielleicht sollten die Befruchtungskliniken der Upper East Side im September, Oktober und November Warnschilder anbringen: »Diesen Zyklus überspringen«.

So dämmerte mir langsam, dass ich nicht nur mit der Kindergartenplatzsuche spät dran war, sondern auch zur falschen Zeit ein Kind falschen Geschlechts empfangen hatte. »O nein, Sie haben ihn nicht einmal vorangemeldet, und den verkehrten Geburtstag hat er auch noch?«, riefen ausnahmslos alle Mütter, die ich kennenlernte und um Rat anflehte. Eine von ihnen sagte es in Hörweite meines Sohnes auf dem Spielplatz, und er brach in Tränen aus. »Was ist an meinem Geburtstag verkehrt, Mami?« »Überhaupt nichts, Schätzchen«, tröstete ich ihn. Eine glatte Lüge. Ich hatte uns an einem Ort angesiedelt, wo es wahrhaftig »verkehrte« Geburtstage gab. Das alles hieß nur eins: Ich musste mich hinters Telefon klemmen. Und zwar sofort. Und da klemmte ich jetzt.

»Ich bedaure«, sagte mir die Frau jetzt. Sie hatte unter besorgniserregendem Geklapper wieder zum Hörer gegriffen und klang nicht die Spur bedauernd. »Keine Bewerbungen mehr.« Damit hängte sie grußlos auf, noch bevor ich ihr danken konnte. Vermutlich hatte sie's eilig.

Wir könnten auf den ganzen Blödsinn pfeifen, dachte ich und

legte so gelassen auf wie möglich. Es war stressig und idiotisch. Wen scherte es schon, in welchen Kindergarten unser Sohn ging oder ob er überhaupt einen besuchte? Ging es Kindern in aller Welt nicht auch ohne Kindergartenplatz gut? Ich selbst hatte keinen besucht, und mit mir war alles in Ordnung, urteilte ich. Doch die Upper East Side war nicht Westafrika oder das Amazonasbecken oder Grand Rapids. Nein, wenn die Zukunft meines Kindes auf dem Spiel stand, konnte ich mich aus diesem Spiel nicht einfach zurückziehen. Was wäre ich für eine Mutter?

Und so begann meine verwirrende Rutschpartie von Zuschauerin zu Mitläuferin: voller Furcht. Ich war von der ebenso kulturell spezifischen wie universalen Angst ergriffen worden, eine nicht hinlänglich gute Mami zu sein, eine Mami, die nicht genug für ihr Kind tut.

Was uns Primaten auszeichnet, ist die verlängerte Kindheit. Während sich andere Säugetiere mit (aus unserer Sicht) erstaunlicher Geschwindigkeit vom Neugeborenen zum entwöhnten Jungtier und schließlich zum geschlechtsreifen Erwachsenen entwickeln, lassen wir Menschen und unsere engsten Verwandten uns Zeit. Die Primatenforscherin Katherine C. MacKinnon, die an der Saint Louis University Anthropologie lehrt, bemerkt, dass »die meisten Primatenarten 25 bis 35 Prozent ihrer Lebensspanne in einem Zustand der Juvenilität verbringen«. Als Beispiel führt sie die Orang-Utans an, die in ihren ersten fünf Lebensjahren als »Kinder« und dann weitere zehn bis zwölf Jahre als »Jugendliche« bezeichnet werden. »Eine im Verhältnis zur Gesamtlebensdauer und zur Körpergröße verlängerte Juvenilität kennzeichnet alle Menschenaffen und die meisten anderen Affen«, sagt sie.

Freilich gebe es einen fließenden Übergang, betont sie. Doch von allen Primaten sind wir bei unserer Geburt am unselbstständigsten und bleiben es am längsten. Das beginnt gleich, wenn wir auf die Welt kommen, im Grunde als Fötus: unausgereift, neurologisch unfertig, von einzigartiger Bedürftigkeit und Abhängigkeit. Anders als nichtmenschliche Primaten können wir uns als Neugeborene nicht einmal festklammern; andere müssen uns halten. Und das ist nur der Anfang: Das »Nesthockertum« des in höchstem Maße abhängigen Nachwuchses und die Neotenie, also die Beibehaltung kindlicher Wesensmerkmale über einen langen Zeitraum hinweg, prägen Eltern und Kinder viele Jahre lang ebenso grundlegend wie allumfassend. Die Anthropologin Meredith Small stellt fest: »Die menschliche Kindheit verlängert und verkompliziert die menschliche Elternschaft.« Wir und unser Nachwuchs sind physisch und psychisch miteinander verflochten, oft ein Leben lang. Unsere Kinder werden von uns gekleidet, gefüttert und in ihrer Ausbildung finanziert, bis ins Erwachsenenalter hinein. Sind sie einmal dort angelangt, bürgen wir womöglich für die Kosten ihrer Behausung und tragen emotional und finanziell zum Wohlergehen ihrer Kinder bei. Wie können wir als Spezies diese kostspielige, immerwährende Investition in unseren Nachwuchs nur rechtfertigen?

Viele Jahrtausende lang konnten wir das gar nicht, wie sich herausgestellt hat. Unsere frühen Vorfahren verweilten nicht so lange zwischen Kindheit und Unabhängigkeit wie wir heute, sondern eilten rasch der Geschlechtsreife entgegen. Und dann, wie der Wissenschaftsautor Chip Walter es formuliert, »fügten die Kräfte der Evolution vor rund einer Million Jahren im Leben unserer Spezies sechs zusätzliche Jahre zwischen Säuglingsalter und Vorpubertät ein: die Kindheit«. Warum? Jahrzehntelang glaubten die Experten, der Grund für diese Veränderung sei die Notwendigkeit einer zusätzlichen Zeitspanne, in der die jungen Hominini Fähigkeiten wie Sprache und Werkzeuggebrauch erlernen konnten. Dieser Deutung zufolge hat sich die Kindheit wie ein Karamellbonbon in die Länge gezogen, damit wir alle notwendigen Lektionen des Menschseins verinnerlichen konnten. Da wir etwas Besonderes waren, brauchten wir auch Besonderes – eine Kindheit.

Diese Theorie hatte jedoch Schönheitsfehler. Es war unwahrscheinlich, dass die natürliche Auslese die Entstehung eines idyllischen Zeitabschnitts begünstigen würde, der für die Eltern beschwerlich und für Eltern, abhängigen Nachwuchs und ganze Gruppen gleichermaßen riskant war, nur damit ein paar Kinder lernen konnten, wie man Feuer macht und Reden schwingt. Um den wahren Grund herauszufinden, mussten die Theoretiker sich von dem Gedanken verabschieden, dass die Kindheit schon immer so war, wie sie jetzt ist. Vielleicht war sie zu Beginn überhaupt keine Zeit des Spielens und Lernens. Vielleicht entwickelte sich die Kindheit nicht der Kinder, sondern der Eltern wegen und war für diese vorteilhaft. Tatsächlich besteht laut Anthropologen wie Barry Bogin, Kristen Hawkes und Anne Zeller das einzig sinnvolle Szenario darin, dass die Kindheit entstand, um die Lasten der Fortpflanzung von den sich fortpflanzenden Erwachsenen abzuwälzen, damit diese sich erneut fortpflanzen konnten. Sie legen nahe, dass Kinder Helfer waren, Babysitter, die ihren Müttern Ruhe- und Esspausen ermöglichten, was diesen wiederum gestattete, bereits vorhandene Kinder zu versorgen und weitere zu bekommen. Es waren die Kinder, nicht die männlichen Partner, die uns die »kooperative Brutpflege« bescherten und uns gedeihen ließen, während andere Vertreter der Gattung *Homo* ins Gras bissen. Die Kindheit war zum Arbeiten da, nicht zum Spielen.

Die menschlichen Verhältnisse der Gegenwart bieten den besten Beleg. In den meisten Kulturen arbeiten Kinder ab dem siebenten Lebensjahr im Haushalt mit. Sie kümmern sich um das Vieh, putzen die Küche und sammeln Feuerholz; sie kochen, waschen Wäsche und verkaufen Waren auf dem Markt. Vor allem aber hüten sie ihre jüngeren Geschwister, bisweilen auch ihre Cousins und Cousinen. Tatsächlich fand Thomas Weisner, Anthropologe an der UCLA, mittels einer Untersuchung von 186 Gesellschaften auf der ganzen Welt heraus, dass in der Regel keineswegs die Mütter die hauptsächlichen Betreuer oder Begleiter der jüngeren Kinder sind. Vielmehr sind dies die älteren Kinder. Kinder, so sagen Kindheitsforscher, sind darauf gepolt, auszuhelfen, ihre Tage in altersübergreifenden Gruppen mit anderen Kindern zu verbringen und dabei die Fertigkeiten, die sie sich bei der Arbeit an der Seite der Erwachsenen abgeschaut haben, aufzunehmen und weiterzugeben.

Dieses System scheint für alle gut zu funktionieren, besonders im Zusammenhang mit Aufgaben, die geringere Qualifikation erfordern, zu denen Kinder also bedeutende Beiträge leisten können. In den traditionellen Maya-Dörfern Mexikos beispielsweise führen Kinder ganze Haushalte und Marktstände. Diese Kinder, so fand die Anthropologin Karen Kramer heraus, sind in hohem Maße selbstbewusst, sie kennen ihre Aufgaben genau, meistern sie und fühlen sich gebraucht. Und ihre Eltern berichten weder von Stress noch von Depressionen oder Erschöpfung, wie es so viele Erwachsene im industrialisierten Westen tun. In westafrikanischen Ländern, wo Kinder schon im zarten Alter von drei Jahren auszuhelfen beginnen, hört

man häufig: »Ein Mann mit Kindern wird niemals arm sein.«
Kinder sind Kapital und werden als solches geliebt und geschätzt. In diesen Kontexten bringen Kinder wahre Freude, da
sie wirklich etwas beitragen. Sie machen ihre Eltern reich.
Wir im industrialisierten Westen hingegen haben die Kindheit auf den Kopf gestellt. Von unseren Kindern wird bis in
ein vorgerücktes Alter so gut wie nichts erwartet. Man kümmert sich um sie und sorgt für sie. Statt sich in gemischtalt-
rigen Gruppen, reich an unterschiedlichen Sprachen und Fertigkeiten, aufzuhalten, in denen sie sprechen lernen und zur
Hauswirtschaft beitragen, besuchen sie Bildungseinrichtun-
gen, manchmal schon mit zwei Jahren. Hier werden sie, abgetrennt vom Rest der Gesellschaft, mit gleichaltrigen Kindern
(bei niedrigen Geburtsraten die effizienteste Art der Kinder-
gruppenbildung) und erwachsenen Fremden – sogenannten
Erziehern – zusammengewürfelt, die in keinerlei verwandt-
schaftlichem Verhältnis mit ihnen stehen und denen die Interessen ihrer Schutzbefohlenen am Herzen liegen mögen oder
auch nicht. Die Umgebung einer Gruppe älterer Verwandter,
die ihnen einfach dadurch, dass sie den ganzen Tag über sprechen, praktische Fertigkeiten und Sprachkenntnisse vermitteln, bleibt ihnen versagt, und so müssen sie alles in arbeitsin-
tensivem Einzelunterricht erlernen: »Da Da Da«, sagen wir,
und »Ei Ei Ei«, immer und immer wieder. Dies ist nur ein
Beispiel dafür, dass in unserer Welt Kinder Arbeit bedeuten
und dass sich unser Leben an ihren Bedürfnissen orientiert
statt umgekehrt. Man spürt es jeden Tag, wenn man das Kinderbett macht oder nach der Zubereitung einer besonders kin-
derfreundlichen Mahlzeit die Küche aufräumt. Oder jemanden dafür bezahlt hat, es zu tun.
Von Meredith Small stammt die viel zitierte Beobachtung, die

Kinder des Anthropozäns, unseres jetzigen Erdzeitalters, seien »unbezahlbar, aber unbrauchbar«. Wir wertschätzen sie auf unsere eigene Weise und betreiben dabei etwas, was man als »Nachfahrenverehrung« bezeichnen könnte, vergleichbar der Ahnenverehrung anderer Kulturen. Doch wir klagen auch, Kinder seien schrecklich teuer und ermüdend – was sie auch sind, da sie kaum etwas zu ihrem Unterhalt beitragen. Diese Umkehr der evolutionären Ordnung der Dinge schafft einzigartige ökologische, ökonomische und soziale Umstände, und zwar für die Mütter. Wenn die Auffassung von der Kindheit als einem sorglosen Idyll eine moderne, dem Überfluss der westlichen Welt entsprungene Erfindung ist, so trifft dies ebenso auf die Auffassung zu, Mütter seien die Hauptversorgerinnen und Hauptbezugspersonen ihrer Kinder und überwiegend, wenn nicht gar ausschließlich dafür verantwortlich, dass diese nicht nur die Säuglingszeit überleben, sondern dass es ihnen die ganze Kindheit hindurch wohlergeht und ihr gesamtes Leben von Erfolg gekrönt ist. Indem wir die Kindheit verwandelt haben, haben wir auch die Mutterschaft verwandelt, bis sie kaum noch wiederzuerkennen ist, verglichen mit dem, was sie einmal war und was sie anderswo auch heute noch ist.

Nirgendwo ist dieser Wandel der Kindheit und der Mutterschaft augenfälliger, offensichtlicher oder intensiver als in der Upper East Side von Manhattan. In einer Nische extremer ökologischer Entlastung, in einer von Wettbewerb dominierten Kultur ist »erfolgreicher« Nachwuchs ein Statussymbol und eine Spiegelfläche, ihn zu fördern, sich beharrlich für ihn einzusetzen ein Vollzeitjob. Muttersein ist hier eine risikoreiche, ruinöse Karriere, anstrengend und angsteinflößend, da es nur an uns liegt, ob wir Erfolg haben oder scheitern, was wiederum Erfolg oder Scheitern unseres Nachwuchses bedingt. Und umgekehrt. Ein nahtloser Kreislauf, dem, wie ich am eigenen Leib erfuhr, kaum zu entrinnen ist.

Das erklärt, weshalb die Mütter der Upper East Side alle winzige Medaillons mit den eingravierten Initialen ihrer Kinder um den Hals trugen. Und sich Ringe an die Finger steckten, einen für jedes Kind. Und die Namen anderer Mütter unter den Namen von deren Kindern zu ihren Kontakten hinzufügten, weshalb ich auf so vielen Telefon- und Mailinglisten meiner neuen Freundinnen nicht etwa als »Wednesday Martin« geführt wurde, sondern als »Eliot M / Mutter: Wednesday M«. Wir *waren* unsere Kinder, völlig mit ihnen verschmolzen. Diese Botschaft wurde jedes Mal deutlich, wenn ich eine Mutter sah, die das Schulbadge ihres Kindes an einem Schlüsselband um den Hals trug: »So-und-so, Erziehungsberechtigte(r), Die-und-die-Schule«. In E-Mails stellten wir uns vor oder unterzeichneten als »Mama von Pierce« oder »Mama von Avery«. Im Gespräch sagten wir: »Haben Sie schon Schuylers Mama gefragt?« Diese Frauen waren ihr eigener Nachwuchs geworden, und umgekehrt. Die mit mir befreundete Autorin Amy Fusselman schrieb: »Es war, als hätte ich vor meinen Kindern weder ein Leben noch eine Identität gehabt, als hätten sie mich überhaupt erst geboren.«

Wie dem auch sei – waren diese anderen Kinder, nämlich diejenigen, deren Mütter sie bereits angemeldet hatten, meinem eigenen in irgendeiner Hinsicht überlegen?, fragte ich mich beunruhigt, als ich die Anzahl der Optionen an der Kindergartenfront bedachte, die mit jedem Tag, der ohne eine Anmeldung verstrich, weiter schrumpfte, als sich die Plätze wie Stühle bei der »Reise nach Jerusalem« füllten und ich dieses Spiel auf gewisse Weise immer weniger zu verlieren gewillt war. Waren sie gescheiter oder niedlicher als mein Kind? Waren ihre Eltern netter als mein Mann und ich? *Wohl kaum*, dachte ich. Ich würde meine Anmeldungen tätigen, und wenn ich dabei draufging. Ich würde meine Schwägerin anrufen. Und meine eingeborene Führerin Inga. Ich würde sie um einen Gefallen bitten. Die hatten keine Kinder im Alter meines Sohnes. Und ihre Freundinnen ebenso wenig. Somit konnten sie es sich erlauben, großzügig zu sein. Ich hatte den Bogen heraus. Oder ich verlor jeden Bezug zur Realität. Je nachdem, wie man es betrachtete.

Inga war sofort dabei und wollte gleich loslegen. Sie kannte buchstäblich Dutzende von Leuten mit Kindern in exklusiven Kindergärten, weil sie im Laufe der Jahre vielen davon Wohnungen verkauft hatte. Auch meine Schwägerin wollte bereitwillig helfen. Aber die Sache hatte einen Haken: das Dilemma der Ersten Wahl. Hat man in Manhattan den Anmeldeprozess hinter sich gebracht, die Wahrscheinlichkeiten berechnet und mit den eigenen Wünschen abgeglichen, nimmt man schriftlich oder mündlich Kontakt mit einem Kindergarten auf, der die »Erste Wahl« darstellt. In diesem Dokument oder Gespräch bedient man sich der Sprache der Monogamie und der festen Bindung. Im Grunde gelobt man, sein Kind, wenn es denn angenommen wird, nur dorthin zu schicken. Sollte das Kind auf Empfehlung einer Freundin aufgenommen werden, danach jedoch woandershin gehen, verliert die Freundin das Gesicht. Und man kann voraussetzen, dass man alle Brücken zu dieser Betreuungseinrichtung hinter sich abgebrochen und eine Freundschaft zerstört hat. Als die vier Kleinen meiner Schwägerin noch in den Kindergarten um die Ecke gingen, galt dieser als freundlicher Nachbarschaftskindergarten.

Doch zum Zeitpunkt unserer Bewerbung, als frisches Geld in die Stadt strömte und die Leiterin sich den Ruf erworben hatte, überdurchschnittlich viele Kinder in die heiß begehrten »durchgehenden« Schulen zu schleusen, war er der prestigeträchtigste Kindergarten in ganz Manhattan. Unlängst hatte er sogar einen Skandal überstanden: Ein Wall-Street-Banker mit Weltherrscherattitüde hatte versucht, mittels einer Millionen-Dollar-Spende dem Kind eines Klienten zur Aufnahme zu verhelfen. Das Kind war nicht aufgenommen worden.

Doch bevor unser Sohn irgendwo hingehen konnte, gab es erst einmal die Bewerbungen und in den Kindergärten Elternbefragungen und Spieltreffen. Die Bewerbungsformulare waren trotz unserer Säumigkeit schnell beschafft: Inga und meine Schwägerin riefen ihre Freundinnen an, die die Einrichtungen dazu überredeten, die Unterlagen herauszurücken. Tagelang hetzte ich durch die Upper East Side, um Dokumentenumschläge einzusammeln, dann setzte ich mich daran, Aufsätze darüber zu schreiben, was mein Kleinkind zu etwas ganz Besonderem mache, wo seine Stärken, wo seine Schwächen lägen, was für ein Lerntyp er sei. Schwer versucht, »Bin wirklich überfragt, er ist erst zwei« hinzuschreiben, kam ich einfach nicht vom Fleck, bis mir endlich ein paar Antworten einfielen, die mich hoffentlich nicht als Spielverderberin auswiesen. Nächster Programmpunkt waren die Spieltreffen, die ich murrend als »Vorspielen« bezeichnete, weil es sich ehrlicher anhörte. Sie fanden vorzugsweise während der Mittagsschlafzeit statt, was sich irrwitzig anhört, bis man bedenkt, dass die Kindergärten im Grunde nichts anderes versuchten, als so viele Nicht-Geschwister wie möglich auszuschließen. Das übermüdete Kind hat einen Trotzanfall in der Spielküche? Am Basteltisch jemanden geboxt? Während der Vorlesezeit einfach nicht zuhören wollen? Viel Glück bei der nächsten Vorstellung in einem anderen Kindergarten. Nie werde ich das Spieltreffen vergessen, bei dem ein einziges attraktives Spielzeug – ein grellbunter Spielherd mit Drehschaltern, Leuchten und Knöpfen – von einigen wenigen minderen Spielsachen umgeben war. Dieser Herd stand im Mittelpunkt einer abgekarteten Partie »Reise nach Jerusalem«, mit deren Hilfe die Verantwortlichen prüfen wollten, wie ein Haufen erschöpfter Kleinkinder mit einer Zumutung umging, der sie in ihrem jetzigen Entwicklungsstadium einfach nicht gewachsen waren – der Zumutung, sich abzuwechseln, die Gratifikation hinauszuzögern und in einer absoluten Ausnahmesituation die eigene Frustration zu bezähmen. Und das ohne Belohnung.

Nach endloser Warterei war mein Sohn sichtlich mitgenommen. Andere Kinder schubsten sich gegenseitig und schubsten ihn. Das Spieltreffen endete im Chaos. Ich war entrüstet und ungehalten, und als mein Sohn in Tränen ausbrach, erhob ich mich von meinem Sitzplatz auf dem Boden, um ihn zu trösten (bei diesen idiotischen Spieltreffen wurde einem nie gesagt, wo man sich hinsetzen oder wie man sich verhalten solle, denn zuzusehen, wie man unsicher wurde und wie man mit der Situation umging, war Teil der »Beurteilung«). Und damals hoffte ich genau wie heute, dass die Leiterin dieser Einrichtung in einen ganz besonderen Kreis der Hölle fahren würde, reserviert für Leute, die Zweijährige und ihre hoffnungsvollen, nervösen und wehrlosen Mütter grundlos unter Druck setzen.

Bei jeder dieser qualvollen Sitzungen war ich umringt von wunderschön gekleideten und hergerichteten, schwerst angespannten Müttern, deren Zusammenbruch dem ihrer Kinder auf dem Fuße folgte. Wir alle wurden getestet. Und wir wussten es. Oft hatte man den Eindruck, dass einige der Verantwortlichen es genossen, wie wir uns im Staub wanden, wie sie relativ reiche, privilegierte Frauen demütigen konnten, indem sie ihr kulturelles Kapital einsetzten: die Macht, einzelne Familien auszuerwählen, kleine Kinder entweder aufzunehmen oder auszuschließen. Weinende Mütter, die sich ihr Kind geschnappt und die Flucht angetreten hatten, waren auf der Straße kein seltener Anblick. Auch ich weinte, als mein Sohn das »Vorspiel« vermasselte, indem er sich am Sandtisch eine Handvoll Sand in den Mund schob oder, als ein anderer Winzling ihm ein Buch aus der Hand riss, »GIB DAS ZURÜCK!« brüllte. Bei einem anderen Kindergarten, einem kirchlichen, kam er hereinmarschiert und verkündete: »Ach, verdammt!« An den verkniffenen Mienen der Verantwortlichen konnte ich ablesen, dass sie nicht amüsiert waren. Dieses grausame Ritual wurde immer wieder von neuem abgewickelt, wochenlang. Mir kam es wie institutionalisierter Sadismus vor, und ich verabscheute es von Herzen.

Aber was blieb mir oder den anderen Müttern übrig? Die Kindergärten saßen am längeren Hebel, und viele von ihnen, das spürte man genau, fassten unser Flehen um Einlass als Beweis ihrer Exzellenz auf. Obwohl in Wirklichkeit so exzellent keiner von ihnen war; es war nur eine Frage der Zahlen. Es gab einfach nicht genug Kindergärten. Und in Anbetracht der Heerscharen, die sich bei jener Einrichtung bewarben, die die Nichten und Neffen meines Mannes besucht hatten – viele von ihnen ließen ihre Beziehungen spielen –, mussten wir eben überall anklopfen. Und so hielt ich durch und schleppte meinen Sohn von einem »Vorspiel« zum anderen. Eines Tages, als er wieder einmal an meiner Hand ein »Spielzimmer« voll fremder Kinder betreten sollte, blickte er zu mir auf und meinte: »Mami, ich kann das nicht«, und ich wollte nur noch weinen.

Wir hielten es für das Beste, wenn mein Mann, ein ruhiger und gelassener Zeitgenosse, unseren Sohn zum »Vorspielen« im exklusiven Kindergarten seiner Nichten und Neffen begleitete. Er wies darauf hin, dass gerade diese Leiterin eine der mächtigsten Personen der Stadt und somit der ganzen Welt sein müsse. Darüber lachten wir erst einmal, aber er meinte es nicht nur scherzhaft. Während ich nach dem Termin darauf wartete, dass er sich meldete, trommelte ich mit den Fingernägeln nervös auf dem Schreibtisch. Als endlich das Telefon läutete, fiel ich fast vom Stuhl. »Ich stürze mich gleich aus dem Fenster«, flüsterte mein Mann. Mir sank das Herz in die Hose. »Warum?«, fragte ich und bemühte mich, nicht so hysterisch zu klingen, wie mir zumute war.

Es stellte sich heraus, dass die Kindergartenleiterin beim »Vorspielen« meines Sohnes höchstpersönlich im Raum gewesen war. Während sie mit ihm und den anderen Kindern geredet und geknetet und geklebt und gemalt hatte, hatte mein Sohn ihre Aufmerksamkeit erregen wollen. Mehrmals hatte er sie beim Namen gerufen, und als sie ihm in dem lauten Zimmer eine Antwort schuldig geblieben war, hatte er sie (wenn auch sanft) in den Arm geboxt und gesagt: »He, ich rede mit dir!«

Ich habe keine Ahnung, weshalb mein Sohn in ebendiesen Kindergarten aufgenommen wurde. Ich habe nie nachgefragt. Ich führte es auf den Einfluss meiner Schwägerin zurück und auf die Tatsache, dass die Einrichtung, so begehrt sie auch war, grundsätzlich nach Stammesprinzipien funktionierte. Wenn man mit jemandem verwandt war, der sie früher besucht hatte, insbesondere mit jemandem, der gleich vier Kinder hingeschickt, jede Menge Geld gespendet und sich als angenehm im Umgang erwiesen hatte, war man eindeutig im Vorteil. Aus Sicht des Kindergartens war man auf Herz und Nieren geprüft und ein relativ sicherer Kandidat. Offenbar selbst dann, wenn der Sohn die Chefin in den Arm geboxt hatte. Wir hatten es geschafft, unser Kind war im »besten« Kindergarten der Stadt untergekommen. Ich hatte gelernt, wie man die Früchte der Stammeszugehörigkeit erntet. Doch jetzt sollte ich auch die Kehrseite kennenlernen.

Wir waren außer uns vor Freude, dass unser Sohn in einem »guten« Kindergarten untergekommen war. Es fühlte sich an wie ein Volltreffer, wie eine echte Leistung, und obwohl ich schlau genug war, nicht allzu viele Worte darüber zu verlieren, um nicht angeberisch zu wirken, konnte ich es mir doch nicht verkneifen, mich an den neidischen Blicken anderer Mütter zu weiden, wenn ich ihre Frage beantwortete, welchen Kindergarten er besuchen werde. Wie ein Stadthaus, wie ein großer Diamant oder ein Anwesen am Meer in den Hamptons war ein Platz in diesem Kindergarten, der angeblich soziale Verbindungen und Einfluss widerspiegelte und die Wahrscheinlichkeit erhöhte, dass das Kind später ein Elitegymnasium besuchen würde, in Manhattan ein begehrtes Gut. Hauptsächlich jedoch vermittelte es mir das Gefühl, eine »gute« Mutter zu sein. Wie Flo.
Aber wieder einmal war unser Eindruck, wir hätten die Ziellinie überquert und die Sache »hinter uns«, reine Illusion. Denn abgesehen von einem schrumpfenden Wasserloch in der Serengeti zur Trockenzeit gibt es keinen Ort, der verzweifelter, aggressiver, gefährlicher und unwirtlicher wäre als die Gänge einer exklusiven privaten Kinderbetreuungseinrichtung in Manhattan, wenn die Kinder morgens hingebracht und nachmit-

tags abgeholt werden. Diese Gänge lassen die Konferenzräume von Goldman Sachs (über die ein befreundeter Investmentbanker einst bemerkt hatte: »Die geben sich gar nicht erst damit ab, dir in den Rücken zu stechen, die stechen dir in die Brust und steigen dann über deine Leiche«) wie nette, freundliche Orte aussehen, wohin man Tante Bea aus Minnesota auf einen Spaziergang mitnehmen kann. Ich war im schicksten Kindergarten im snobistischsten Postleitzahlbezirk in der reichsten Stadt Amerikas gelandet, wo jedermann für seinen Nachwuchs kämpfte und lebte. Vielleicht hätte ich es kommen sehen müssen. Hatte ich aber nicht.

Als mein Sohn mit dem Kindergarten begann, hatte der Boom gerade seinen Höhepunkt erreicht. Adrenalin floss durch unsere Adern, Hoffnung flirrte in der Luft. Die Menschen schlossen Geschäfte ab. Die Menschen kauften Zweit-, Dritt- und Viertwohnungen. Jeder in Manhattan schien wahnsinnig vor Glück. Und jeden Tag, nachdem ich meinen Sohn im Kindergarten abgesetzt hatte, brach ich erst einmal in Tränen aus. Nicht, weil es so rührend und niedlich war, ihn die Schwelle zu seinem Gruppenzimmer überqueren zu sehen. Nicht, weil es eine Art Metapher dafür war, ihm beim Heranwachsen zuzuschauen. Nicht, weil das Dasein als Mutter manchmal so schmerzlich und ergreifend ist.

Nein, ich weinte, weil die anderen Mamis so gemein waren. Wenn ich meinem Mann oder meinen Freundinnen Downtown von ihnen berichtete, nannte ich sie nur »die Zickenmütter«.

Sie sammelten sich in Trauben und Cliquen auf den Gängen, tuschelten, lachten und flüsterten mit gesenkten Köpfen. Alle schienen sich »von früher« zu kennen. Ihre Uniform verdeutlichte, dass sie ein und demselben Stamm angehörten – ihre identischen Burberry-Regenmäntel bei Regen und ihre schicken Daunenjacken bei Kälte. Ihre zerknitterten Lanvin-Ballerinas oder ihre High Heels, die lauthals verkündeten: »Ich habe einen Chauffeur!« Wenn ich an ihnen vorüberging, hätten sie wenigstens kurz die zusammengesteckten Köpfe heben können, um meinen Gruß zu erwidern – aber das kam so gut wie nie vor. Jeden Tag traf ich ein bisschen zu früh ein, um dem Gefühl des freien Falls zu entgehen, das mich ergriff, wenn sie durch mich hindurchsahen. Verlegen drückte ich mich allein am Rand der Gruppe herum, um in demselben Augenblick, da die Tür aufging, meinen Sohn in seinen Raum zu bugsieren, mich zu verabschieden und davonzuhasten. Draußen auf dem Bürgersteig fühlten meine Arme sich leer an, und an den schlimmsten Tagen drehte sich mir der Magen um. Weil es verstörend war, sich unsichtbar zu fühlen. Und weil es mir beim besten Willen nicht gelang, auch nur eine dieser Frauen dazu zu bringen, eine Verabredung für unsere Kinder zu organisieren.

Denn eines wusste ich: Unsere Kinder wollen nach dem Kindergarten mit jemandem spielen, und die Verabredungen müssen wir treffen. Per SMS, E-Mail oder Telefon. Von anderen Mamis und anderen Kindergärten wusste ich, wie's läuft. Doch meine SMS, meine E-Mails und meine Anrufe bei den Müttern der Gruppenkameraden meines Sohnes blieben auf beklemmende Weise unbeantwortet. Schlimmer noch, wenn ich die Mamis auf den Gängen persönlich darauf ansprach, wimmelten sie mich häufig ab oder wechselten das Thema. Manchmal warfen sie, wenn ich nachfragte, ihren Freundinnen entgeisterte oder verschwörerische Blicke zu, wie um zu signalisieren: »Unfassbar, was? Geht's noch peinlicher?« Mein Sohn und ich, so wurde mir, nachdem die anderen Mamis Tag für Tag durch mich hindurchgesehen hatten, irgendwann klar, waren Schmuddelkinder, mit denen keiner spielen wollte. Das machte mich so betroffen, wie ich es von mir sonst gar nicht kannte.

Das Schicksal jener Affenweibchen im Hinterkopf, schritt ich in Gedanken das Spielfeld ab. Ausgeschlossen zu werden war keine schöne Sache, kein Schicksal, das ich mir oder meinem Kind wünschte. Die Frauen, die mich ignorierten, wirkten garstig und abstoßend, ja. Einigen hätte ich gerne eins übergezogen, ja. Aber auf gewisse Art war ich auf sie angewiesen, ich musste mich einfügen, und mein Kind brauchte ein, zwei Verabredungen zum Spielen und ein paar Freunde. Ihn nach Downtown zu schleppen war keine Option – außerdem hatten unsere Freunde dort keine Kinder in seinem Alter, in manchen Fällen gar keine Kinder. Spontane Begegnungen mit neuen Kindern im Park oder auf dem Spielplatz ums Eck, bei denen man zwanglos Freundschaften schloss, waren zwar eine nette Idee, in einer Stadt, in der das Leben der Kinder vom Absetzen im Kindergarten bis zum Abdriften in den Schlaf genau durchgeplant ist, jedoch mehr als unwahrscheinlich. Außerdem schienen mich die Spielplatzmütter, wenn ich mich freundlich näherte, schlimmstenfalls für eine Stalkerin und bestenfalls für jemanden ohne jedes Gespür für Grenzen zu halten. Mir wurde klar, dass die Mamis und Kleinkinder der Upper East Side ihre eigene Hackordnung aufgestellt, sich ihre Plätze gesichert und ihre Tanzkarten gut gefüllt hatten, noch bevor die Kleinsten den Bobux-Krabbelschuhen entwachsen waren. Ich kam verspätet zum Ball und verzweifelte daran. Mein armes Kind. Und ja, ich Ärmste. Beim Hinbringen und Abholen wollte ich mich nicht schlecht fühlen. Ich wollte die Kindergartenmamis mögen und von ihnen gemocht werden.

Während dieser Zeit ging es mir körperlich nicht gut – oft litt ich an einem Gefühl der Entrücktheit, der Entrealisierung, als sei ich von meinem Körper und den Menschen um mich herum abgespalten. Als ich es eines Abends beim Essen meinem Mann schilderte, begriff ich, dass es sich um ein Krankheitsbild handelte, das mir schon während meines Studiums untergekommen war. Ich hatte einen Kulturschock – ein Syndrom der Unvertrautheit und Entfremdung, das Anthropologen, Austauschschüler und arme Studenten an Eliteuniversitäten zu befallen pflegt. An diesem Punkt meines Lebens hatte ich bereits in zahlreichen fremden Kulturen gelebt und stets einen Zugang zu ihnen gefunden. Vorübergehend hatte ich für die Vereinten Nationen gearbeitet, dort Reden geschrieben und an Empfängen mit Diplomaten aus aller Welt teilgenommen, wusste also, dass ich nicht ganz ohne Sozialkompetenz war. Ich war vergleichweise gut gekleidet und freundlich. Was zum Teufel wollten all diese Frauen von mir? Gab es da etwas, was ich ihnen schuldig blieb? Etwas, was ich sagen sollte? Mit größter Mühe verdrängte ich das Gefühl, gewogen und für zu leicht befunden worden zu sein und mich deswegen grämen zu müssen, und schwor mir, mich nicht länger um Zugang zu bemühen, sondern einfach nur zu beobachten. Ich mochte eine um Anerkennung kämpfende, unsichere Mutter sein, aber ich war auch Sozialforscherin. Und wie eine solche würde ich mich jetzt verhalten.

Beobachten war leicht, da ohnehin niemand mit mir reden wollte. Das Erste, was mir auffiel, waren die in drei Reihen geparkten Cadillac Escalades samt Chauffeur und die gnadenlos aufgebrezelten Mamis, von denen allerdings keine berufstätig zu sein schien. Sie waren auf dem Sprung nach Gott weiß welchem Ort, der ihnen aber offensichtlich von großer Wichtigkeit war. Oft riefen die am dramatischsten Herausgeputzten, die, nachdem sie ihre Kinder an der Gruppentür abgesetzt hatten, auf Plateaustiefeln und meterhohen Stöckelschuhen dahinschwankten, einander ein »Wir sehen uns gleich drüben« zu. »Drüben« musste der blanke Horror sein, dachte ich mir. Im Aufzug herrschte mehr oder weniger Schweigegebot. Eines Morgens, als ich wegen einer Besprechung Jeans, Thermohemd und Pferdeschwanz gegen etwas Modischeres, seidig glänzendes Haar und Make-up eingetauscht hatte, sandten mir beim Verlassen des Aufzugs zwei makellos gepflegte Frauen finstere Blicke nach. »Wer war denn die?«, zischelte es, und mein Haaransatz prickelte. Die Kindergartenwelt war auf den Kopf gestellt – alles drehte sich um die Mamis. Die Mamis mit ihren Luftküssen, ihrem Geklüngel und Geklatsche und ihrer Hinterhältigkeit. In dieser neu geordneten Welt waren Kinder lediglich ein Stylingelement, das von den durchtrainierten Armen ihrer Mamis baumelte wie Schmuck oder Accessoires. Auch Mutterschaft, folgerte ich, war nur eine modische Aufmachung. Und freundliches Geplauder etwas, was man hortete und nur einigen wenigen zuteilwerden ließ.

Außerdem bemerkte ich, dass, wenn eine Mami sich doch dazu herabließ, morgens mit mir zu reden, sie meist nur kurz hallo sagte, um mir dann ostentativ den Rücken zuzuwenden und sich mit einer anderen zu unterhalten. Die Leiterin des Elternvereins des Kindergartens – eine Frau, die bei mir nur noch die »Königin der Bienenköniginnen« hieß – war die Erste, die mich so behandelte. Da dies einer meiner ersten Kindergartentage war, glaubte ich irrtümlich, mich in einer Welt zu befinden, deren Regeln ungefähr denen am Arbeitsplatz oder auf einer netten Cocktailparty entsprachen, ging auf sie zu – immerhin war sie die Verbindungsperson zwischen Eltern und Kindergarten, also jemand, der diesen mehr oder weniger offiziell repräsentierte – und stellte mich vor. Sie sah mich an, als hätte ich mit meinem Gruß und meiner ausgestreckten Hand einen

Fauxpas begangen, nicht anders, als wenn ich bei einer Dinnerparty meine Fingerschale ausgetrunken und mich anschließend splitternackt ausgezogen hätte. »Wie linkisch und anmaßend von Ihnen, mich einfach so zu grüßen«, besagten ihre hochgezogenen Augenbrauen und ihre höhnische Miene. Dann kehrte sie mir den Rücken zu, ohne auch nur hallo zu sagen. Ich war wie vom Donner gerührt. Doch allmählich wurde mir klar, dass dies nur eine extreme Spielart jenes Verhaltens war, das fast alle Frauen im Kindergarten meines Sohnes mir gegenüber an den Tag legten. Sie sparten sich ihr Hallo für eine Handvoll Auserwählter auf, während die meisten anderen so gut wie unsichtbar für sie waren.

Diese Weigerung zu grüßen, dieses demonstrative Sich-Abwenden erfolgte meinen Beobachtungen nach meist dann, wenn die angepeilte Gesprächspartnerin eine prominente Salondame war, die ich aus den Seiten eines Hochglanzmagazins kannte, oder die Gattin eines reichen Mannes, dessen Name mir aus der Zeitung oder aus meiner Tätigkeit in der Werbebranche geläufig war. Eigentlich, so begriff ich ziemlich rasch, unterhielten sich diese Frauen gar nicht miteinander, vielmehr brachten sie sich in Stellung, um sich mit ein, zwei oder drei ganz bestimmten Mamis zu unterhalten. Es wurde offenbar, dass sie einen messerscharfen Blick dafür hatten, wer hier die – wie ich sie für mich nannte – ranghöchsten Weibchen waren: allem Anschein nach die Wohlhabenderen, Hübscheren, Erfolgreicheren oder – am allerwichtigsten – die mit jemandem verheiratet waren, der mehr Erfolg als alle anderen hatte, mit jemandem, auf den es ankam.

Oft rief ich meine enge Freundin Lily an, die besonnenste Mutter und liebenswürdigste Gastgeberin weit und breit, die eine Tochter im Alter meines Sohnes hatte, um ihr das Neueste zu berichten. Es verschlug ihr den Atem. »Das kann doch nicht wahr sein! Dass die glauben, sich so ekelhaft aufführen zu dürfen!«, brüllte sie ins Telefon, und schon die Vorstellung, dass sie diesen Satz in dem Modestudio in Downtown sagte, wo sie als Designerin arbeitete, rief mir in Erinnerung, dass es jenseits der Welt, in die ich einzudringen versuchte, noch eine andere gab, eine, die ich verstand. Eine Welt, in der Frauen zur Arbeit gingen, in der es schwule Paare und heterosexuelle Paare und nicht immer ausreichend Geld für alle Dinge gab, die man haben wollte, und in der nicht jeder ein Auto und einen Fahrer hatte. »Ich hasse sie«, sagte meine Freundin Candace bei einer Tasse Kaffee und drängte mich, ihr eine der Ausgrenzungsszenen vom Vortag vorzuspielen. Und dann erinnerte sie mich daran, was die Schriftstellerin Wendy Wasserstein, deren Kinder in denselben Kindergarten gegangen waren wie meines, über ihre Erfahrungen dort gesagt hatte: »So viele dürre Frauen, so viele monströse Handtaschen.« Und dann lachten wir darüber. Das half, doch am nächsten Tag musste ich trotzdem wieder in den Kindergarten.

Mein Mann war der Meinung, das alles sei lächerlicher Frauenkram, ich würde überreagieren. »Ach komm, so schlimm kann's doch nicht sein«, sagte er, als ich ihm die Einzelheiten eines weiteren morgendlichen Dramas erzählte. Also schickte ich ihn am nächsten Tag selbst hin. »Was zum Teufel haben diese Frauen bloß?«, fragte er nach seinem ersten Misserfolg. »Die haben ja nicht mal auf mein Guten Morgen reagiert!« *Hab ich's dir nicht gesagt*, grinste ich. Wir konnten über diese Frauen nur staunen: Offenbar hatten sie entschieden, noch die grundlegendste, allgemein befolgte Regel des Gesellschaftsvertrags – einen Gruß zu erwidern – sei nur für Trottel. Sie selbst waren darüber erhaben.

Kurz nach dem Erlebnis meines Mannes kam unser Sohn eines Tages aus dem Kindergarten und verkündete aufgeregt, er sei von seiner Freundin Tessa zum Spielen eingeladen worden – im Privatjet ihrer Familie. Eine originelle, wenn auch abstruse Einladung, dachte ich, bis unser Kindermädchen Sarah mir erklärte, alle im Kindergarten besäßen einen eigenen Jet, und die Kinder hätten die Vorzüge ihres jeweiligen Flugzeugs diskutiert. Als unser Sohn gestand, dass wir keinen hatten, habe Tessa Mitleid mit ihm bekommen und ihn eingeladen, in ihrem zu spielen. Mir wurde speiübel, aber immerhin, es war ein Anfang. Er hatte sich besser geschlagen als ich.

Als ich so auf der Bank saß, zusah, wie die Kinder abgegeben wurden, und mich nach einer echten Verabredung für meinen Sohn und mich sehnte, gingen mir nicht nur schutzlose Schimpansenweibchen und ihre Babys durch den Kopf. Ich erinnerte mich auch an etwas, was ich vor Jahren zum Sozialverhalten der Primaten über *Papio anubis,* den Anubispavian, gelernt hatte. Anubispaviane leben in Horden von bis zu 150 Tieren, die von den Männchen mit Erlangung der Geschlechtsreife verlassen werden und sich deshalb vorwiegend aus untereinander verwandten Schimpansenweibchen zusammensetzen. Diese bilden enge kooperative Netzwerke; im Grunde schmeißen sie den Laden. Die Horden sind streng hierarchisch gegliedert, und die ranghöchsten Pavianweibchen genießen zahlreiche Annehmlichkeiten – bessere Nahrung, sicherere Schlafplätze, nettere männliche »Freunde« und Beschützer (die aus anderen Gruppen emigrieren und einen Test bestehen müssen, bevor sie aufgenommen werden), zahlreiche Gelegenheiten zum Kopulieren und größere Fortpflanzungserfolge, also mehr Nachwuchs, der bis ins Erwachsenenalter überlebt und sich seinerseits fortpflanzt.

Aus naheliegenden Gründen wünschen sich auch niedrigran-
gigere Weibchen dieses *dolce vita*. Eine Strategie, in der *Pa-
pio-anubis*-Gesellschaft die Leiter zu erklimmen, besteht in
dem – oft mehrfach unternommenen – Versuch, das Fell der
Alphaweibchen zu pflegen und sich um deren Babys zu kümmern. Ranghohe Weibchen mögen diese Versuche immer wieder zurückweisen, mit Püffen und Schlägen, ja oft mit bruta-
len Angriffen auf die willigen Babysitterinnen, irgendwann
aber lässt ein ranghohes Weibchen vielleicht doch noch zu, dass
eine Niederrangige das wird, was zu werden sie so verzweifelt
ersehnt – eine »Allomutter«, eine zusätzliche Betreuerin des
Säuglings- oder Kindernachwuchses des Alphatiers, zumindest
für begrenzte Zeit. Auf diese Weise bekommt die Niederrangige einen »Fuß in die Tür«; schließlich steigert sie die Fitness
der Chefin, indem sie ihr mehr Möglichkeiten bietet, unge-
stört nach Nahrung für sich und ihr Baby zu suchen. Und das
Prestige, das die Verbindung mit der Mutter mit sich bringt,
deren Junges sie umherträgt und versorgt, beschert ihr mit der
Zeit mehr Macht und Sicherheit in der Horde. Mächtige Anu-
bispavianweibchen haben die Macht, weniger mächtige zu er-
mächtigen.
Fernab der Savanne, in den Gängen eines Kindergartens der
Upper East Side auf dem Höhepunkt eines Wirtschaftsbooms,
galten mein Mann und ich als niederrangige Primaten, das ließ
sich nicht übersehen. Die Kinder waren offenkundig bloße Er-
weiterungen ihrer Eltern und wurden für deren sozialen Aufstieg eingesetzt. »Wenn wir Ari, dessen Vater Hedgefondsmanager ist, zum Spielen treffen, dann freunden wir uns vielleicht
an, und Aris Mutter wird Aris Vater vom Start-up meines Mannes erzählen, und ...« Manchmal schienen sich diese niederrangigen Mamis auch nur einfach im Glanz des fantastischen

Reichtums anderer sonnen und ihre Kinder daran wärmen zu wollen. Wir waren neu in der Szene, und mein Mann konnte keinem bei der Karriere förderlich sein, deshalb waren wir eine unbekannte Größe, die niemand so recht willkommen hieß. In der Upper East Side schwingt stets das Gefühl mit, dass die Freunde und Spielkameraden des Kindes die eigene Position in der Hierarchie festlegen, dass sie einen hinaufhieven oder herabziehen können. Man ist immer nur so großartig wie die Verabredungen, die man für seinen Nachwuchs organisieren kann, und wenn man selbst nicht zählt, tut es auch der kleine Engel nicht. Diese prekäre und angsteinflößende Ordnung der Dinge, so lernte ich, macht Mütter zu mächtigen Gatekeeperinnen ... oder zu hoffnungsvollen Bittstellerinnen.

Und wie so viele nichtmenschliche Primaten, die sich einer neuen Horde anschließen, steckte ich am untersten Ende der Dominanzhierarchie fest, argwöhnisch beäugt und abwechselnd ignoriert oder schikaniert. Wie sehr wünschte ich mir an manchen Tagen, ein Brüllaffe zu sein – da drängen junge Weibchen, die sich einer neuen Gruppe anschließen, direkt an die Spitze und stoßen etablierte Weibchen die Hierarchieleiter hinab. Aber nein, in diesem Fall war ich ganz Pavian. Niemand ist niedrigrangiger als ein neues Weibchen in einer Pavianhorde, und wenn es ihr nicht gelingt, auf mittlerer oder höchster Ebene Bündnisse zu schmieden, sieht es mit ihren Lebensbedingungen und denen ihres Nachwuchses düster aus. Eines wusste ich: Falls mein Sohn und ich geächtet wurden, würden wir, so lange wir hier lebten, diesen Status schwerlich abschütteln können. Ich wollte nicht, dass mein Sohn im Kindergarten das Kind ohne Freunde war. Ich wollte nicht, dass wir – er – ausgegrenzt wurden. Und so wälzte ich Pläne und schritt lächelnd die Gänge entlang, auch wenn ich innerlich vor die Hunde ging. Aber trotz stundenlanger Beobachtungen wusste ich nicht recht, was ich tun sollte.

Meine Rettung kam unerwartet. Hätte ich mein Fachwissen besser im Kopf behalten, hätte ich mir genau dieses Szenario erhofft oder es gar herbeizuführen versucht. Die Rettung erfolgte auf dem gleichen Wege wie bei so vielen nichtmenschlichen Primatenweibchen in meiner misslichen Lage: durch die Aufmerksamkeit eines Alphamännchens. Bei einer von der »Gruppenmutter« veranstalteten »Gruppencocktailparty« verwickelte mich der Vater eines Jungen aus der Gruppe meines Sohnes in ein flirtähnliches Gespräch. Er war höflich und gescheit und hatte etwas Unkonventionelles, was unter den zugeknöpften Finanztypen der Upper East Side, an die ich mich nur mühsam gewöhnte, sehr selten vorkam. Man konnte sich gut mit ihm unterhalten, und da mein Mann zu Hause unseren Sohn betreute und die in einem mir nicht zugänglichen Pulk zusammenstehenden Mamis vollauf mit sich selbst beschäftigt waren, kamen wir ins Plaudern. Er war, wie ich später erfuhr, Erbe eines Manhattaner Bankenimperiums, Spross einer mächtigen und reichen Matriarchin wie Flo, und damit im Kindergarten und in unserer Gruppe »höchstrangig«. Beim Hinbringen am nächsten Tag schlug er mir in Hörweite einer Gruppe von Müttern vor, unsere Söhne sollten sich zum Spielen treffen. »Wie wär's gleich am Freitag?«, fragte er, und ich willigte ein.

»Wie haben Sie das nur hingekriegt?«, flüsterte mir eine der freundlicheren Mamis mit großen Augen zu, als er davonging. »Ich versuche schon seit Wochen, ein Spieltreffen mit ihm zu verabreden, und es klappt einfach nicht! Obwohl sich seine und meine Eltern noch aus Westchester kennen.« Ich zuckte die Achseln und schlug ihr vor, beim nächsten Mal ein Glas Wein mit ihm zu trinken.

Von diesem Tag an wendete sich das Blatt. Mein Sohn traf sich regelmäßig jede Woche mit dem Sohn des Alphamännchens zum Spielen, was den Weg für Verabredungen mit anderen Kindern ebnete, die mit dem Sohn und deren Eltern mit dem reichen und mächtigen Vater befreundet waren. Als die Mütter mich in ein freundschaftliches Gespräch mit dem Alphapapa verwickelt sahen, nahmen sie das sehr wohl zur Kenntnis: Ihre Körpersprache und ihr plötzlich so freundliches Lächeln ließen vermuten, dass sie den Eindruck hatten, ich sei geprüft und gebilligt worden. Ein Wortwechsel mit mir, so durften sie jetzt beruhigt annehmen, würde nicht unbedingt ihren Status beschädigen oder sich als völlige Zeitverschwendung erweisen. Und je mehr diese Mütter mich auf den Gängen wahrnahmen und meinen Gruß erwiderten, desto schwerer fiel es ihnen, meine E-Mails und meine Bitten um Verabredungen zu ignorieren.

Wenn ich es aus der Distanz betrachtete, erschien mir das Getue um die Hierarchie der Spielverabredungen befremdlich und geschmacklos. Alles beruhte auf der schäbigen Prämisse, dass bestimmte Eltern und Kinder einen höheren Wert hatten als andere. Das war abstoßend, aber genau darum ging es. Wenn mein Sohn endlich mit Kindern aus seiner Gruppe spielen konnte und glücklich war, dann war ich es auch. Und dem Alphapapa zutiefst dankbar, auch wenn Candace und Lily die Meinung vertraten, es sei keine gute Idee, sich in irgendeiner Hinsicht auf ihn zu verlassen. *War der nicht mit einer von diesen unfreundlichen Frauen verheiratet? Kann er selbst wirklich so viel besser sein?*, fragten sie. Ich war mir nicht sicher. Ich wusste nur, dass es in dieser verkehrten Welt, in der Eltern durch ihre Kinder lebten, wieder so zuging wie in Teenagertagen, wenn man auf der Highschool die Aufmerksamkeit des Starquarterbacks der Footballmannschaft erregt hatte. Seine ungezwungene Freundlichkeit hatte das soziale Leben meines Sohnes und damit meinen eigenen Status völlig umgekrempelt. Beides gehörte fraglos und untrennbar zusammen, so viel war mir inzwischen klar. Ebenso wenig wie Candace und Lily glaubte ich daran, dass der Zustand lange andauern würde, und ich behielt recht – tatsächlich zog der Alphapapa bald weiter, wie Alphas es eben tun. Doch zu diesem Zeitpunkt hatte mein Sohn bereits, was er brauchte, und das Gleiche galt für mich. Vielleicht würde es sich doch nicht so schwierig anlassen.

»GOING NATIVE«: EINE
BIRKIN FÜR MAMI

——

Während meines Anthropologiestudiums und meiner Promotion war ich fasziniert von den Berichten von Forschern, die dem »Going native«-Phänomen zum Opfer fielen und mit einer Kultur verschmolzen, die sie eigentlich nur untersuchen wollten. Sie wurden zu dem, was zu studieren und zu analysieren sie ausgezogen waren. Bei Bronislaw Malinowski, über den ich meine Doktorarbeit verfasste, war es ein schrittweiser Prozess. Er war zunehmend unzufrieden mit seinen Informanten auf den Trobriand-Inseln, die sich weniger auskunftsfreudig zeigten als erhofft. Am Ende hatte er sogar Sex mit den Trobrianderinnen. Ein anderes Beispiel war ein mir bekannter Professor für die Kultur des Vorderen Orients, der mir verriet, er habe sich nach Feldstudien im Jemen derart überidentifiziert, dass er seine Studenten bei einer abendlichen Essenseinladung in traditionellen Gewändern empfangen und sich auch den restlichen Abend über wie ein gebürtiger jemenitischer Stammesangehöriger aufgeführt habe (samt Säbeln). In seinen *Reflections on Fieldwork in Morocco* hat Paul Rabinow seinen allmählichen Realitäts- und Identitätsverlust zum Gegenstand einer Erzählung gemacht.

Heute wird das »Going native«-Phänomen von Anthropologen als ebenso unvermeidlich wie lehrreich angesehen, ein dynamischer Prozess, den Feldforscher durchlaufen, wenn sie die Zielpersonen ihrer Untersuchungen besser kennen, verstehen und schätzen lernen und einige ihrer Überzeugungen verinnerlichen. Anfangs wird die typische Feldforscherin ratlos sein und sich entfremdet fühlen, überwältigt von all den unvertrauten Dingen ringsumher. Nach und nach jedoch wird sie Halt finden und schließlich, ohne es zu merken, zunehmend wie die Samoaner denken. Oder wie die Ba'Aka. Oder wie die Bewohner der Upper East Side.

In der Praxis jedoch war derartige Überidentifikation lange Zeit schambesetzt. Das lag daran, dass die Anthropologie so lange darum gerungen hatte, sich als »Wissenschaft« zu etablieren und ihre realen historischen Wurzeln – Missionstätigkeit, viktorianische Stubengelehrsamkeit und schlichten Imperialismus – hinter sich zu lassen. Aus der Rolle des Forschers in die des Studienobjekts zu schlüpfen ist, um es milde auszudrücken, unsauber und unwissenschaftlich. Daher beriefen sich die Anthropologen lange Zeit stolz auf ihre »objektive Distanz« zu den Kulturen, die sie untersuchten und in denen sie lebten, und wehrten eine Überidentifikation ebenso vehement ab wie einen Malariaanfall. Den Beigeschmack des Frivolen, den ebenso bedrohlichen wie erregenden Ruch totalen Selbstverlusts hat »Going native« sich stets bewahrt.

Als selbsternannte teilnehmende Beobachterin privilegierter Mutterschaft in der Upper East Side, als Eindringling im Stamme der hiesigen Mamis fühlte ich mich in meiner Beziehung zu den Frauen und der Kultur meines Umfelds oft hin- und hergerissen. Einerseits sehnte ich mich danach, dazuzugehören, wie sie zu werden und eine von ihnen zu sein. Ich hielt es sogar für meine Pflicht, vor allem meinem Kind (später meinen Kindern) zuliebe. Gleichzeitig aber mühte ich mich, mir mein Gefühl der Abgetrenntheit, der Abgesondertheit zu bewahren, mir wenigstens den Anschein analytischer Distanz zu geben, während ich das oftmals irrsinnig wirkende Treiben und Geschehen um mich herum beobachtete – und daran teilnahm. Das Rückenkehren, die Dutzende falsch geparkter Cadillac Escalades, von denen, als wir nach dem Abholen verzweifelt ein Taxi heranwinken wollten, einer einmal meinen Sohn um ein Haar niedergewalzt hätte. *Wer zum Henker will mit dieser egoistischen, anmaßenden Gesellschaft auch nur irgendetwas zu tun haben?*, fragte ich mich gelegentlich.

Am Ende jedoch zogen mich die morgendlichen Dramen und meine Erfahrungen als ausgegrenztes Schmuddelkind, deretwegen ich mich so verwundbar, so traurig und zurückgesetzt gefühlt hatte, nur noch tiefer in die Kindergartenwelt meines Sohnes hinein. Sie stärkten meine Entschlossenheit, mich anzupassen und dafür zu kämpfen, dass ich akzeptiert wurde. Niemand sollte mich oder mein Kind ablehnen dürfen. Die konnten mich mal. Und sobald er (und ich) Verabredungen und ein Sozialleben im Umfeld des Kindergartens hatte, lockten mich diese »Triumphe« noch tiefer in die Welt, die ich beobachtete, und ließen meine Stellung in der Welt außerhalb des Kindergartens allmählich bröckeln. Ich telefonierte immer weniger mit meinen Freundinnen Downtown, traf mich immer seltener mit ihnen, bedingt nicht nur durch meine Arbeit mit ihren Anforderungen und Zwängen, sondern auch weil ich am Ball bleiben und die Freundschaften meines Sohnes und meine eigenen Uptown pflegen wollte. Und bevor ich mich versah, hatte ich mich dieser neuen Welt tatsächlich unterworfen, und es gab kein Zurück.

Den letzten Stoß versetzte mir ein mächtiger Talisman, ein

Artefakt von beinahe magischer und ganz gewiss betörender Kraft – eine Birkin Bag von Hermès.

Als ich es zum ersten Mal bewusst wahrnahm, befand ich mich gerade auf dem Rückweg von einem kurzen Besuch in unserem kleinen Eckladen. Mit meiner schwingenden Plastiktüte voller Bananen und einem Tetrapak Milch schritt ich, von der Madison Avenue kommend, die East Seventy-Ninth Street entlang in Richtung Park Avenue und fühlte mich geweitet, glücklich. Die Sonne schien, und der breite Bürgersteig war bemerkenswert leer. Es herrschte eine Phase der Ruhe – der morgendliche Berufsverkehr war abgeklungen, die Mittagspause lag noch in weiter Ferne, und in unserem sonst so betriebsamen Viertel war kaum ein Mensch unterwegs. Für jemanden aus dem Mittleren Westen, der Weite und Stille gewohnt ist, fühlte es sich einen Moment lang fast heimatlich an – nur eben mit eleganten Vorkriegsbauten und gut gelaunten Portiers, die einen grüßten, wenn man vorüberging. Mein Sohn besuchte einen guten Kindergarten. Er hatte Spielkameraden und, wenn man so will, ein Sozialleben, und ich infolgedessen auch. Natürlich wünschte ich mir, die Mamis wären etwas freundlicher, und wenn ich meinen Sohn hinbrachte oder abholte, kam ich mir meist noch immer wie eine Außenseiterin vor. Aber ich war meinem Kind eine gute Mutter, und ein zweites war unterwegs. Endlich, so schien es mir, hatte ich in der Upper East Side meinen Weg und meinen Platz gefunden, und an diesem Tag war ich zufrieden.
Auf halbem Weg zur nächsten Kreuzung kam eine einzelne gut gekleidete Dame energisch auf mich zugeschritten. In Manhattan geht man zügig, und im Nu lag nur noch ein kleines Stück Asphalt zwischen ihr (vielleicht Mitte fünfzig) und mir

(Ende dreißig). Im Einklang mit der Gehwegetikette von Manhattan – wohl eher eine Verkehrsregel – machte ich es wie die New Yorker Autos und Passanten und hielt mich rechts. Warum also schwenkte diese gut gekleidete, gut frisierte Frau nach links und steuerte mit jedem Schritt geradewegs auf mich zu? Waren wir etwa in England?

Ich wich noch weiter nach rechts aus, und dann noch weiter, um ihr noch mehr Platz zu machen, während sie beharrlich ihren Kurs verfolgte. Wenn sie weiter so auf mich zuhielt und mich dadurch zwang, immer weiter nach rechts auszuweichen, würde ich geradewegs in die riesige orangefarbene Mülltonne wenige Schritte vor mir laufen. Das ist doch lächerlich, dachte ich beim Anblick des breiten, leeren Bürgersteigs und drosselte mein Tempo. Direkt vor der Mülltonne bremste ich abrupt ab (was blieb mir anderes übrig? Vor ihrer Nase zur anderen Seite des Gehwegs sausen?) und sah sie an, denn jetzt war sie trotz des reichhaltigen Platzangebots zu ihrer Rechten kaum fünfzehn Zentimeter von mir entfernt. Sie fing meinen Blick auf und sah mir unverwandt in die Augen, während sie mit ihrer prunkvollen Handtasche vorsätzlich und alles andere als sanft meinen Arm streifte. Dann feixte sie – ja, sie feixte tatsächlich! – und setzte ihre planvolle Rempelei fort, bis sie an mir vorbei war. Ich drehte mich um und sah ihrem Rücken nach, der sich auf dem Gehsteig entfernte, völlig konsterniert, dass sie getan hatte, was sie getan hatte. Was immer es war. Was nur?

Sie hatte mich angegriffen. So fühlte es sich zumindest für die Anthropologin in mir an, die sich während ihrer Studienzeit stundenlang Videoaufzeichnungen von Schimpansen angesehen hatte, die in aggressiver Haltung und Absicht genau dasselbe taten – Armeschwingen, Zähneblecken, Gekreisch und kehlige Laute. Beim Auspacken der Lebensmittel spielte ich im Geiste die Begegnung immer wieder ab. Ich fühlte mich unbehaglich, ja gereizt. Was zum Teufel war vor sich gegangen? Jetzt, wo ich darüber nachdachte, fiel mir auf, dass mir dergleichen auch früher schon passiert war – dass eine Frau mich abschätzig musterte und dann bedrängte –, aber noch nie war es so offensichtlich gewesen. Es war an der Zeit, auf das Sozialverhalten der Primaten der Upper East Side zu achten, und zwar genau darauf zu achten.

Und natürlich bemerkte ich von da an, wo ich auch ging und stand, ähnliche Vorfälle. Ob an Zebrastreifen, in Edelboutiquen oder im Wartezimmer eines berühmten kosmetischen Dermatologen, überall konnte ich beobachten, wie aufgetakelte Frauen – unterschwellig oder nicht ganz so unterschwellig – andere nicht nur abschätzig musterten, sondern sie »angriffen«. Nicht selten war ich eine dieser anderen Frauen. Bei manchen dieser Begegnungen musste ich tatsächlich an den Bordstein treten oder mich gegen eine Hauswand drücken, um eine Frau an mir vorbeischreiten zu lassen, so unerbittlich war ihre Weigerung, nachzugeben oder einen winzigen Hauch von ihrem Kurs abzuweichen, den sie nur deswegen eingeschlagen hatte, um mir ... irgendetwas zu sagen. Was, fragte ich mich, wollte die Frau, die angriff, von der Frau, die angegriffen wurde?

Mein altes Revier, das West Village, lag nur wenige Kilometer entfernt, war aber, was Uniformen, Gebräuche und Kriegführung zwischen Frauen betraf, offensichtlich eine andere Welt. Natürlich, erinnerte ich mich jetzt, begegnete man auch dort gelegentlich ausdruckslos dreinblickenden, absurd hochgewachsenen Supermodels, die den schmalen, leicht gewölbten Betonstreifen neben der Bleecker Street entlangschritten, als sei er ihr privater Laufsteg. Aber das waren eben hauptberufliche Narzisstinnen. Trat man jedoch in der Upper East Side vor die Tür, um eine kleine Besorgung zu machen, fand man sich womöglich, ohne sich dessen bewusst zu sein, in ein bemerkenswert feindseliges und streng geschlechtsspezifisches Feiglingsspiel verwickelt, bei dem eine offenbar höchst funktionsfähige, wohlgekleidete und ansonsten völlig normal wirkende Frau die andere fragte: *Wer bewegt sich zuerst?*

Nach ein paar Wochen des Beobachtens und des Umherwanderns mit Augenmerk auf dieses Angriffsphänomen war die Fußgängerin in mir bei jedem Spaziergang, bei jedem Fußweg von A nach B erfahrungsgesättigt, auf der Hut und zweikampfbereit. Doch die Sozialforscherin in mir verlangte mehr Datenmaterial. Und so kaufte ich mir eines frühen Morgens, nachdem ich meinen Sohn zum Kindergarten gebracht hatte, einen Kaffee, postierte mich vor der Tür eines Wohngebäudes mit Portier bei uns um die Ecke und beobachtete. Am nächsten Tag und an den Tagen darauf stand ich vor einem Geschäft, danach an einer Kreuzung mit vielen Passanten. Ein paarmal beobachtete ich sogar das Innere von Gebäuden, in denen Frauen verkehrten, oder vielmehr beobachtete ich die Eingänge, da die angespannten, konfliktträchtigen Momente des Betretens und Verlassens ebenjene zu sein schienen, in denen ein Angriff am wahrscheinlichsten war – gehobene Einzelhandelsgeschäfte, ein Restaurant, das als Biotop eines altersmäßig breit gefächerten Damenmittagstisches bekannt war, und einige Foyers.

Schließlich war ich Zeuge von nahezu hundert Begegnungen der Art geworden, wie ich sie in der East Seventy-Ninth Street erlebt hatte. Selbstverständlich waren meine Forschungen eher informeller Natur, aber einige Rückschlüsse erlaubten sie doch. Der wichtigste: Die Frauen der Upper East Side, besonders solche in den Dreißigern und auf dem absteigenden Ast mittleren Alters, sind völlig auf Macht gepolt, ja geradezu besessen davon. Bei vielen, wenn auch nicht allen der beobachteten Begegnungen war es die Ältere, die zum »Angriff« auf eine Jüngere ansetzte, indem sie sich schnurgerade auf sie zubewegte, bis eine Art sozialer Krisensituation entstand und es nur deshalb nicht zum Zusammenprall kam, weil die Jüngere, oft in letzter Sekunde, hastig das Feld räumte. Danach gingen beide Akteurinnen in diesem Szenario stets einfach weiter, als sei ihnen gar nicht bewusst, was sich zwischen ihnen (nicht) abgespielt hatte. Es war, als seien sich beide unterschwellig einig, dass das, was soeben geschehen war, nicht geschehen war.

Immer wieder erlebte ich derartige Begegnungen, bis sich bezüglich dieser Frauen und ihrer Versuche, ihre Herrschaft über andere Frauen durchzusetzen, allmählich eine Erklärung herauskristallisierte. Es war ihr gutes Recht, das demonstrierten ihre Attacken, ihren persönlichen Raum auszuweiten, indem sie andere dazu zwangen, den ihren aufzugeben. Nachdem ich eine hinlängliche Zahl derartiger Begegnungen beobachtet hatte, war ihre Botschaft sehr deutlich. Es war kein einfaches »Geh mir aus dem Weg«, sondern etwas viel Pointierteres: »Ich sehe dich nicht. Weil du gar nicht vorhanden bist.« Ihren Handtaschen – überwältigend schönen und kostspielig aussehenden Dingern, die sie über die Schulter geschlungen hatten oder die von ihrer Hand baumelten, gesteppt und gefärbt, aus Schlangen-, Lamm- oder Straußenleder, mit ineinander verschlungenen C oder F oder komplizierten Schnallen und Schlössern – kam dabei offensichtlich eine wichtige Rolle zu. Sie waren Rüstung, Waffe, Flagge und wohl noch mehr: Jede der Angreiferinnen schien eine fantastische Handtasche mitzuführen und besonderen Genuss daraus zu ziehen, ihre Gegnerin damit zu streifen. Dies war der Gnadenstoß.

Die unlängst verstorbene Nora Ephron schrieb einmal, die

Menschen in Los Angeles hätten Autos, wir in Manhattan unsere Handtaschen, und in meinen Augen verliehen zwischenfrauliche Begegnungen dieser Analogie eine völlig neue Bedeutung. Wenn Handtaschen, wie Ephron andeutet, unsere Autos sind – funktional und zugleich zutiefst symbolisch, der Versuch, uns und unseren Kram von A nach B zu schaffen und dabei gesehen zu werden, so wie wir allzeit darauf hoffen, gesehen zu werden, wenn wir die Stadt durchqueren –, dann, so schien mir, gab es auf sämtlichen unserer breiten Wohlstandsstraßen Uptown jede Menge Gewalt im Straßenverkehr. Den Arm nur mit einer Einkaufstüte bewehrt, hatte ich sie geradezu herausgefordert.

Auch an die Dominanzdemonstrationen von Mike, einem der Schimpansen aus der Gombe-Horde Jane Goodalls, musste ich denken. Unter Primatologen und Anthropologen ist Mike legendär, weil er jenen bemerkenswerten Einfallsreichtum an den Tag legte, mit dem man die Welt verändern oder zumindest eine etablierte gesellschaftliche Hierarchie auf den Kopf stellen kann. Als kleines, niederrangiges Tier war Mike bei Goodalls Ankunft 1960 erst kürzlich zu der Horde gestoßen; sie beobachtete, dass er von den älteren und größeren Schimpansen von Gombe öfter Schläge einstecken musste. Sein Leben war das eines elenden, ständig getretenen Außenseiters, das eines ausgegrenzten Partynachzüglers.

Und dann gönnte sich Mike eine wunderschöne Handtasche. Eigentlich stöberte er nur zwei leere und bereits entsorgte Kerosinkanister aus Leichtmetall mit Haltegriffen auf. Und zog den brillanten Schluss, dass er diese Requisiten für sein Imponiergehabe verwenden könne – durchchoreographierte Auftritte, mit deren Hilfe männliche Schimpansen versuchen, ihre Artgenossen zu beeindrucken und einzuschüchtern, ohne ihnen körperlich wehzutun. Gewöhnlich jagt bei diesen Dominanzdemonstrationen ein Schimpanse den anderen, rempelt ihn an oder setzt noch einen drauf, indem er an Ästen rüttelt, auf den Boden trommelt oder mit Steinen um sich wirft, wobei er laute »Pant-hoot«-Rufe und ein erregtes Kreischen ausstößt.

Unter den Adressaten solcher Dominanzdemonstrationen finden sich immer wieder auch Primatenforscher und Naturfotografen, die sie erschreckend, ja furchterregend nennen. Man stelle sich also die Überraschung von Mitgliedern der Gombe-Horde vor, als Mike auf sie zustürzte und riesige unbekannte Gegenstände durchs Gras schleifte, auf ihnen herumtrommelte und sie an den Griffen schwenkte wie Zepter. Und das Schauspiel noch steigerte, indem er sich inmitten der Gruppe aufrichtete, die geheimnisvollen Objekte gegeneinanderschlug und damit einen heillosen, nie dagewesenen Lärm veranstaltete, der zu besagen schien: *Jetzt gehört ihr mir!* Bei diesem wegweisenden sozialen Spektakel packte sogar Goliath, das herrschende Alphamännchen, ein solches Grauen, dass er sich verkroch. Die Forscher in Gombe ließen die Kanister schnell verschwinden, doch es war zu spät. Die anderen Schimpansen verharrten in höchster Ehrfurcht vor Mike, der Goliath trotz dessen hochrangigem Verbündeten, dem früheren Alphamännchen David Greybeard, kurzerhand entthronte und selbst zum Alphatier aufstieg. Für volle fünf Jahre. Was der effektiven Halbwertszeit einer großartigen Handtasche entspricht.

Ich konnte sie weder ändern noch besiegen, und nein, mit den Zickenmüttern westlich der Lexington Avenue konnte und wollte ich mich ganz bestimmt nicht verbünden. Oder vielleicht wollte und konnte ich es doch. Was mir fehlte, war mein eigener Kerosinkanister. Ja, etwas an diesen arroganten Frauen, die mich schubsten und bedrängten, als wäre ich gar nicht vorhanden, geschweige denn von Bedeutung, erweckte in mir den Wunsch nach einer schönen, nach einer kostspieligen Handtasche. Totemgleich würde sie mich vor ihnen beschützen, vor diesen Damen, die in meinem selbstgewählten Lebensraum allgegenwärtig waren und die, ohne je den Mund aufzumachen, so viel sagten – allein mit ihren Augen, mit ihrer Miene und immer wieder mit ihren Handtaschen. Vielleicht, dachte ich, würden sie sich von einer hübschen Handtasche, wie sie sie besaßen, überlisten, ja blenden lassen, bis sie überzeugt wären, dass sie mich zu Gehwegduellen und dergleichen nicht länger herausfordern durften. Dass es sich lohnte, mich zu grüßen, statt mich verächtlich zu mustern, wenn wir uns auf einer Party, auf den Gängen des Kindergartens oder in einem Restaurant begegneten. Und außerdem, argumentierte ich, würde es sie womöglich ärgern. Mit einer herrlichen Handtasche, dachte ich, hätte ich nicht nur Schwert und Schild. Ich hätte etwas, was sie nicht hatten oder was sie begehrten, oder etwas, was sie hatten und was ihrer Meinung nach keine andere haben sollte. Ich stellte mir vor, wie die Königin der Bienenköniginnen versuchen würde, sich an mir vorbeizudrängen, und ich ihr meine trapezförmige Birkin in den Bauch rammen würde. Allein der Gedanke war nicht mit Gold aufzuwiegen.

Meinen ersten Blick auf eine Birkin hatte ich in den späten Achtzigern in Paris erhascht. Die Handtasche, die die Frau in Jeans und schmalem *tailleur* umklammert hielt, war perfekt. Rot war sie: kein banales Scharlachrot, kein abgeschmacktes Rosarot. Vielmehr ein ungewöhnliches, unbekümmertes, selbstbewusstes Ziegelrot, genau die Lippenstiftfarbe, die man seit Ewigkeiten gesucht und nie gefunden hat, jenes platonische

Ideal, das einen dazu bringt, auf der Suche nach dem einzig wahren Rot einen farblich knapp danebenliegenden Lippenstift nach dem anderen zu kaufen. Auch die Form war genau richtig – weit genug abseits der Sehgewohnheiten, provokant in ihrer subtilen Verschiedenheit von einer Geld- oder Kuriertasche. Innenfächer lugten heraus und suggerierten ein Leben voller Arbeit und Schönheit. Tatsächlich folgte ich der Frau ein paar Straßenzüge durchs 8. Arrondissement (natürlich das 8., Heimat all dessen, was in Frankreich steif und sexy ist), um ihre Handtasche zu stalken und herauszufinden, was für eine es war.

Als ich sie später atemlos einer Freundin aufzeichnete und ihr den Verschluss beschrieb, quiekste sie: »Ach, du meinst eine Birkin! Die Birkin Bag von Hermès! Na klar, die wollen alle!« Und sie sang ein Loblied auf die Schönheit der Handtasche und auf die lässige und doch ehrfürchtige Art, wie die Französinnen ihre Birkin trugen, oft mit einem zerfledderten *Guide Rouge* darin oder mit einem Baguette, das eben noch herausragte. Sie war so … französisch. Und so teuer, erklärte sie. Ich seufzte auf vor lauter Schmerz und Jetlag, als ich die Francs in Dollar umrechnete, denn zunächst glaubte ich, mich verrechnet zu haben. Damals war ich noch Studentin, und eine Birkin anzustreben war angesichts meines Budgets ungefähr so vernünftig wie die französische Präsidentschaft anzustreben.

Die Birkin Bag von Hermès ist sagenumwoben, die Geschichte ihrer Ursprünge so untrennbar mit ihrer Aura, ihrem unwiderstehlichen Reiz, ihrer schieren Birkinhaftigkeit verbunden wie die herabbaumelnde Clochette. Der Legende nach soll Jane Birkin, englische Schauspielerin, Sängerin und Freigeist – die mit der jahrzehntelangen romantischen und künstlerischen Beziehung zu Serge Gainsbourg –, 1981 ein Flugzeug mit einer geräumigen Basthandtasche bestiegen haben, deren Inhalt sich bei dem Versuch, sie im Gepäckfach über den Sitzen zu verstauen, auf dem Boden verstreute. Gleich einem Ritter in schimmernder Rüstung war Jean-Louis Dumas zur Stelle, damals Geschäftsführer des exklusivsten und weltweit führenden Lederwarenherstellers Hermès, um ihr beim Einsammeln der Gegenstände zu helfen. Dankbar erklärte ihm Birkin, sie habe für ihre Trips zwischen London und Paris einfach keine passende Handtasche, und brachte ihn, so die Geschichte, zum Nachdenken. Und, wie man sieht, zum Entwerfen.

1984 brachte Hermès erstmals eine schwarze Lederhenkeltasche auf den Markt, die sich durch bemerkenswerte Handwerkskunst, Raffinesse und Dezenz auszeichnete und zugleich einen Bohemien-Ton traf. Als kleinere Version einer Tasche, die Hermès ein Jahrhundert vorher zur Aufbewahrung von Pferdesatteln entworfen hatte, verfügte sie über eine Entstehungsgeschichte, zwei Henkel und eine Klappe, die man zurückschlagen oder zuschnallen konnte. Man konnte sie über den Arm hängen, sie aber auch einfach nur in der Hand schwingen. Oder über die Schulter werfen – die Henkel (zwei, damit man sich jung und freigeistig fühlte, eher coole Gesellschaftsdame mit Karriere als eine von diesen Ein-Henkel-Taschen-Damen, die sich im Hauptberuf zum Mittagessen treffen) waren dafür gerade lang genug. Nach Größe, Aussehen und Wesen war sie ein Mittelding zwischen Brieftasche und Weekender, elegant und praktisch zugleich. Sie war das Gegenmodell zur Kelly Bag, jener anderen ikonischen Handtasche, die das Haus Hermès eigens für Prinzessin Grace entworfen hatte, damit diese ihre Schwangerschaft kaschieren konnte. Die Kelly ist rundum schicklich, matronenhaft, von schamhafter Korrektheit. Die Birkin hingegen macht keinen Hehl daraus, dass sie noch vor der Hochzeit schwanger wurde. Sie ist Kellys jüngere, wildere, amüsantere Schwester.

Das macht sie jedoch beileibe nicht billig oder leicht zu kriegen – *mais non!* Von Anfang an wurde die Birkin in extrem limitierter Anzahl hergestellt – jährlich nur 2500 Stück. Das liegt zumindest teilweise daran, dass die Herstellung einer Birkin so arbeitsintensiv ist und insgesamt an die fünfzig Stunden aufmerksamer, kleinteiliger und anspruchsvoller Arbeit erfordert. Birkins werden fast vollständig von Hand gefertigt, von Handwerkern, die mindestens zwei Jahre lang bei den erfahrenen Täschnern von Hermès in die Lehre gegangen sein müssen, um sich für eine Anstellung zu qualifizieren. In dieser Hinsicht sind Birkins Kunstwerke, und um diese Idee zu unterstreichen, wird jede Birkin von einem einzigen Kunsthandwerker gefertigt, der sein Werk »signiert« und datiert – mittels eines speziellen Stempels, der seine Initialen und das Jahr festhält. Die Proportionen einer Birkin – sei es die 25-, die 30-, die 35-, die 40- oder die bombastische 55-cm-Variante – sind genau festgelegt, das Verhältnis von Länge, Breite und Höhe präzise, die Silhouette tadellos und unverwechselbar. Nur die Franzosen konnten Aufklärung und sexuelle Revolution so miteinander verbinden, wie Hermès es mit der Birkin vollbracht hat. Unter den Handtaschen ist sie das modische kleine Schwarze.

Heute bekommt man eine Birkin in Blue Jeans (nein, nicht in dunklem oder irgendeinem Denimblau, sondern in einem verspielten Sommerhimmelton für den perfekten Sommertag). Oder in Gold. Das sei die »Einsteiger-Birkin«, hört man von denen, die mehrere besitzen, und eigentlich ist sie nicht golden, sondern hat einen gelbbraunen Karamellton mit weißen Kontrastnähten, bei deren Anblick einem das Wasser im Munde

zusammenläuft, weil man an Bonbons denkt. Es gibt noch Dutzende weiterer Farben, eine jede so lebhaft und unerwartet, dass selbst Uneingeweihte sich danach zu verzehren beginnen. (»Was ist denn das für eine Farbe?!«, fragte eine befreundete Künstlerin eines grauen Wintertages die erschrockene Besitzerin einer fuchsiaroten Straußenleder-Birkin. »So ein Pink hab ich ja in meinem ganzen Leben nicht gesehen. Noch nie!«) Die Anfangskosten für ein Standardmodell – aus Kalbs- statt Krokodil- oder Straußenleder, mit gold- oder palladiumbeschichteten Beschlägen statt Diamantenbesatz an Schildchen und Schloss – liegen bei 8000 Dollar. Es gibt eine schwindelerregende Auswahl an Ledern. Die Togo ist aus Kalbsleder, die Clémence (die schwerste) aus Jungstierleder (*taurillon clémence*). Es gibt auch Birkins aus Lamm- oder Ziegenleder. Ein exotisches Leder – Eidechse, Krokodil oder Strauß – oder eine Sonderanfertigung kann 150 000 Dollar oder mehr kosten. Die Wartezeit, erfahren Bittstellerinnen oft, beträgt zwei bis drei Jahre. In Hongkong und in Singapur, wo die Fieberkurve der Birkin-Manie dank der brummenden Wirtschaft Rekordhöhen erreicht hat, machen gehobene Schwarzmarkthändler ein reges Geschäft mit brandneuen, direkt bei Hermès eingekauften Birkins mit Echtheitsnachweis. Für das Privileg, die mehrjährige Wartezeit zu umgehen, werden oft 50 bis 100 Prozent Aufschlag gezahlt. »HERMÈS PARIS MADE IN FRANCE« steht über der Schließe jeder Birkin in drei vollkommen abstandgleichen Zeilen in Silber oder Gold.
Sollten die Männer doch ihre Sportwagen haben, ihre Affären, ihre Weinkeller mit fünfzehntausend Flaschen oder was immer ihnen in ihrer Lebensmitte als Schnuller, Decki oder seelisches Wehweh-Pflasterchen dient. Mein Trostpflaster würde eine Birkin sein – das Leder, die Beschläge, die Kontrastnähte und die

Unzahl an Einzelheiten, die eine Birkin ausmachen und die sie so begehrenswert erscheinen lassen, einschließlich der Unmöglichkeit, an sie heranzukommen, vielleicht sogar gerade deswegen. So viel hatte ich bereits eingebüßt, so viel würde ich noch einbüßen (wir in Manhattan büßen diese Dinge langsamer ein, weil wir so viel dafür aufwenden, noch mit Mitte fünfzig wie Zwanzig- oder Dreißigjährige auszusehen, aber einbüßen tun wir sie doch) – straffe Schenkel, glatte Haut, Fruchtbarkeit, die Fähigkeit, angesichts der neuesten Ausgabe der *Vogue* noch ein Prickeln zu verspüren –, aber diese trapezförmige, gegliederte, teure, verspielte, erotische und funktionale Tasche wollte ich haben. Ich hatte die Nase voll von Zweit- und Drittlinientaschen oder sportlich angehauchten Kompromisslösungen wie diesen Dingern von Marc by Marc Jacobs, die ich in letzter Zeit an Mittzwanzigerinnen, ja selbst an Teenagerinnen der Upper East Side bemerkt hatte. Ich wurde älter, ich wollte das einzig Wahre, und ich hatte das Gefühl, dass es mir mittlerweile zustand. Jawohl, ich war bereits in meinen mittleren Jahren, und diese Tatsache schnürte mir, wenn ich sie mir bewusst machte, regelmäßig den Hals zu. Aber ich war noch immer jung genug, schön genug, blond genug und schlank genug, um mit einer Birkin um die Wette zu strahlen. Außerdem war ich alt genug, um sie mir leisten zu können, und nach all der Zeit in Manhattan vielleicht auch vernetzt genug, um an sie heranzukommen. Dieses Alter, mein Alter, war ganz offensichtlich der ideale Zeitpunkt für einen Birkin-Kauf und die Birkin selbst auf gewisse Weise Trostpreis und Anrecht zugleich.

Aber natürlich konnte man nicht einfach davon träumen, eine Birkin zu besitzen, ohne sich der Frage zu stellen, wie sie zu beschaffen sei. Wie nur? Wie bei so vielen Statussymbolen in

Manhattan war fragen und abgewiesen werden Teil des Birkin-Spiels, genauso wie warten, auf die Warteliste gesetzt werden und gesagt bekommen, die Warteliste sei geschlossen – das wusste ich sowohl von Freundinnen, die in der Modeindustrie arbeiteten, als auch von solchen, die einfach nur Modenärrinnen waren. Wenn man bei Hermès jemanden kannte, so hatte ich raunen hören, kam man mitunter schneller an eine Birkin heran – vielleicht nach einem halben oder einem Jahr statt nach dreien.

Die Mutter meiner Freundin JJ hatte uns beiden einmal bei einem Cocktail erzählt, wie eines Nachmittags eine recht nette, recht gut gekleidete Frau im Alter von JJ und mir den Hermès-Shop betreten und verkündet habe: »Ich hätte gerne eine Birkin.« Rasch habe man sie aufgeklärt, dass man keine Birkin Bags führe und die Warteliste derzeit geschlossen sei. »Sie haben mich nicht verstanden. Ich hätte gerne eine schwarze 35-Zentimeter-Birkin mit Goldbeschlägen«, beharrte sie mit lauter werdender Stimme, und als ihr Begehr wieder und wieder abgewiesen wurde, warf sie entnervt die Hände in die Luft und schnaubte: »Schön! Genau das wollte ich vermeiden, aber jetzt hole ich meinen Mann.« Sekunden später kehrte sie mit ihrem megaberühmten Schauspielergatten zurück und wurde prompt ins Hinterzimmer komplimentiert, wo die Birkin-Geschäfte abgewickelt werden. Ein Triumph.

Weitaus alltäglicher jedoch sind die Anekdoten um Erniedrigung und Ablehnung durch die Hüter von *le Birkin*, die ebenso bösartig wie berüchtigtermaßen *froid* sind. Wie die über die Freundin einer Freundin, die mitten im Laden in Tränen ausbrach, als man ihr eiskalt mitteilte, die Warteliste sei geschlossen. Seit Monaten sei sie jede Woche hingegangen, erzählte sie ihren Freundinnen, habe jedes Mal einen Gürtel oder ein Halstuch erstanden, die sie gar nicht benötigte – eine Menge Halstücher und Gürtel, murmelten die anderen teilnahmsvoll –, alles in der Hoffnung, sich genügend Wohlwollen zu sichern, um als birkinwürdig zu gelten. Oder über die Frau, die ihren Mann dazu brachte, auf seiner Geschäftsreise einen kleinen Abstecher in eine bestimmte asiatische Hauptstadt zu machen, um ihr zu einer Birkin zu verhelfen (seine Geschäftsreise führte ihn nach Deutschland). Da gab es die Frau, die vom Hermès-Personal Kelly Bags aller Formen, Größen und Farben gezeigt bekam, diese jedoch in ihrer leidenschaftlichen Fixiertheit auf eine Birkin rundheraus ablehnte, nur um später von einer befreundeten Moderedakteurin mit Beziehungen zu den Hermès-Angestellten zu erfahren, dass sie dort als »schwierig« abgestempelt sei und wohl nie eine Birkin erhalten werde.

Natürlich war es erniedrigend und dumm, gesagt zu bekommen, dass die Warteliste geschlossen sei, als handele es sich um eine Art Nachtklub, für den man nicht bedeutend oder großartig genug war. Es war absurd, vor einer Art Samtkordelabsperrung auf das Privileg warten zu müssen, mindestens 10 000 Dollar für eine Handtasche hinzublättern. Das alles wusste ich. Aber die Hürden waren ja nicht nur ein Hindernis. Die Schwierigkeit dieses besonderen Statussymbols, seine Beinahe-Unerreichbarkeit, war Teil des Dings an sich, für eine Birkin ebenso wesentlich wie die Geschichte ihrer Ursprünge und ihr Jahresstempel.

Irgendwie würde es das alles wert sein. Das wusste ich mit derselben Gewissheit, wie ich wusste, dass die Birkin in einer großen orangefarbenen Schachtel geliefert wurde, außen mit braunen Bändern geschmückt und innen mit Seidenpapier einer ganz bestimmten Festigkeit ausgeschlagen, welches, das ist kein Witz, eigens zu einem kleinen Kissen gefaltet war, auf dem sich die Tasche ausruhen konnte. Seit über zwanzig Jahren lebte ich jetzt in Manhattan und wusste noch etwas anderes: dass ich mich auf eine Aventiure einließ, die – abgesehen davon, dass sie mich der Lächerlichkeit preisgab – klischeebeladen und Höhepunkt der Frivolität war und meine Abneigung gegen meine eigene Stadt höchstwahrscheinlich noch verstärken würde. Es war eine weitere Spielart der Kindergartenanmeldungen oder des Kampfes um einen besseren Tisch im Restaurant (»Bitte geben Sie mir doch gleich einen guten Tisch, dann ersparen wir uns die Mühe, dass ich mich beschwere und Sie mich umsetzen müssen. Bitte!«, bat ich Serviererinnen und Oberkellner mit zähneknirschender Liebenswürdigkeit, als meine zweite Schwangerschaft weit fortgeschritten und meine Geduld mit allem, einschließlich der sadistischen Platzzuweisungsrituale in meiner Stadt, längst überstrapaziert war). Meine Jagd nach der Birkin drohte eine erschöpfende und verbitternde Angelegenheit zu werden, das war mir klar. Vielleicht sogar eine enttäuschende, sollte mir hinreichend Glück und Standhaftigkeit beschieden sein, um alle erforderlichen Hürden zu nehmen und ans Ziel meiner Wünsche zu gelangen.

Als ich die Entscheidung traf, dass ich eine Birkin benötigte, fühlte ich mich schon bei dem bloßen Gedanken daran müde und besiegt. Gleichzeitig jedoch stand ich unter Strom, bereit zum tödlichen Schlag. Manhattan hat die seltsame Fähigkeit, Wünsche von innen nach außen zu wenden, sodass man ihre Nähte sehen, ihre eigentliche Beschaffenheit erkennen kann. Hier in der Upper East Side, so erfuhr ich, richten wir unsere Wünsche und Identitäten zumindest teilweise an exklusiven, kaum zu erlangenden Statussymbolen aus. Eine Birkin symbolisiert vielerlei, darunter die absolute Kläglichkeit des Nicht-Habens, zumal in einer Welt des Exzesses. Gewiss ist die Birkin etwas, was man begehrt, zugleich aber ist sie das verdinglichte Begehren selbst, in das mit jedem Nadelstich Belohnungsaufschub, Enttäuschung, Warten und Hoffen eingenäht werden.

Wenn Sie sich fragen, weshalb jeder in Manhattan, Sie selbst eingeschlossen, eine Birkin haben möchte und weshalb das Ding eine solche Leidenschaft entfacht, erliegen Sie leicht einem Zirkelschluss. Die Antwort liegt auf der Hand: *Weil ich sie eben will.* Natürlich gibt es auch differenziertere Theorien. In einer Stadt, welche die Signifikanten des Privilegs und des Erfolgs derart wertschätzt – sich geradezu zwanghaft mit ihnen befasst –, repräsentiert die Birkin für Frauen ein Statussymbol der Extraklasse, vielleicht sogar das höchste überhaupt. Und, kein Zufall, auch für die Männer, die sie uns beschaffen können. »Eine Ehefrau mit einer Birkin ist eine vorzügliche narzisstische Erweiterung des erfolgreichen Mannes«, sinnierte, von mir befragt, die klinische Psychologin Stephanie Newman aus Manhattan. »So kann er beweisen, wie mächtig und wie besonders er ist – schließlich hat er ihr dieses teure, seltene Objekt beschafft.« Zu der einen unter einer Million Frauen, die beteuert, nein, nein, nein, sie wolle keine Birkin, kann ich nur sagen: Gebt ihr eine und seht, ob sie sie nicht doch verwendet. Das Prestige, die Turboaufladung des sozialen Image, das die Tasche mit sich bringt, sind unwiderstehlich – sonst wäre es ja fast so, als zögen Sie, wenn beide Schlüssel zur Auswahl stünden, einen Hyundai einem Porsche vor. Wohl kaum. Sie wollen sie, weil sie zum Greifen nahe ist – zwar erfordert sie Anstrengung, ist aber nicht völlig unerreichbar. Und weil sie schön ist. Und weil Sie anderen Frauen, die sich auskennen, deren Meinung Sie schätzen und nach deren Bewunderung Sie gieren, mit einer Birkin eine Manhattaner Abart des Respekts, auch Neid genannt, abnötigen.

In gewissen Frauenkreisen gilt es als Gesellschaftsspiel, den Neid anderer Frauen zu erregen. Das erkannte ich, als ich Protokoll über meine Tage in der Upper East Side führte. Über den männlichen Blick ist viel geschrieben worden – dass er Frauen zu Objekten degradiert, eine Hierarchie zwischen den Geschlechtern herzustellen versucht, den einen zum Beschauer und die andere zur Beschauten macht. Lebt man jedoch in der Upper East Side, so dämmerte mir allmählich, dann sieht und spürt man auch die Blicke, die zwischen Frauen ausgetauscht werden oder die wir Frauen einander aufzwingen – Blicke, die nicht selten gierig und herausfordernd und in Präzision und Intention wie Laserstrahlen sind. Diese Blicke beziehen sogar diejenigen ins Spiel ein, die gar nicht mitspielen wollen. Manchmal helfen sie Ihnen dabei, sich zur Wehr zu setzen, bieten Ihnen eine Stütze. *Schau mich nicht so an*, sagen Sie mit Ihrem eigenen Blick, *das ist nicht nett!* Manchmal verwenden Frauen diese Art Blick, um sich selbst aufzubauen, indem sie die andere demolieren: *Wo ist dein Makel?*, fragen Frauen mit diesem Blick, wenn sie andere Frauen taxieren. Wo sind die Unvollkommenheiten in deinem Erscheinungsbild – Gürtel, Schuhwerk, Kleidung, Frisur –, Unvollkommenheiten, die mich beruhigen, die mir beweisen, dass es um dich so gut nun auch wieder nicht steht, dass du nicht besser bist als ich? Birkins, Objekte der Begierde und ein knappes Gut, fördern sie offen zutage: die Feindschaft zwischen Frau und Frau, die weibliche Faszination, die so vielen Interaktionen und Blicken in Manhattan innewohnt – Blicke, die den Gehsteig und die Straße, das Restaurant der Stunde und die Wohltätigkeitsveranstaltung im Pierre oder im Cipriani kreuzen und queren, prüfende

Blicke auf Schuhe und Accessoires, vielsagende Blicke, aufgeladen mit einer üppigen, leuchtenden, begehrlichen, köstlichen Signifikanz, für die unsere Männer und unsere Kinder blind sind. Da gibt es die versteckten und die nicht ganz so versteckten Blicke, wenn wir in den Gängen des Kindergartens auf den Fahrstuhl warten, Blicke, die in Sekundenschnelle eine ganze Garderobe erfassen, Frauen, die wie eine Boa constrictor andere Frauen als Ganzes verschlingen können, um sie zu verdauen und sich die Einzelteile später gesondert vorzunehmen: *Wer ist das? Warum hat die eine? Mit wem ist sie verheiratet? Was macht sie beruflich? Warum sie und nicht ich?* In der Upper East Side sind die Beziehungen zwischen Frauen aufgeladen wie sonst wohl nirgendwo im Land oder in der Welt, und vielleicht erfüllen Handtaschen genau wie Autos die unterschiedlichsten Funktionen. Sie sind ein Signal, auf welcher Stufe der unvermeidlichen Hierarchie Manhattans Sie angesiedelt sind, ein Barometer Ihres Vermögens, Ihrer Vernetztheit und Ihres Einflusses in einer Stadt, in der Geld, Verbindungen und Macht alles sind. Ein Modestatement. Ein Gefühl der Sicherheit, eine Möglichkeit der Selbstberuhigung in einer einzigartig anstrengenden Stadt.

Meinen Mann würde mein Wunsch wohl kaum überraschen, das wusste ich, weil ich schon seit Jahren von Birkins redete. Zwar, wie ich hoffte, nicht ganz so unironisch wie andere Frauen, aber eben doch. »Da ist eine!«, pflegte ich zu sagen, ganz Zeigefinger und Späherblick, aufgeregt wie eine Naturforscherin, die im winterlichen Central Park einen seltenen südamerikanischen Vogel entdeckt. Wenn ich Glück hatte, bekam ich Gelegenheit, Tasche und Besitzerin genauer unter die Lupe zu nehmen, überzeugt davon, beim Vergleich beider herausfinden zu können, ob es sich um eine Fälschung handelte. Bei der Tasche, meine ich.

Über einen Zeitraum von zwanzig Jahren hinweg nahm meine Birkin-Besessenheit erst ab und dann wieder zu, schwand und kehrte zurück, wie ein schlummerndes Virus durch Stress-situationen (wie dem Anblick einer Birkin) periodisch reaktiviert. Sogar heute, zwanzig Jahre nach der ersten Sichtung, an einem anderen, finanziell entspannteren Punkt meines Lebens, der eine so irrsinnige Ausgabe gerade noch rechtfertigen konnte, würde mir die Beschaffung einiges an Tatkraft abverlangen. Und an Vitamin B. Und, für eine eigenbrötlerische Schriftstellerin der absolute Horror, vielleicht sogar an Schöntuerei. Aber zunächst musste ich mich erst einmal hineinsteigern. Das würde mir gelingen. Kein Problem. Schließlich sind Upper-East-Side-Mamis Expertinnen darin, sich in Dinge hineinzusteigern. Ob Terrorismus, die Wahl eines Sommerlagers, Recherchen zur Grindflechte des Kindes oder zu seinen Problemen mit der Schreibmotorik, der Umzug aus der klassischen Neun-Zimmer-Wohnung in eine etwas kleinere, um ein Haus in Aspen kaufen zu können, ohne das in den Hamptons verkaufen zu müssen – all das war, wie ich inzwischen wusste, Anlass, sich in eine Sache hineinzusteigern, lange Stunden damit zuzubringen, die einschlägigen Webseiten zu finden und durchzulesen, die unseren Fixierungen Vorschub leisten und Nahrung geben. An unseren Laptops und iPads gehen wir unseren Tagträumen von perfekten Sommerferien nach oder stalken den Schuh, der unsere Garderobe von Grund auf verwandeln und unser Leben verbessern wird. In ihrem Bestreben, nach Bronxville umzuziehen, ein Vorhaben, das sie, wie sie bereitwillig gesteht, niemals durchführen wird, hat meine Freundin Candace bei gleich siebzehn Immobilienseiten Lesezeichen gesetzt. »Das gibt mir ein besseres Gefühl«, sagt sie achselzuckend.

Meine besessene Suche führte mich unweigerlich zu Webseiten wie bagsnobs.com und iwantabirkin.com. Abend für Abend verbrachte ich, kaum war mein Sohn im Bett, bei eBay und recherchierte Birkins – die Preise, die Beschläge, die Details, die eine echte Birkin von einem Imitat unterscheiden. Nachdem ich mich eines Nachts stundenlang eingeigelt hatte, trat mein Mann in mein »Arbeitszimmer« – die frühere Dienstbotenkammer, die von der Küche abging –, und mit verlegener Miene meldete ich mich schnell von der Webseite ab. »Was war das?«, wollte er wissen, als mein Bildschirm die Abbildung einer 35-Zentimeter-Blue-Jean-Birkin verschluckte. »Was schaust du dir da an?« Meine Antwort war aufrichtig: »Tut mir leid. Pornos.« Seine Neugier war geweckt, bis er begriff, dass ich Handtaschenpornographie meinte.

»Nun ja, warum nicht?«, fragte mich Lily, als unsere Kinder eines sonnigen Tags im Park miteinander spielten. »Eine Birkin ist gebaut wie ein Panzer. Eine der wenigen wirklich gut gearbeiteten Handtaschen, die es noch gibt.« Von ihrer hohen Warte in der Modewelt aus hörte sich die Idee eines Birkin-Kaufs geradezu vernünftig an.

Beim Mittagessen sprach ich mit Candace. Wir gingen die Zahlen durch und kamen kopfschüttelnd überein, dass die Birkin so viel kostete wie das Schulgeld für ein Vierteljahr Privatschule. So viel wie ein Winterurlaub in sonnigen Gefilden. So viel wie zwei oder drei Monate laufende Nebenkosten. Doppelt so viel wie ein Tisch bei der Benefizvorstellung von Tschaikowskys *Nussknacker*. »Na ja, wenn du's so formulierst ...«, meinte Candace und schob, inzwischen gedankenverloren, mit plötzlich veränderter Miene, ihren Chopped Sa-

lad langsam auf ihrem Teller herum, »dann ist es eigentlich halb so wild ... falls du sie für immer behältst, was du ja wirst. Und sie ständig verwendest. Und aufhörst, dir andere Taschen zu kaufen. Wenn man das hochrechnet ...«
Die Mutter meiner Freundin JJ, die uns die Anekdote über die Gattin des prominenten Schauspielers erzählt hatte, besaß fünf Birkins und mindestens ebenso viele Kellys, und JJ schlug vor, mich ihrer Stammverkäuferin bei Hermès vorzustellen. »Besorg sie dir einfach«, sagte sie. Auch wenn wir für unsere Arbeit nicht gut bezahlt werden, auch wenn man eine Birkin ungefähr so dringend braucht wie ein Paar paillettenbesetzter Stiefel im Regenwald, auch wenn sie von hirnverbrannter, schreiender Nutzlosigkeit ist. Steh nicht einfach herum und verzehr dich nach ihr, sagten Lily und Candace und JJ. Tu was. Insgesamt wohl die seltsamste und hemmungsloseste Aufforderung zum Handeln, der ich je gefolgt bin.

Mein Mann stöhnte nur, als ich es ihm sagte. Eigentlich sah es mir gar nicht ähnlich, um irgendetwas Teures zu bitten. Es hatte stets eine gewisse Übelkeit bei mir ausgelöst, wenn Frauen sich gebärdeten, als wären ihre Einkünfte, als wäre ihr finanzielles Wohlergehen gänzlich abgekoppelt von dem ihrer Ehemänner, als müsste nicht das Paar als Einheit für derartige Spielereien aufkommen. Mein Mann wusste, dass ich mich in dieser Hinsicht grundsätzlich verweigerte – als er mich gefragt hatte, was ich mir zur Geburt unseres älteren Sohnes als »Pressgeschenk« wünschte, hatte ich ihn gebeten, etwas Geld für meine Altersvorsorge zurückzulegen, zum blanken Entsetzen einer meiner Freundinnen, die um Diamanten gebeten hatte –, und das kam mir jetzt zugute. »Ich finde, eine Birkin Bag sollte ich schon haben«, erklärte ich. »Ich will eine haben, will sie unbedingt haben.« Schon recht, willigte mein Mann ein. Welche Farbe? Er werde sie morgen besorgen. Ich lachte – ein lautes, brüllendes, freudloses, kleinliches Gelächter, das ihn zu verstören schien. Dann seufzte ich. Das könne er nicht, erklärte ich. Ich reichte ihm eine Liste mit Kontakten, die ich aufnotiert hatte, darunter ganz oben der Name und die Handynummer von JJs Mutter. »Wer ist das?«, fragte er mit zusammengekniffenen Augen. »Deine Dealerin«, sagte ich. »Oder Hehlerin. Oder was immer. Bitte halt sie dir warm. Ich will diese Tasche wirklich.«

Mein Mann würde JJs Mutter anrufen müssen – nennen wir sie Myra –, die wiederum ihre Stammverkäuferin bei Hermès anrufen würde – nennen wir sie Deirdre –, die ihrerseits meinen Mann beraten würde, wenn er ins Geschäft käme. Zuerst aber führte die gute Myra ein vertrauliches Gespräch mit Deirdre. JJ rief mich an und berichtete vergnügt, ihre Mutter habe Deirdre erzählt, ich sei eine bekannte Autorin (»Ja, ich habe von ihr gehört«, habe Deirdre gesagt – hier kreischten JJ und ich vor Lachen bei der Vorstellung, jemand könne so höflich sein, dass er vorgab, von einem Niemand wie mir schon einmal gehört zu haben) und wäre eine sehr gute Kundin; ich hätte eine Birkin verdient und wünschte mir schwarzes Leder, 35 Zentimeter und Goldbeschläge. Obwohl Myra Letzteres für einen kapitalen Fehler hielt; ich solle Palladium nehmen, erklärte sie, das passe zu jeder Jahreszeit.

Nachdem das Gespräch geführt und der Boden bereitet war, wurde mein Mann von Myra benachrichtigt, er könne jetzt ins Geschäft gehen und Deirdre aufsuchen, was er auch tat, worauf Deirdre ihm charmant mitteilte, sie werde ihr Bestes geben, in Paris anrufen und alle Hebel in Bewegung setzen, um einen Kauf zu ermöglichen, was allerdings womöglich nicht zu meinem Geburtstag glücken werde, der ja bereits vor der Tür stehe, immerhin umgehe sie die Warteliste, die, je nachdem, wen man fragte, entweder drei Jahre lang, ein Ammenmärchen oder geschlossen war. In der Nacht, als mein Mann mir all dies mitteilte, lag ich um zwei Uhr in der Früh hellwach im Bett, aus dem Schlaf gerissen von der Erkenntnis, dass ich nicht einmal wusste, was genau diese Tasche eigentlich kosten würde. »Nun ja, meine bekomme ich aus Paris und Rom, und bei dem Wechselkurs kann ich das nicht sagen. Ich weiß nicht, was sie in New York kosten«, hatte Myra mir erklärt, als ich mich bei einem unserer Telefonate stockend und unbeholfen nach dem Preis erkundigte. »Hier habe ich immer nur meine Kellys gekauft.«

Mein Freund Jeff Nunokawa ist Professor für Englische Literatur. Sein Spezialgebiet ist der viktorianische Roman, und seine Aufsätze und Vorlesungen drehen sich oft um die sonderbare Art, in der Dickens, George Eliot und andere viktorianische Romanschriftsteller Frauen nicht nur als enthusiastische Konsumentinnen von Luxusgütern, sondern selbst als Luxusgüter darstellen. Ich fragte mich, was er wohl, veranschaulicht am Beispiel der Birkin, zum Luxuskonsum unserer Zeitgenossinnen zu sagen hätte und was zum Thema weibliche Feindseligkeit und Konkurrenz auf post-Baudelaire'schen Trottoirs. Vorab allerdings musste ich die Begrifflichkeit klären. Jeff zählt nicht zu den vielen Freunden, die ich über die gemeinsame Liebe zur Mode gewonnen habe, und anfangs glaubte er, ich redete von Birkenstocks. »Das ist bestimmt ein hübsches Handtäschchen«, sagte er beherzt, nachdem ich ihm erklärt hatte, dass es um Taschen und nicht um Sandalen gehe, um ihm sodann auseinanderzusetzen, was eine Birkin Bag war und was die Firma Hermès, und ihm anschließend einen groben Überblick über den Irrwitz des Birkin-Wahns im Manhattan der 2010er Jahre zu verschaffen. Diplomatisch fügte er hinzu: »Und ich verstehe durchaus, dass den Leuten so etwas wichtig ist.« Hier hielt er einen Augenblick inne und fasste die zahlreichen losen Fäden zusammen, bevor er in einem Ton, der professoral und spielerisch zugleich war, die Frage stellte: »Aber warum Frauen?«

Schöne Dinge zu lieben, sie zu begehren, für sie Schlange zu stehen, sich für sie auf eine Warteliste setzen zu lassen, sich den unterschiedlichsten Demütigungen auszusetzen, um sie zu erlangen, sie umso dringlicher zu wollen, je unerschwinglicher und seltener sie angeblich sind – im Allgemeinen seien wir schnell bei der Hand, das alles als weibliche Torheit und als falsches Bewusstsein abzutun, Frauen als leicht verführbar und von der Mode hereingelegt hinzustellen, fasste Nunokawa säuberlich zusammen. Aber das, so sein Gedanke, sei ein Irrtum. Natürlich sei es verrückt, natürlich verliere, wer in New York lebe, das Bewusstsein dafür, wie verrückt ein solches Unterfangen sei, bis es schließlich etwas ganz Normales zu sein scheine. In etwa so: Frauen wollen nun einmal Birkin Bags. Und dieser ganze lächerliche Prozess: sich bei einer Verkäuferin einzuschmeicheln, um an eine Tasche heranzukommen, sich in die Sache hineinzusteigern, Beziehungen spielen zu lassen, zu hoffen und zu warten (»Nennen wir's die Kuchenwarteschlange, ja?«, schlug Nunokawa fröhlich vor), ein Prozess, der so dämlich und sinnlos scheine wie nur etwas – nun, wofür? Und warum Frauen? Hier führte Nunokawa das Beispiel einer literarischen Figur aus einer anderen Ära an, Edith Whartons Lily Bart, die er »in einer Hinsicht unübertroffen lebensnah« finde – »in ihrem Verhältnis zu schönen, teuren Dingen«. In

dem Maße, wie Lilys Heiratswunsch immer dringlicher wird –
was die Erzählung vorantreibt und mit unseren eigenen Hoff-
nungen spielt –, begreifen wir, dass Lily nicht einfach nur Dinge besitzen will, vielmehr begehrt sie sie geradezu verzweifelt
deshalb, weil sie selbst genau das sein will, sein muss – ein begehrtes Objekt. So Nunokawa.

So stehe es auch mit den Frauen von Manhattan und unserer
Jagd nach Birkins, behauptete Nunokawa. »Es reduziert sich
ja nicht darauf, dass Frauen – Frauen einer bestimmten gesellschaftlichen Klasse oder Schicht, die Lily Barts unserer Zeit –
modische Artikel lieben«, erklärte er mir. »Der modische Artikel sind sie selbst.« Nach Birkins strebende Frauen seien nicht
einfach verblendet oder hohlköpfig, fuhr er fort. Sie verfolgten
ein Ziel, das über den Vorsatz, sich einer Tasche wegen gegenseitig aus der Kuchenwarteschlange zu schubsen, weit hinaus-
gehe. Indem wir einer Birkin hinterherjagten, würden wir uns
nicht einfach zu Birkin-Jägerinnen machen. »Diese Frauen erinnern die Männer, die Gesellschaft und sich selbst daran, dass
sie eine privilegierte, identitätsstiftende Beziehung zu diesen
Taschen unterhalten.« Indem wir etwas Kostbares, etwas Sel-
tenes jagten und erbeuteten, versuchten wir, unseren eigenen
Seltenheitswert zu erneuern, in unserer Gesellschaft das Bewusstsein für unsere eigene Wertigkeit wiederzubeleben. Unsere Nähe zu einem verschwenderischen Luxusgut wie einer
Birkin Bag sei selbstsüchtig, frivol – und wirkmächtig, schloss
Nunokawa.

Was immer es war, in dieser Kuchenwarteschlange würde ich
mich vordrängeln.

Letztlich spielte es sich dann so ab: Mein Mann musste ge-
schäftlich nach Asien, und Deirdre wies ihn darauf hin, dass

sich eine Birkin dort womöglich leichter ergattern lasse; sie werde ein paar Anrufe tätigen. Doch in Hongkong kam man ihm wieder mit der alten Leier von der dreijährigen Warteliste. Dasselbe in Peking (weshalb ich schon lange vor den Weltwirtschaftsweisen wusste, dass China Japan vom Platz der zweitgrößten Wirtschaftsmacht der Welt verdrängt hatte). Und dann, von der dritten Etappe seiner Reise, rief er spätnachts an, und als ich den Hörer abnahm, sagte er: »Gefallen dir die goldenen?« In einer der Hermès-Filialen in Tokio hatte er eine Verkäuferin dermaßen eingeschüchtert, dass ihm nicht nur eine, sondern gleich drei Birkins zur Auswahl vorgelegt wurden. Ich wählte die goldene mit Palladiumbeschlägen, in dem Wissen, dass Myra erfreut wäre.

Es war vollbracht. Doch in jener Nacht wälzte ich mich schlaflos im Bett herum, verrückt vor Angst, Myra könnte sich gekränkt fühlen oder ihr Ansehen bei Deirdre untergraben sehen, da ich nicht am Ball geblieben war und das Ding in New York gekauft hatte. Immer wieder hatte ich eine ebenso lebhafte wie schreckenerregende Vision vor Augen: JJ, die auf mich wütend war, weil ich falsch gehandelt und eine Situation heraufbeschworen hatte, in der sie den Kopf hinhalten müsste, sollte ihre Mutter das Gefühl haben, dass ich unausgesprochene, aber elementare Regeln der Birkin-Akquise missachtet hatte. Oder so ähnlich. Als ich am nächsten Tag erwachte, war ich völlig gerädert von all diesen Grübeleien, die den ganzen Tag über anhielten und keinen anderen Gedanken zuließen. An jenem Abend kehrte mein Mann von seiner Geschäftsreise zurück, samt Jetlag, schmutziger Wäsche und einer riesigen orangefarbenen Schachtel. »NICHT ANFASSEN«, bellte ich meinen Sohn an, als er fasziniert darauf zusteuerte. Unter den Bändern, in der Schachtel, unter dem Seidenpapier, auf ihrem

Kissen, im beigen Staubbeutel lag – die Handtasche. Der Verschluss war mit eierschalenfarbenem Filz bedeckt, damit die Beschläge nichts verkratzten oder nicht verkratzt wurden. Sorgfältig wie ein Chirurg schälte ich den Filz ab, um die glänzenden silbernen Schnallen und den Verschluss freizulegen. Und im Inneren des Fetischobjekts fanden sich weitere Fetischobjekte: das aufgeplusterte akkordeonartige Stück Plastik, das die Tasche in Form hielt. Das kleine Schloss samt Schlüsseln in ihrem Lederetui. Und der Regenschutz. Ja, die Birkin Bag wird mit einem eigenen Regenmantel ausgeliefert. Sie war leichter als gedacht. Sie war wunderschön und schlicht, mit meisterhaften Kontrastnähten. Sie war 35 Zentimeter lang, sie war ein Sonnett. Mein Mann lachte, als ich eine Taschenlampe holte, um das Tascheninnere und die Nähte zu inspizieren. Dann stürzte ich ans Telefon und bestellte Blumen und ein blumiges Dankeskärtchen für Myra. Für all ihre Hilfe und all ihre Mühe.

Man sollte meinen, ich wäre einfach nur glücklich gewesen, diesen Heiligen Gral unter den Handtaschen zu erlangen. Stattdessen übertrug ich meine Ängste, ob ich Myra, JJ und Deirdre damit gekränkt hatte, wie ich an die Tasche gelangt war, schließlich auf die Tasche selbst. Tagelang fürchtete ich, meine Tasche, wiewohl in einer Hermès-Filiale erworben, könnte eine Fälschung sein. Ich stellte Nachforschungen zur Platzierung des Täschnerstempels, zu den Nähten, zu jeder Einzelheit des Taschenaufbaus an. Was, wenn sie nicht echt war? O Herr im Himmel, sie ist echt! JJ – die überhaupt nicht wütend gewesen war und deren Mutter ebenfalls nicht wütend gewesen war, sondern nur wie jede birkinbesessene Mutter mit mir mitgefiebert hatte – blies mir am Telefon den Marsch. »Du kannst einfach nicht akzeptieren, dass die Suche vorbei ist. Du hast

Angst, dich leer zu fühlen, jetzt wo du hast, was du wolltest! Und du hast das Gefühl, sie vielleicht nur erschwindelt zu haben. Sie vielleicht gar nicht zu verdienen. Tust du aber!«

Da merkte ich, dass es, wenn man in der Upper East Side wohnen will, hilfreich ist, eine Psychoanalytikerin zur Freundin zu haben.

Ich trug meine Birkin überall mit mir herum, nur nicht, wenn es gerade regnete. Dann musste ich sie zu Hause lassen, aus Angst, ihr könnte, nun ja, etwas zustoßen. Eines Tages hatte ich, bevor ich meinen Sohn vom Kindergarten abholen musste, noch etwas Zeit und ging in ein Kleidergeschäft auf der anderen Straßenseite. Es war eine der seltenen Gelegenheiten, bei denen ich etwas für mich statt für meinen Sprössling einkaufte, bei denen ich einkaufen konnte, statt zu arbeiten oder mir Sorgen über die Arbeit zu machen, und es war ein wohliges, luxuriöses Gefühl. Die junge Verkaufsberaterin begrüßte mich und bot sich ein paar Minuten später an, mir die Kleidungsstücke, die ich ausgewählt hatte, in eine Umkleidekabine zu bringen. »Sie können Ihre Tasche ruhig auf der Bank liegen lassen. Ich werde schon auf sie aufpassen.« Sie lächelte. »Ich verspreche, dass ich sie nicht an mich nehmen werde, auch wenn ich wirklich gerne eine hätte.« Wir lachten, und als sie die Tasche weiter beäugte, hielt ich sie ihr hin und sagte, sie solle sie ausprobieren. Das tat sie denn auch und betrachtete sich aus jedem denkbaren Blickwinkel in den zahlreichen Spiegeln des Geschäfts. Es war mir peinlich und nicht wenig unangenehm, etwas zu besitzen, was auch sie gerne gehabt hätte. Um der Situation etwas von ihrer Unbehaglichkeit zu nehmen, bejahte ich ihre Frage, ob ich meine Birkin Bag liebte, und führte aus, sie sei sehr schön, ein echter Lastesel, aber letztendlich doch nur eine Tasche. Und all das Bohei, das darum gemacht werde, scheine mir doch eher heiße Luft zu sein. Sie lächelte, neigte den Kopf zur Seite und suchte meinen Blick im Spiegel. »Vor ein paar Tagen kam jemand mit einer zweifarbigen Kroko-Birkin herein«, sagte sie zuckersüß, »die war echt das Schickste, was ich je gesehen habe.« Sie hielt einen Moment lang inne und fuhr dann fort: »Wenn man so etwas gesehen hat, fällt es einem schwer, angesichts einer wie Ihrer noch in Begeisterungsstürme auszubrechen.« Sie streckte den Arm aus, um mir meine Tasche zurückzugeben.

Da kannst du aber froh sein, dachte ich bei mir, *weil du nämlich einen Haufen Kaschmirpullover verkaufen müsstest, um überhaupt eine bezahlen zu können, und sei's nur eine wie meine. Falls du's überhaupt hinkriegst, dass dir jemand bei Hermès eine verkauft. Was ich bezweifle.* Doch ich sagte nichts dergleichen. Ich spielte nur mit dem Gedanken daran, als ich all die Kleidungsstücke bezahlte, die ich mir leisten konnte und sie sich nicht, und sann darüber nach, dass es in der Upper East Side zahlreiche Methoden gibt, eine Frau vom Gehsteig zu drängen.

MANHATTAN-GEISHA

—

FELDNOTIZEN

Die Männchen vieler Spezies kämpfen, balzen, singen und werben auf jede andere Weise, um die Gelegenheit zu erhalten, sich mit verfügbaren Weibchen zu paaren. Erklärt wird dies mit dem Bateman-Prinzip, dem zufolge das Geschlecht, das die meiste Zeit und Energie investiert, um Nachwuchs in die Welt zu setzen, zu versorgen und zu beschützen, eine limitierende Ressource darstellt, um die das andere Geschlecht konkurrieren muss. In den meisten Tierpopulationen sind die Geschlechterverhältnisse in etwa ausgeglichen. Da jedoch ein gewisser Anteil an Weibchen kraft Fortpflanzung oder aufwendiger Nachwuchsbetreuung (bei Säugetieren auch wegen Schwangerschaft und Laktation) dem Pool an potenziellen Partnerinnen dauerhaft entzogen ist, bilden bei zahlreichen Spezies die Weibchen das »limitierende Geschlecht«.
Unter den höherrangigen Primaten der Upper East Side allerdings zeigen Volkszählungsdaten ein dramatisches Ungleichgewicht im Geschlechterverhältnis auf. Vor allem aufgrund der Migration aus Randgebieten (Verlassen der Geburtsgruppen) kommen hier auf jedes Männchen zwei fortpflanzungsfähige Weibchen. Diese einzigartigen ökologischen Umstän-

de haben die Beziehungen zwischen den Geschlechtern und unter den Weibchen selbst auf bemerkenswerte Weise verändert.

Die Männchen der Upper East Side, so scheint es, haben sich zu ebendem entwickelt, was in anderen Umfeldern die Weibchen sind: wählerische und kokette Beobachter all dessen, was um ihretwillen veranstaltet wird. Zugleich ist das Leben der fortpflanzungsfähigen und selbst der nicht mehr fortpflanzungsfähigen Weibchen von ausgefallenen Schmückungs- und ausgeklügelten »Verschönerungs«-Ritualen bestimmt, die nicht selten eine körperliche Verstümmelung und die Neuzusammensetzung ihrer Körper und ihrer Gesichter zu »gefälligerer« Gesamtwirkung durch verschiedene »Körper- und Gesichtsschamanen« beinhalten.

Hinzu kommen tägliche, extrem wettbewerbsorientierte, präzise choreographierte und zermürbende Härtetests in der Gruppe. Diese sollen nicht nur reinigen und den Reiz des weiblichen Körpers erhöhen, sondern auch zeitbedingte körperliche Prozesse auf magische Weise aufhalten und sogar den Tod hinauszögern. Diese Riten werden im heimischen Lebensraum der Weibchen ausgeübt, bis zum Exzess betrieben werden sie jedoch in ihrem rund hundertfünfzig Kilometer östlich gelegenen allsommerlichen Migrationsgebiet.

Mein älterer Sohn war noch nicht lange in der Vorschule, als wir ein zweites Kind bekamen, wieder einen Jungen. Und diesmal war mir bewusster denn je, dass die Standards für schwangere Frauen und junge Mütter in Manhattan – besonders in der Upper East Side – geradezu irrwitzig waren. Gewiss, eine Schwangerschaft war sowohl Uptown als auch Downtown ein einziger, neun Monate währender Marathonlauf mit hohem Einsatz. Aber dass die Frauen der Upper East Side Medaillen verdienten, stand außer Zweifel: Wie Extremsportlerinnen verausgabten sie sich während der Gestation ganz und gar. Überall um mich herum staksten Frauen im dritten Trimester auf High Heels und besuchten bis Mitternacht Dinnerpartys, die Restaurants der Stunde und Wohltätigkeitsveranstaltungen. Sie trugen fantastisch figurbetonte Designerumstandsmode und waren aufs Gewissenhafteste, auf Erstaunlichste geschniegelt und gestriegelt. Und so, wie sie sich weiter kleideten und in Gesellschaft verkehrten, beharrten sie darauf, weiter um das Reservoir im Central Park zu sprinten und in Fitnesskursen ihre Bauchmuskeln zu stählen. Offenbar ging es bei einer Schwangerschaft in der Upper East Side darum, die beste, attraktivste, schnittigste Schwangerschaft überhaupt hinzulegen, also eine Schwangerschaft, in der die Frau sich so verhielt, als wäre sie gar nicht schwanger. Die Anforderungen an das Erscheinungsbild – glamourös und hinreißend – waren unerbittlich, peinlich genau und in Stein gemeißelt.

Verglichen mit meinen schwangeren Geschlechtsgenossinnen war ich eine jämmerliche Versagerin. Ich konnte einfach nicht mithalten. Ich litt unter Blähungen und ständigem Juckreiz. Ich hatte Akne. Ich war schon vor dem Aufstehen erschöpft. An der Körperpflegefront hatte ich längst die Waffen gestreckt und war vom sozialen Skript einer Uptown-Schwangerschaft

abgewichen. Während ich beim ersten Mal noch Schwanger-
schaftsyoga, Schwangerschaftspilates und Schwangerschafts-
ich-weiß-nicht-was betrieben hatte, rührte ich diesmal keine
Zehe, außer dass ich kleinere Botengänge erledigte (Gänge?
Eher ein Watscheln!) oder meine Bürogemeinschaft aufsuchte,
wo ich zu schreiben beabsichtigte, jedoch prompt einschlief.
Ans Essen dachte ich nur selten, abgesehen von Überlegungen,
wie ich die Trinknahrung bei mir behalten konnte, die mir mein
Frauenarzt verordnet hatte, da ich aufgrund meiner schweren
Morgenübelkeit an Gewicht verlor. Meine Augen waren ständig gerötet – die Blutgefäße waren geplatzt, weil ich mich mehrmals am Tag heftig übergeben musste. Ich sähe aus wie ein
Stock, der einen Basketball verschluckt habe, bemerkte mein
Mann. Und genau das machte mich, wie ich allmählich begriff,
für die Frauen in meiner Umgebung zu einer Art Blitzablei-
ter, zu einer Projektionsfläche für ihre Einstellungen zu ihrem
eigenen Körper, ihrer eigenen Ernährung. »Du Miststück«,
meinte eine. »Das nächste Mal will ich auch so eine schlimme
Morgenübelkeit!« »Mein Gott, du siehst ja fantastisch aus!«,
schwärmte eine andere, die völlig meinen unreinen grauen Teint
übersah und sich nur für meine vogelscheuchenartigen Gliedmaßen interessierte.
Selbst mein Sohn im Vorschulalter wurde für die Frauen, mit
denen ich jetzt meine Tage verbrachte, zu einer Art Rorschach-
muster. »Wahnsinn, wie schlank er ist und was für lange Beine
er hat«, bemerkten sie in einem fort, wenn wir gemeinsam am
Rand des Spielplatzes saßen und unseren Kindern zusahen.
Etwas in ihrem Tonfall ließ vermuten, dass sie seinen Körperbau als Erfolg verbuchten, sei es als meinen oder als seinen. Nie
zuvor hatte ich erlebt, dass erwachsene Frauen einem kindlichen Körper so viel Beachtung schenkten oder so viel in ihn

hineinlasen. Ehrlich gesagt vermisste ich seine rundlichen Arme und Wangen, jene typischen Merkmale des Kleinkindes, die meinen Sohn so niedlich gemacht hatten. Aber ich hätte schwören können, dass mich einige der Mütter um mein mageres Kind beneideten.

Auch wenn ich viele ihrer Überzeugungen und kulturellen Codes seltsam fand, in vielerlei Hinsicht glich ich den Upper-East-Side-Müttern in meiner Bekanntschaft. Ihre Fixierungen und Maßstäbe, wie der dringende Wunsch nach einer Birkin, hatten bereits auf mich abgefärbt. Mein mehr oder weniger unbewusster Anpassungsprozess nennt sich Habituation, die einfachste Form des Lernens, bei der ein Tier, wenn es eine Zeitlang einem bestimmten Reiz ausgesetzt ist, aufhört, darauf zu reagieren, und sich an ihn zu gewöhnen beginnt. Extrem wachsame, scheue Präriehunde, die in der Nähe von Menschen leben, machen sich irgendwann nicht einmal mehr die Mühe, Warnrufe auszustoßen, wenn wir an ihnen vorübergehen; sie blenden uns regelrecht aus. Rotwild gewöhnt sich an unseren ranzigen Körpergeruch (in Michigan lernte ich, dass man einen Hirsch mitunter hören kann, noch bevor man ihn sichtet: ein gewaltiges Schnauben, eine Art Räuspern des Ekels über unseren abscheulichen Gestank, wenn man gegen den Wind steht) und wagt sich in unsere Nähe, um auf unseren Rasen zu äsen. Und so, umgeben von Menschen, die auf eine Art angezogen waren, die ich vor Monaten noch als verwirrend befremdlich empfunden hätte, kleidete auch ich mich jetzt ein wenig konservativer, ein wenig teurer, ein wenig sorgfältiger. Es fühlte sich an wie eine bedingungslose Kapitulation, wie die Opferung meines früheren Ichs. Aber kaum hatte ich ihm nachgegeben, diesem Prozess der Habituation, war er gar nicht so unangenehm. Auf gewisse Weise erleichterte es mir das Leben, mich wie ein Präriehund zu verhalten, dessen Aufmerksamkeit nachgelassen, oder wie ein Hirsch, der beschlossen hat, dass ein beunruhigender Geruch so beunruhigend gar nicht ist. Dieses alte Ich, meine frühere Art zu reagieren und zu sein, die junge Downtown-Mami mit dem Stufenhaarschnitt und den großen Plänen, war verschwunden. Ja, jetzt merkte ich, dass ich glattes blondes, blonderes, blondestes Haar wollte und eine Birkin und eine Barbour-Jacke und neckische smaragdgrüne Samtballerinas mit Kätzchengesichtern von Charlotte Olympia. Und ich kapitulierte. Und so kam es, dass ich eines strahlenden Herbsttages mit Einsetzen der Wehen beschloss, mich vorzuwagen und mir die Frisur auffönen zu lassen.

Erst rief ich Lily an, die gerade selbst ein Baby bekommen hatte, ein wunderhübsches kleines Mädchen namens Flora, das sich sofort beruhigte, wenn mein Mann sie auf seine Brust legte. Lily und ich überlegten, ob meine letzten Kontraktionen vielleicht ein falscher Alarm seien, falsche Wehen, wie sie vor dem großen Tag so oft auftreten und wie ich sie schon seit etwa einer Woche gehabt hatte. Eher nicht, vermutete Lily. Doch als vierfache Mutter war sie in Fragen des Zeitpunkts gelassen. »Es ist ja nicht das dritte Baby oder so. Die kriegt man immer im Hosenbein oder im Taxi, das wissen wir. Aber das hier ist erst das zweite. Vielleicht gehst du einfach spazieren und wartest ab.«

Ich spazierte schnurstracks zum Friseursalon, wo man mir die Haare wusch und föhnte. Dann dachte ich, eine Maniküre und eine Pediküre ließen sich auch noch einschieben. Als das erledigt war, erwog ich, mich um den Bereich unterhalb der Gürtellinie zu kümmern; da die Wehen inzwischen aber im Minutenabstand kamen, rief ich stattdessen meinen Mann an. »Was?! Wir müssen los!«, brüllte er. Als wir durch die Upper

East Side zum Krankenhaus brausten, intonierte der Fahrer der überdimensionierten, überteuerten Geländelimousine, die mein Mann zu diesem Zweck organisiert hatte: »Bitte, Miss, bekommen Sie das Baby bloß nicht im Auto. Warten Sie!« Minuten später, als meine Füße schon in den Schlaufen steckten, entschuldigte ich mich bei meinem Geburtshelfer für meinen ungepflegten Zustand weiter unten. Als sich der Kopf meines Sohnes zeigte, berichtete er, viele seiner Patientinnen ließen sich unmittelbar vor der Entbindung die Intimzone waxen, was ihm unbegreiflich sei. Er erwähnte, die Nachfrage nach Wunschkaiserschnitten, damit »da unten nicht alles ausleiert«, habe schwindelerregende Ausmaße angenommen. Zahlreiche Patientinnen hätten ihren Schönheitschirurgen in Wartestellung, um sich gleich im Anschluss an die Entbindung die Bauchdecke straffen zu lassen. Total bescheuert, dachte ich beim letzten Pressen. Doch noch als sie mir meinen Neugeborenen auf die Brust legten – er war so blond und so groß! Er war so schön! –, wünschte ich mir, ihn zwischen haarlosen Schenkeln hervorgepresst zu haben. Und obwohl ich ihn beinahe in einem Cadillac Escalade zur Welt gebracht hätte, muss ich zu meiner Schande gestehen, dass ich beim Anblick der Fotos, auf denen ich meinen Sohn gleich nach der Geburt im Arm halte, über meine Föhnfrisur richtig froh bin.

Fast ausnahmslos alle wohlhabenden Mütter der westlichen Welt setzen sich gleich nach der Niederkunft körperlichen und emotionalen Zwängen aus, um ihren »Pre-Baby Body« wiederzuerlangen. Diese weit verbreitete optimistische Wendung ist zugleich unredlich und grausam, da sie vorspiegelt, eine solche Fantasie sei technisch möglich. Eine Primapara oder eine Multipara (die ein oder mehrere Kinder geboren hat) ist schließlich keine Nullipara (die keins geboren hat). Ihren »Pre-Baby Body« können Sie niemals wiedererlangen, weil Sie nie wieder die Person werden können, die kein Baby bekommen hat. Weil Sie ein Baby bekommen haben. Der Zwang, sich so zu gerieren, als habe die Schwangerschaft Sie nicht im mindesten beeinträchtigt, hat zur Folge, dass Sie hinterher so tun, als hätte es das alles nie gegeben – die unschöne Überdehnung des Unterleibs, der Scheide, der Brüste, der Rippen, die alle aufs Äußerste strapaziert wurden, sodass Sie gar nicht daran denken wollen. Schlaffe Brüste, speckiger Bauch? Wir doch nicht! Und als ob das nicht schon unrealistisch genug wäre, erwartet man von uns, erwarten wir von uns selbst, dass wir binnen kürzester Frist zur »Normalität« zurückkehren.

Nach jeder meiner beiden Geburten dachte ich sehnsüchtig an die chinesische Sitte, der zufolge die Frau nach der Niederkunft einen ganzen Monat lang im Bett bleiben darf und mehrere Monate danach nicht zum Arbeiten aufs Feld oder in die Fabrik muss. Sie wird von den Frauen ihrer Verwandtschaft umhegt und darf sich keinesfalls verausgaben, damit sie sich ganz aufs Stillen und auf die Erholung konzentrieren kann. Hierzulande dagegen können uns die Krankenhäuser schon vierundzwanzig bis achtundvierzig Stunden nach der Entbindung entlassen (die Generation meiner Mutter durfte noch eine Woche bleiben). Eltern der nichtindustrialisierten, nichtwestlichen Welt muss dieser Brauch von Grund auf barbarisch vorkommen.

Ganz unserem sozialen Regelwerk entsprechend war ich mit dem neuen Baby im Nu wieder daheim. Anders als manche meiner Artgenossinnen, die für Muttermilchersatz optiert hatten, um, wie sie mir sagten, Hängebrüste und malträtierte Brustwarzen zu vermeiden, entschied ich mich wie schon bei meinem ersten Sohn fürs Stillen und fand mit unserem Neugeborenen schnell in die alte Routine zurück. Ich hatte Glück, dass mir, und auch meinen Söhnen, das Stillen so leichtfiel. Ich wusste, dass Stillen für das Baby dauerhafte Vorteile hat, doch wie die meisten Mütter in Manhattan wollte ich vor allem deshalb stillen, weil ich gehört hatte, dass man dadurch schneller seinen »Pre-Baby Body« wiedererlange. Man verbrenne an die sechs- oder siebenhundert Kalorien am Tag, erzählten mir meine Freundinnen. Gegen Ende der Schwangerschaft hatte meine Morgenübelkeit etwas nachgelassen, und es war mir gelungen, die empfohlene Anzahl Kilos zuzulegen. Und so blieb ich jetzt nicht nur meinem Sohn, sondern auch meiner schlanken Linie zuliebe beim Stillen. Und als das Baby ungefähr fünf Monate alt war, beschloss ich, dass es an der Zeit sei, wieder mit Sport anzufangen.

Denn trotz des weisen Ratschlags meines Geburtshelfers, dass Entbindung und Erholung »neun Monate hoch und neun Monate runter« dauerten, hatte ich wie andere Frauen in meiner Lage das Gefühl, mir keine neun Monate leisten zu können. Ich hatte es eilig, wartete ungeduldig darauf, wieder mein altes, straffes Ich zu sein, und war unvernünftig besorgt und beunruhigt, dass es nie mehr dazu kommen werde. Diese Angst erfasst Mütter im ganzen Land in verschiedenen Ausformungen – sie ist unsere kollektive Panik, für die Frauenzeitschriften wie *Fit Pregnancy* und *New Mommy Workout* sowie strikte Rückbildungsgymnastik-DVDs und Onlinekurse der beste Beweis sind. Doch hier in der Upper East Side sind die Ängste und Zwänge noch größer. Während Frauen in Nebraska und Michigan bei jeder sich bietenden Gelegenheit auf den Hometrainer im Hobbykeller springen, auf Dunkin' Donuts verzichten und sich mit den letzten fünf Kilo Zeit lassen, sich vielleicht sogar damit abfinden, dass das ein oder andere Kilo für immer bleiben wird, galten bei meinem Stamm von Müttern ganz andere Regeln. So wie wir uns durch die schönste Schwangerschaft auszeichnen mussten, so mussten wir auch die hinreißendsten Mütter von Neugeborenen, Säuglingen, Krabbel- und Kleinkindern sein, die es geben konnte.

Und da dies die Upper East Side war, stand nach meiner Entscheidung zu trainieren erst einmal Shoppen auf der Tagesordnung. Marke der Wahl war Lululemon. Diese hatte Athleta längst verdrängt und war unverzichtbarer und allgegenwärtiger Uniformbestandteil der Upper-East-Side-Mamis, als ich in den Ring stieg. Lululemon, hauteng, aber dicker als normales Elastan, schockierend bequem, mit raffinierten Details (kecke Muster allerorten) und klugen Zugeständnissen an den Alltag, die Bedürfnisse und die Wünsche von Frauen (beispielsweise Taschen an Stellen, wo sie sich nicht vorwölbten), Lululemon also war unvermeidlicher Bestandteil des Lebens in meinem Viertel. Die Botschaft lautete: »Ich habe Zeit für Sport, und das ist der Lohn.« Der Reiz von Lululemon, begriff ich, als ich das erste Mal Leggings samt anliegendem Jäckchen anprobierte, bestand darin, dass diese Kleidungsstücke nicht nur gnadenlos eng und körperbetont, dass sie nicht einfach nur Kleidungsstücke waren – vielmehr dienten sie als eine Art Corsage oder Exoskelett, glichen Dellen aus, hoben alles an und drückten alles nach innen, während sie zugleich alles zu entblößen schienen. Ein oder zwei Jahre nachdem Lululemon auf den Markt gekommen war, trugen die Frauen ihre Luluhosen mit längeren Lulutops oder Lulujacken, um ihr Gesäß oder den Lendenbereich zu kaschieren. Oder sie knoteten sich langärmelige Lulublusen um die Taille. Und dann kam der Moment, da die Frauen kollektiv erklärten: »Ich habe einen Schritt. Und einen

Hintern. Finde dich damit ab.« Die Habituation hatte sich rasch vollzogen. Was anfangs unerhört exhibitionistisch gewirkt hatte – Entblößung der ventralen und dorsalen Seite eines weiblichen *Homo sapiens* zwischen Hüfte und Schambein –, war bald kein Thema mehr. Was blieb den Männern auch anderes übrig, als dem Bombardement mit lululemonbekleideten Intimbereichen gegenüber unempfindlich zu werden, nachdem sie ihm fast ununterbrochen und unentrinnbar ausgesetzt gewesen waren?

Und so kam es, dass auch ich Besitzerin von ganzen Bergen Lululemon wurde. Ich kaufte mir hautenge Lulujacken und hautenge Luluhosen. Ich kaufte mir hautenge Oberteile mit Flügelärmeln und tiefem Ausschnitt und hautenge Tanktops in Neonfarben. Ich kaufte mir komfortable Lululemon-BHs, eigens dafür entworfen, unter die Oberteile und Tanktops zu passen. Es gab sogar spezielle Lululemontangas und Unterwäsche aus Mikrofaser, die »unsichtbar« sein sollten – mit Rändern, die sich ins Nichts auflösten, um Slipkonturen zu vermeiden. Bei Lululemon gab es sogar einen Größenberater, der wie ein richtiger Schneider die Kundin vor einem dreiteiligen Spiegel auf eine Kiste stellte und mit ernster Miene darüber aufklärte, welche Schuhe sie tragen, wie lang die Hose und wie breit der Saum sein solle, als handele es sich um richtige Hosen und man selbst sei Geschäftsmann bei Brooks Brothers. Nun ja, ein Geschäft war es tatsächlich, dieses »Workout«, und ein ernstes obendrein, wie ich bald herausfinden sollte.

So gründlich ausgestattet, machte ich mich daran, die Fitnessangebote zu sichten, und merkte schon bald, dass sich seit der Geburt meiner beiden Kinder eine Zeitenwende nicht nur in Sachen Trainingskleidung, sondern auch in Sachen Trainingspraktiken ereignet hatte. Während ich ahnungslos Pilates und

Yoga betrieben und in freien Minuten meine Runden im Park gedreht hatte, hatten sich die Mitglieder des von mir untersuchten Stammes in Unterstämme aufgesplittert, die sich jeweils einem von zwei ungemein beliebten Kulten verschworen hatten: Ballettübungen an der Stange namens Physique 57 oder ein Spin-Kurs namens SoulCycle. *Wie albern!*, dachte ich, als mir meine Freundin Amy ein YouTube-Video von Frauen bei SoulCycle schickte, wo sie auf festgeschraubten Fahrrädern saßen und ihre Unterhälften mit Lichtgeschwindigkeit im Kreis herumpeitschten, während ihre Oberhälften verschiedene Yoga-Positionen einnahmen. Ich malte mir aus, wie ratlos zukünftige Archäologen angesichts eines solchen Fundstücks sein würden (»Sie bewegen sich, doch sie kommen nicht voran!«). *Verschont mich*, seufzte ich innerlich, als eine andere Freundin mir in einem Café ihren Ballettstangenkurs bei Physique 57 schilderte und allen Ernstes äußerte, dieser habe ihr in nur sechs 57-Minuten-Einheiten einen völlig neuen Körper beschert. Sie klang wie eine Dauerwerbesendung. Dann lupfte sie ihr Oberteil und zeigte mir ihre Bauchmuskeln. Fast hätte ich meinen grünen Tee ausgespien. Ein Waschbrett. In weniger als sechs Stunden. Plötzlich war ich Feuer und Flamme.

Auf der Firmenwebseite erfuhr ich alles über hochmoderne Studios in Toplagen, aufgemotzt mit Spiegelwänden und speziellen Requisiten – Ballettstangen in unterschiedlicher Höhe, Bälle zum Drücken und Tonen, Therabänder zum Dehnen und Stärken der Bauchmuskulatur, Matten und Kissen, Auslegeware, die bei der Bodenarbeit die Gelenke schonte. Ich las die »Geschichte« von Physique 57: gegründet von zwei ehemaligen Jüngerinnen der Lotte-Berk-Methode, eines unglaublich populären ballettähnlichen Workouts, nachdem Guru Lydia Bach, Leiterin des Studios in den Hamptons, das Handtuch geworfen hatte. Ich betrachtete die auf Video aufgezeichneten Zeugnisse derer, die im Physique-57-Tempel ihren Götzen huldigten – Frauen, die das gesamte Spektrum von »völlig aus dem Leim gegangen« bis »knackig« und »fit« durchlaufen hatten. Manchen kamen die Tränen, als sie ihre Verwandlung schilderten. Mir wurde versprochen, dass ich schon nach acht Einheiten Veränderungen an meinem Körper wahrnehmen würde; jede dieser Einheiten dauere weniger als eine Stunde, was einer Zeitersparnis von 180 Sekunden pro Besuch gleichkomme.

In meiner Lululemonausrüstung betrat ich eines Frühlingsmorgens ein Studio unweit unserer Wohnung. Die Räumlichkeiten waren luftig und sauber, mit hohen Decken und weißen Wänden, teils mit Parkett, teils mit blauem Teppichboden. Die hübsche junge Frau am Empfang, bei der ich mich anmeldete, stellte fest, dass es meine erste Stunde war, und ließ mich einen Verzicht auf Schadenersatz unterschreiben. Dann zwitscherte sie: »Haben Sie Ihre Socken dabei?« Wie bitte? Ich erfuhr, dass sie Anti-Rutsch-Socken meinte, schwarze oder graue knöchelhohe Modelle, in die hinten ein kleines »57« eingestickt war und deren Sohlen mit kleinen hellblauen Gummipunkten übersät waren, damit man auf der Auslegware nicht ausrutsche. Umgehend erwarb ich ein Paar und musste beim Anziehen an die Sektenmitglieder denken, die in den 1990ern Massenselbstmord begangen und dabei identische Nike-Turnschuhe getragen hatten. »Eine Flasche Wasser werden Sie vermutlich auch wollen«, erkannte die Empfangsdame hilfsbereit, reichte sie mir und meinte, sie werde sie auf die Rechnung setzen. Man durfte anschreiben wie in einem Privatklub.

Zu meiner Erleichterung entdeckte ich meine Freundin Monica, eine superfitte, superehrgeizige Hedgefondsmanagerin und dreifache Mutter, die sich gerade vor einem Spiegel dehnte. »Wusste gar nicht, dass du auch Physique machst!«, jubelte sie, als wir einander mit Küsschen begrüßten. »Gib her.« Sie deponierte meine Wasserflasche in der etwa einen Meter breiten »Zone« an der Ballettstange vor der Spiegelwand. Dann holte sie mir ein Paar Zwei-Kilo-Hanteln und legte sie neben ihre auf den Teppichboden. »Bevor die anderen kommen, musst du deinen Claim abstecken«, erklärte sie. Toll, ich hatte eine Führerin. Während wir plauderten, füllte sich der Raum um uns her. Die Frauen standen dicht an dicht, dehnten sich und starrten mit seltsamer Ernsthaftigkeit und Schweigsamkeit in den Spiegel vor ihnen. Sie trugen ausnahmslos lange oder halblange schwarze Lululemonhosen, Lululemon-Ringertrikots und schwarze Physique-57-Anti-Rutsch-Socken. Die meisten sahen unglaublich fit aus, mit wohldefinierten Trizeps, flachen Bäuchen und knackigen Hintern, die der Schwerkraft zu trotzen schienen. Männer gab es hier keine, mit Ausnahme einer hochgewachsenen dunklen Erscheinung, muskelbepackt, geschmeidig und mit Headset bewaffnet. »Guten Morgen, Ladys!«, schnurrte er. »Dann mal rauf mit dem Puls!« Seine Stimme schmetterte aus strategisch in den Ecken verteilten Lautsprechern, und augenblicklich nahmen wir Haltung an.

Ein Beyoncé-Track pumpte los, und los ging's, einen Schritt hoch, hoch, linkes Knie zum rechten Arm, dreh, dreh. So begann ein Workout, das so streng, so schwierig, so umfassend und so schmerzhaft war, dass ich mehrere Male befürchtete, mich übergeben zu müssen. Mit den Hanteln trainierten wir jeden denkbaren Armmuskel, während wir gleichzeitig Kniebeugen machten, aufsprangen und die Beine durchbogen. Wir vollführten einen Liegestütz nach dem anderen. »Wenn ihr den Punkt der totalen Erschöpfung erreicht, möchte ich, dass ihr ihn überwindet«, predigte der Trainer, als wäre dies hier unsere höchsteigene Bürgerrechtsbewegung. Und das war erst die zehnminütige Aufwärmphase. Jetzt legten wir unsere Gewichte zurück in die Drahtkörbchen auf den Regalen in der Studioecke. Ich staunte über die Aggression, mit der die Frauen, meist in ihren Dreißigern oder Vierzigern, sie von sich warfen, und über das Tempo, mit dem sie zu ihren Abschnitten an der Ballettstange flitzten. Irgendwie schien jede von ihnen zu wissen, welche der identischen Wasserflaschen und welches der identischen weißen Handtücher ihr gehörte. Wie nur? »Hierher«, flüsterte Monica, und ich quetschte mich neben sie.

Zu meiner Bestürzung verlangte der Trainer, wir sollten eine »kleine aufrechte V-Position an der Stange einnehmen und mit einem einfachen Impuls beginnen«. Ich schaute es meiner Freundin ab und glaubte, es begriffen zu haben – wir machten Mini-Pliés, wie im Ballett. Kein Problem – das hatte ich meine ganze Kindheit hindurch praktiziert. Doch nach hundert Pliés glaubte ich, meine Beine würden abfallen. Und das war nur der Anfang. Wir hoben erst das eine, dann das andere Bein vom Boden, in einer genauen Abfolge, die jeden einzelnen Beinmuskel trainierte, bis zur totalen Erschöpfung und zu unbeschreiblichem, brennendem Schmerz. Ich sah mich nach den anderen Frauen um, versuchte, einen Blick zu erhaschen, wie man es in solch verzweifelten, letztlich jedoch komischen Augenblicken tut, wenn andere normalerweise die Brauen heben oder lächeln, um mitzuteilen: »Du bist nicht allein.«

Nichts. Kein Lächeln im Raum. Kein Wort. Die Frauen wandten den Blick ab, zogen sich in ihre eigene separate, atomisierte Privatzone der Leistung und der Folter zurück. Ja, waren wir denn hier in der U-Bahn? Noch nie hatte ich ein so mörderisches Training in einem Raum absolviert, der so bar jeder humorvollen, freundlichen Kameraderie war. Oder so totenstill.

Es gab kein Upps, kein Ächzen, kein »O Gott!«, keine Ausrufe irgendwelcher Art. Es war ungefähr so wie auf den Gängen im Kindergarten meines Sohnes – niemand konnte es einem verübeln, wenn man die eigene Existenz anzweifelte, so stark waren die feindselige Distanz und das Entfremdungsgefühl, die in dem überfüllten Raum herrschten. Gelegentlich gab der Trainer, um das Eis zu brechen, eine lustige Bemerkung über eine von uns von sich, sagte etwas Aufmunterndes oder griff korrigierend ein. Offenbar kommunizierte er stellvertretend für uns alle und war die einzige Persönlichkeit im Raum. Während ich wiederholt pausieren musste, machte meine Freundin ungebremst weiter, verpasste keinen Einsatz, kein Plié, keine Kniebeuge. Es war das Workout einer Streberin. Als ich sie aus den Augenwinkeln beobachtete, begriff ich, dass sie sich voll und ganz konzentrierte, wie bei ihren Geschäftsabschlüssen oder wenn es darum ging, ihre Kinder in eine gute Schule zu hieven. Sie glich einer Maschine, sorgfältig, präzise und ausdauernd. Währenddessen absolvierten alle um uns her in identischen Uniformen identische Bewegungen in perfekt aufeinander abgestimmtem identischem Einklang. Arme hoch. Arme runter. Boxen. Ziehen. Dann kamen befremdlichere Kommandos, in einer Sprache, die alle ringsumher verstanden.

»Schwebt! Ihr tragt Kitten Heels«, bellte der Trainer. Dann: »Schlüpft in eure höchsten Stilettos!« und »Zieht einen Bleistiftrock an und setzt euch auf den Drehstuhl an eurem Schreibtisch!«, was heißen sollte, Knie beugen, kreiseln und die Stange in einem bestimmten Winkel vor sich haben. Danach kam »Wasserski«, ein Befehl, der offenbar besagte: »Stellt euch dicht vor die Stange, stützt euch mit eurem ganzen Gewicht auf eure erschöpften, schmerzenden Arme und schleudert euer Becken zur Decke hinauf.« Das taten wir wieder und wieder, bis

unsere Beine schlotterten und wir vergaßen, dass es keine an-
züglichere oder quälendere Bewegung geben konnte. Jetzt, wo
die Übungen für Schenkel und Po zu Ende waren – das waren
sie doch, oder? Gott sei Dank, denn mein Arsch hatte noch nie
so gebrannt –, kam das Unterleibstraining an die Reihe. Vagi-
nalpräsentation wäre eine treffendere Bezeichnung gewesen.
Wir saßen mit dem Rücken zur Wand, wuchteten die Beine
über unsere Köpfe, drückten die Hände gegen die Stange über
uns und zogen unsere in Rautenform verharrenden Beine immer wieder zur Stange empor. Ein Segen, dass keine Männer
im Kurs waren, dachte ich, als ich versuchte, nicht die Dutzen-
den Vulven anzustarren, die rundherum gegen das Lululemon-
elastan spannten. Ich nahm an, jede andere hier müsse das
ebenso befremdlich finden wie ich, doch wieder gab es kein
Lächeln, keinen Blickkontakt, keine Interaktion jedweder Art.
Wir trainierten jeden denkbaren Muskel unseres Unterleibs,
klappten zur Seite, zogen uns himmelwärts und traten Luft, bis
unser Knie den gegenüberliegenden Ellbogen berührte und ich
vor Schmerz heulen wollte.

Danach lagen wir keuchend rücklings auf unserer Matte und
schleuderten unser Becken im Rhythmus zu Marvin Gayes
»Let's Get It On« in die Höhe. Ich war der Ohnmacht nahe –
aufgrund der körperlichen Qual und der unbeschreiblichen
Seltsamkeit dieser völlig entfremdeten Gruppensexerfahrung.
Als es vorüber war, ächzte ich meiner Freundin einen Ab-
schiedsgruß zu und humpelte nach Hause. Ich nahm ein hei-
ßes Bad mit Heilsalzen, stillte das Baby und schlief mit ihm
im Bett ein. Drei Tage lang konnte ich keine Treppen steigen,
ja nicht einmal geradeaus gehen, ohne beträchtliche Schmerzen zu verspüren. Doch kaum hatte ich mich erholt, nahm ich
am nächsten Training teil. Ich fühlte mich getrieben von dem

Zwang, die Bewegungen zu meistern, siebenundfünfzig Minuten lang dem perfekten Körper hinterherzuhecheln, an nichts anderes zu denken, die Welt dort draußen völlig auszublenden. Ich hatte angebissen. Ich würde mitmachen.

Eine Weile lang ging ich jeden zweiten Tag. Dann jeden Tag. Mir fiel auf, dass es Frauen gab, die einander fragten: »Bleibst du noch zum nächsten Kurs?« Einige machten tatsächlich zweimal am Tag mit. Mir kam der Gedanke, dass das zermürbende Streben nach dem perfekten Körper ein Selbstpeinigungsritual war. Jede Trainingseinheit war eine kleine Initiationszeremonie, eine verkürzte Alltagsvariante des Sonnentanzes, den Apachenmädchen einmal im Leben absolvieren, um den Übergang zum Frausein zu markieren. Vier Tage lang tanzt das menstruierende Mädchen ununterbrochen zu einer spezifischen, akribisch vorgeschriebenen Choreographie. Sie trägt besondere Gewänder und Farbpigmente, die die Heiligkeit und die Besonderheit dieses einmaligen Moments unterstreichen. Damit demonstriert sie ihre Verbundenheit mir ihrem Volk, ihrem Stamm und ihrem Geschlecht. Am Ende ist sie erschöpft – und aufgenommen. Nach dem Tanz ist sie eine völlig andere, bestätigt in ihrer Weiblichkeit, eine Frau der Apachen. Und die Frauen von Physique? Mit jeder qualvollen Trainingseinheit bewiesen sie, dass sie die Kraft, die Zeit, die Ressourcen und die Energie hatten, sich ganz ihrer Transformation zu widmen.

Und tatsächlich waren sie unverkennbar ein eigener Stamm. Die meisten hatten einen sichtlich durchgestählten Körper, eine (für Eingeweihte) nicht zu übersehende tänzergleiche Körperhaltung, einen präzise abgezirkelten Gang und ein physisches Aussehen, das mich an die Balletttänzerinnen erinnerte, die ich früher gekannt hatte. Tatsächlich fand ich mich bei meinen Workouts im Physique 57 – typisch Manhattan – häufig neben Ballerinas des American Ballet Theatre und des New York City Ballet oder neben Rockettes wieder. Sie waren hochgewachsen und von unfassbarer Biegsamkeit, und manchmal begann ich mich unbewusst an ihnen zu messen – wollte genauso hoch treten, genauso hoch greifen, ein genauso schönes En dehors hinbekommen. An der Stange hing die Messlatte gnadenlos hoch. Wir erwarteten von uns Profileistungen, da uns unser physisches Ich ebenso wie unsere Mutterschaft zur Profession geworden war. Es war mehr als Identität, es war Berufung und Beruf, etwas, worin man sich selbst übertreffen konnte.

Die Wandlung meines Körpers vollzog sich in der Tat recht rasch – und sie war bemerkenswert. Gewiss, wenn ich husten musste, machte ich mir noch immer in die Hose. Aber äußerlich hatte ich mich verändert, nach Manhattaner Maßstäben »verbessert«. Meine Arme waren sehnig und definiert. Als ich beim Mittagessen mit einem schwulen Freund eine ärmellose Bluse trug, sagte er: »Ganz schöne Muckis!« Mein Bauch war nicht nur flacher, er war eine gestraffte Fläche, auf der die Muskeln spielten. Zum ersten Mal in meinem Leben schämte ich mich nicht meiner Oberschenkel. Und mein Hintern war, wenn ich mich selbst loben darf, von nie dagewesener Knackigkeit.

Mein Mann war überrascht und erfreut. Ich war immer schon relativ schlank gewesen und mit einem guten Stoffwechsel gesegnet, weshalb ich mir nie große Sorgen um meine Figur gemacht hatte. Jetzt aber hatte ich tags mehr Energie und nachts besseren Schlaf. Infolgedessen war ich deutlich besserer Laune und angenehmer im Umgang als während meiner postnatalen Verwirrung. Und all das ließ mich zur Missionarin werden. Ich versuchte, so viele Freundinnen wie möglich zu bekehren, was mir angesichts der segensreichen Wirkungen, die ich vorweisen konnte, nicht schwerfiel. Mit ein paar glücklich lächelnden

Freundinnen im Studio, die all die feindselige Selbstbezogenheit wettmachten, war das regelmäßige Training für fünfunddreißig Dollar pro Sitzung erst so richtig perfekt.

Wir beschlossen, den Sommer über ein Haus außerhalb der Stadt zu mieten, in den Hamptons. Dort würde ich den ganzen Sommer mit den Kindern verbringen und schreiben, dank einer Babysitterin, die täglich kommen und mir zur Hand gehen würde. Mein Mann würde die Wochenenden mit uns verbringen und unter der Woche in der Stadt arbeiten. Die Hamptons sind ein Strandgebiet am östlichsten Zipfel von Long Island, zugleich aber ein mythischer Ort und für viele ein Traum. Obwohl das ganze Jahr über jede Menge ganz gewöhnlicher Leute dort lebt oder zu Besuch weilt, herrscht im East End ein solcher Superreichtum, dass die Vermögensmaßstäbe völlig verzerrt sind. Strandanwesen für zwanzig Millionen Dollar (aufwärts) mit Privatkino, fünftausend Flaschen fassendem Weinkeller, Hubschrauberlandeplatz, Garagen für sechs Fahrzeuge, privatem Pilates-Studio, ja privater Synagoge sind keine Seltenheit. Die Eltern nicht weniger der Kindergartenfreunde meines älteren Sohnes besaßen ein solches Wochenend- oder Sommerhaus. Im Vergleich dazu war unser gemietetes Haus in den Hamptons bescheiden: Minimalausstattung mit drei Schlafzimmern, Swimmingpool und schattigem Garten in einer Vorort-Enklave mit viel Grün und Gemeinschaftsstrand. Ich war rundherum glücklich an jenem ersten Tag, als mein älterer Sohn die stillen Straßen entlangradelte, während ich ihm mit dem Buggy folgte, aus dem der Kleine immer wieder den Kopf herausstreckte, den Mund staunend geöffnet. Zum ersten Mal hörte er Vögel singen. Ein herrlicher Sommer lag vor uns, und zu der Idylle trug für mich auch das Wissen bei, dass es in unmittelbarer Nähe ein Physique-57-Studio gab. Jeden zweiten Tag zum Training zu fahren, statt zu Fuß zu gehen, wäre ein hübscher Ausflug, dachte ich.

Am nächsten Morgen fuhr ich zum Training – und einem unerwarteten Schock entgegen. Ich war gut eine Viertelstunde zu früh dran, doch auf dem Parkplatz ging bereits nichts mehr. Als ich suchend auf der gekiesten Anhöhe vor dem Studio herumkurvte, bog eine Frau in einem schwarzen Maserati um die Ecke, scherte auf meine Straßenhälfte aus und hätte mich um ein Haar geschrammt. Wir traten beide voll auf die Bremse, dann zeigte sie mir den Stinkefinger, ließ ihren Motor aufheulen und brauste an mir vorbei. Eine Blondine in einem schwarzen Range Rover hinter mir nahm Anstoß an meiner halben Schrecksekunde, drückte auf die Hupe und brüllte: »Komm schon. Mach endlich hin!« Eine Frau mit strahlend violettem Tanktop in einem rotem Porsche 911 Cabrio hob entnervt die Hände und fuchtelte damit vor ihrem wutverzerrten Gesicht herum, während ich einparkte – was hatte die schon wieder zu meckern?

Verunsichert eilte ich ins Studio, wo ich ein freies Plätzchen auf dem Boden fand und schnell umringt war – von der Frau im schwarzen Maserati, der Frau im schwarzen Range Rover und der Frau im roten Porsche. Wie in aller Welt, fragte ich mich, konnten sie sich Leuten gegenüber, von denen sie wussten, dass sie aller Wahrscheinlichkeit nach eine Stunde lang direkt neben ihnen trainieren würden, so feindselig verhalten? Vielleicht, so lautete meine Hypothese, lag es daran, dass sie nach ihrer Ankunft so selbstversunken, so darauf konzentriert waren, den eigenen Körper zu perfektionieren, dass andere buchstäblich nicht existierten. Während wir keuchend und schnaufend vorgaben, ganz allein hier zu sein, fiel mir auf,

.

dass ich auch von übermäßig vergrößerten Brüsten umringt war. Und von übermäßig geformten Wangenknochen. Und von übermäßig gerundeten, straff unterspritzten Gesichtern. Die Hamptons, so schien es, waren Einschlagsort einer hyperehrgeizigen, hyperkompetitiven Kultur der Körperpräsentation und der alterungsresistenten Gesichter. Während die Frauen der Upper East Side durchtrainiert aussehen wollten, wollten diejenigen, die in die Hamptons strömten, auch dann noch durchtrainiert aussehen, wenn sie Bikini trugen und von Models Mitte zwanzig und Fitnesstrainerinnen umgeben waren, die jeden Sommer zum Feiern und auf der Suche nach einem reichen Freund herkamen. Jetzt hing die Messlatte so hoch, dass sie für mich schon außer Blickweite war, von Reichweite ganz zu schweigen. Doch meine Altersgenossinnen warfen nicht so schnell das Handtuch. Altern war, wie ein verkehrter Geburtstag, ein unglücklicher Umstand, war Pech – aber etwas, was sich mit Anstrengung, Beharrlichkeit und Hingabe überwinden ließ.

Da war noch etwas am Außenposten von Physique 57 in den Hamptons, was meine Neugier reizte: Er teilte sich das Gebäude mit SoulCycle. Beide Firmen hatten ihr Studio in einer umgebauten Scheune in der Butter Lane in Bridgehampton. Jetzt, wo ich mit ihnen um Parkplätze kämpfte, begann ich, mir den anderen Unterstamm etwas genauer anzusehen. Soweit ich erkennen konnte, standen sie uns, was Intensität, Einsatzfreude und starke Identifikation mit dem Clan betraf, in nichts nach. Und natürlich trugen wir alle die gleichen engen Trainingshosen, zuweilen mit Gittermuster auf der Rückseite, um die Aufmerksamkeit auf unser Gesäß zu lenken – was mich an die leuchtend roten Brunstsignale nichtmenschlicher weiblicher Primaten erinnerte. »Schau mich an! Ich bin brünstig!«, schienen unsere in Elastan gehüllten, farblich hervorgehobenen Hinterteile zu rufen. Aber hier endeten die Ähnlichkeiten auch schon. Zunächst einmal waren die SoulCycler, falls das überhaupt möglich war, noch exklusiver, weil untereinander kumpelhafter. Aber eben nur untereinander. Das musste ich auf die harte Tour lernen, als ich eine Gruppe SoulCycle-Mamis grüßte, die ich aus Manhattan zu kennen glaubte – und rundheraus ignoriert wurde.

Ihre Stammesloyalität erstreckte sich auf ihre Uniform, die sie zusammenschweißte und zugleich von uns abgrenzte. Waren wir Möchtegern-Ballerinen, so waren sie Möchtegern-Bikerbräute, reiche Mamis, die sich, so unwahrscheinlich und erstaunlich es war, wie Gangster kleideten. Als ich zum ersten Mal eine Frau sah, die sich im Stil der Ganglands von L. A. ein zusammengefaltetes rotes Halstuch um den Kopf geknotet hatte und dazu eine enge Trainingshose mit »POSSE«-Beinaufdruck trug, wollte ich auf sie zugehen und ihr zuflüstern: »Ich habe Sie letzten Monat auf der Bat-Mizwa von Margie Levines Tochter im Temple Emanu-El gesehen. Sie sind so ziemlich das Gegenteil einer Blood oder Crip!«

Doch nicht nur durch Kleidung und Verhalten hoben sich die SoulCycler von uns ab, vielmehr auch durch das, was sie taten. In einem Studio oder in Studios ihrer Wahl mieteten sie sich eigene Fahrräder, die in der vordersten Reihe bis zu 8000 Dollar im Jahr kosten konnten. Während des Trainings brüllten, stöhnten und schrien sie hemmungslos zu ohrenbetäubender, stampfender Musik. Sie schwitzten. Sie fluchten. Soweit ich weiß, furzten sie sogar. Sie ließen sich gehen, nahmen Fühlung mit ihrer fabelhaften, ekstatischen inneren Gangster-Standradlerin auf. Eine Frau, die beide Kurse besuchte, erklärte mir, dass SoulCycle ein schweißtreibender Mischmasch aus Nachtklub und Hot Yoga sei (sie knipsten das Licht dabei aus und radelten im Kerzenschein). Dagegen sei Physique 57 ein verklemmtes Mädchenpensionat.

Der Eindruck, dass sie wilder, lustiger und cooler waren als wir, sie die Birkin, wir die Kelly, bestätigt sich anhand einer der meisterzählten Geschichten über SoulCycle. Der Legende nach entdeckte eine Mutter aus dem exklusiven Kindergarten meines Sohnes, die mit einem milliardenschweren Finanzier und notorischen Weiberhelden verheiratet war, bei SoulCycle ihr wahres Ich. Unglücklich in ihrer Ehe, stieg sie aufs Rad, verliebte sich in ihre Trainerin und verließ ihren Mann. Seitdem lebt sie mit ihrer Seelenverwandten zusammen und radelt neben ihr in der ersten Reihe des Studios in der Upper East Side. Diese Geschichte sagt alles. Sie waren wild, ungezähmt und experimentierfreudig, wir puritanisch und risikoscheu. Sie fassten den Stier bei den Hörnern und ließen schamlos die Sau heraus, während wir vorsichtig an unserem weichmacherfreien Flaschenwasser nippten. Sie waren Lesben, wir Heteros. Oder sie Mannweiber auf Stand-Harleys und wir verzärtelte Weibchen auf Kitten Heels.

Ich will ehrlich sein – die SoulCycler kamen mir ein bisschen zu bemüht vor. Die Königin der Bienenköniginnen war Soul-Cyclerin, und allein damit war die Sache für mich entschieden. Aber nachdem ich so viele Jahre Downtown gelebt habe, muss ich zugeben, dass ich innerlich kichern musste über meinen (möglicherweise völlig falschen) Eindruck, dass viele der Soul-Cycle-Mamis zu glauben schienen, Training könne sie nicht nur fitter, sondern auch cooler und trendiger machen. *Jetzt mach mal halblang*, dachte ich, als sie wie pseudosubversive Möchtegern-Rapper johlten und sich gegenseitig mit »*thug*« anredeten. Sie erinnerten mich an pubertierende Vorstadtmädchen, die sich in schwarzes Leder werfen, sich vom Speckgürtel aus in den Vorortzug setzen und für den Abend nach Manhattan fahren in dem Bemühen, abgebrühter und subkulturmäßiger zu sein, als sie in Wirklichkeit sind. *Lieber will ich für eine verklemmte Trutsche gehalten werden,* dachte ich, wenn ich sah, wie sie sich vor dem Studio mit Ghettofaust begrüßten, *als mich zu sehr ins Zeug zu legen. Also nur zu, missversteht und unterschätzt mich.* Es stimmte: In meiner Loyalität zu Physique 57 hatte sich bei mir eine Schraube gelockert.

Doch aus welcher Perspektive man Physique 57 und SoulCycle auch betrachtet – zwei ganz unterschiedliche Spielarten des Trainings und des Frauseins, die dem von mir untersuchten Stamm zur Verfügung standen –, beide erfordern immensen Aufwand. Und beide stiften Identität, die Fantasievorstellung, dass der Besuch eines Studios nicht nur den Puls in die Höhe jagt und die Fitness steigert, sondern das eigene Wesen von Grund auf verändert. In jenem Sommer kamen mir ständig die jungen Japanerinnen in den Sinn, die vor dem Zweiten Weltkrieg als Geishas angelernt wurden. Die Okiyas, in denen sie von älteren Geishas ausgebildet wurden, bildeten eine Welt für sich, isoliert, streng hierarchisch aufgebaut und ungeheuer anstrengend. Was Schönheit und Betragen anging, folgte diese ganz eigenen Regeln, Glaubenssätzen und Codes. Jahrelange harte Arbeit und ein gewissenhaftes, hingebungsvolles Studium waren vonnöten, um die scheinbar mühelosen, durchchoreographierten Riten und Rituale des Geishatums zu meistern, um zu lernen, »nach Art der Geishas« schön zu sein. Hatte ein Mädchen diesen Prozess jedoch durchlaufen, so war aus einem gewöhnlichen Menschen eine »Blume« geworden. Für Männer stellte sie das Begehrenswerteste überhaupt dar: untadelige Gastgeberin, ideale Gefährtin, Verkörperung des am höchsten gepriesenen kulturellen Weiblichkeitsideals. Als solche hatte sie sich die Bewunderung der ganzen Gesellschaft verdient.

All das Training, all das eifrige, beflissene Bestreben, eine besondere Art fabelhafter, fitter und schicker Manhattaner Geisha mit Kindern zu sein, die Identität und der Ehrgeiz, die sich mit einem Fitnesskurs verknüpften – noch für meine Mutter und ihre Generation wären sie undenkbar gewesen. Sie und ihre Geschlechtsgenossinnen gingen auf Diät. Nach Schwangerschaft und Geburt lebten sie wochen-, ja monatelang von schwarzem Kaffee und Kellogg's Special K mit Magermilch, Cantaloupe-Melone, Toast Melba und fettarmem Hüttenkäse. Später machten sie Nordic Walking oder versuchten es mit Joggen. Meist aber achteten sie auf ihr Gewicht, indem sie sich beim Essen einschränkten. Für sie war es schwer, nach dreißig noch hip zu sein. Sie erhielten und gaben sich selbst die Erlaubnis, sich ab einem bestimmten Zeitpunkt ein bisschen gehen zu lassen. Natürlich gingen sie aus und amüsierten sich. Aber sie waren müde, und der damaligen Wirtschaftslage und Ideologie entsprechend hatte kaum eine von ihnen ein Kindermädchen, weder ganztags noch halbtags, und das sah man vielen Müttern auch an. Waren sie erst einmal Mitte dreißig, bekannte sich manche sogar zu ihren grauen Haaren.

Nichts hätte dem Stamm, den ich untersuchte und bei dem ich lebte, fremder sein können. Seine Angehörigen gaben nicht einfach auf. Niemals. Das matte, passive Nichtessen der Vergangenheit war ihre Sache nicht. Ihre Sache war das aktive, engagierte Bemühen um Schlankheit, welches darauf beruhte, dass man etwas tat. Wie Geishas, die die mühsame Teezeremonie oder die Regeln der gehobenen Konversation erlernen, waren die Frauen in meiner Umgebung im Grunde genommen bereit, sich umzubringen, wenn sie nur so aussahen, als hätten sie den unangestrengt perfekten, graziösen Körper einer Nullipara Mitte zwanzig. Und was das Essen anbelangt, so waren »fettfrei« und »kalorienarm« die kläglichen Schlagwörter von gestern. Biologisch, biodynamisch und entgiftend musste es sein und vor freien Radikalen schützen. Das Essen musste für sie arbeiten, so wie sie an ihren Körpern, oder sie ließen es stehen. Niemand kennt wiederholte Zurückweisung besser als ein Kellner, der auf einer Cocktailparty in der Upper East Side oder im East End Canapés serviert. Sein Leben ist ein einziges *Nein. Nein, danke. Für mich nicht. Nein. Danke, nein. Nicht doch.*

Warum? Wo lag der Sinn in all dieser Mühe, diesen endlosen Kämpfen und Versuchen und Verzichterklärungen, besonders aber in all dieser Arbeit an unserem Selbst? Schließlich gaben sich die Männer der Upper East Side oder im East End nicht einmal Mühe, mit uns zu flirten oder uns die Tür aufzuhalten oder uns anzuschauen, so wie Männer in Rom oder Paris oder sonst wo in der Welt es taten. Im Grunde wirkten die extrem erfolgreichen Männer in der Upper East Side oder in den Hamptons stets etwas verwirrt und gelangweilt, denn genau das waren sie – verwirrt und gelangweilt von dem Smörgåsbord an umwerfenden Frauen um sie her, die sich ständig für sie aufputzten und aufrüschten. Von mehr als einer Freundin aus Europa hörte ich die Bemerkung, dass die Männer hier an einem vorbeizublicken schienen, als wollten sie prüfen, ob sich auf der Party oder im Zimmer eine bessere, hübschere oder wichtigere Frau befand als man selbst. Auch deshalb legten wir uns so ins Zeug, vermutete ich. Die ungleichen Zahlen, das Überangebot an berückend jungen oder für ihr Alter jung aussehenden Frauen, wohin man auch schaute, hatte das Verhältnis zwischen

Frauen und Männern in meiner Welt völlig umgekrempelt. Indem sie die Zurschaustellung ihres Körpers intensivierten, die eigenen Ehemänner umgarnten und die Blicke anderer Männer auf sich zogen, versuchten sie wohl, all den Lärm zu übertönen und auf Männer, die körperliche Schönheit gewohnt waren, Eindruck zu machen.

Und doch gibt diese Erklärung keine Antwort auf die auffälligste soziale Realität des Sommerlebens im East End. Es herrschte hier, genau wie in den Trainingskursen bei Physique 57 und SoulCycle, eine ebenso erstaunliche wie umfassende Geschlechtertrennung. Die Frauen reisten im Juni an, sobald die Kindergärten und Schulen schlossen, um sich mitsamt Kindern und Kindermädchen im Haus einzurichten. Die Ehemänner pendelten an den Wochenenden, doch während der Woche schmissen die Frauen den Laden. Wo man in den Hamptons auch hinschaute: Frauen, Frauen, Frauen, so weit das Auge reichte. Selbst wenn die Männer anwesend waren, neigten die Frauen des von mir erforschten Stammes dazu, ihre Gesellschaft zu meiden; lieber organisierten sie einen Mädelsabend oder besuchten eine Verkaufsparty oder eine Handtaschenauktion zugunsten einer Schule oder eines Frauenhauses. Auf Dinnerpartys, an denen ich teilnahm, kam es nicht selten vor, dass Frauen und Männer an verschiedenen Tischen saßen, sogar an Tischen in verschiedenen Räumen. Trotz all der scharfen Körper, die so kunstvoll dargeboten wurden, lag kaum Erotik in der Luft. Eigentlich fehlte sie ganz und gar. »Wehe, es flirtet keiner mit mir«, sagte ich zu meinem Mann, bevor wir uns in Manhattan oder in den Hamptons ins Nachtleben stürzten. Ich war fassungslos, dass es keine spielerische Annäherung zwischen Männern und Frauen gab. Worin, wollte ich wissen, bestand der Sinn des Lebens, wozu hatte man einen Körper, an dem man arbeitete wie verrückt, wenn man keinen Spaß daran hatte, zu flirten? Ganz anders als Geishas erweckten die von mir untersuchten Frauen den Eindruck, als seien sie über so etwas wie Flirts erhaben. Ganz wie Geishas waren sie allerdings auch über Sex erhaben. Natürlich hatten sie Kinder, daher wussten wir, dass sie Sex gehabt hatten. Doch ihr Körper, den sie so hart an die Kandare nahmen, den sie so gewissenhaft pflegten, so sorgfältig herausputzten, war geläutert, war nicht geschaffen für niedere Gelüste.

Tatsächlich schienen Training und eine sorgsam ausgewählte Garderobe grundsätzlich an die Stelle der Erotik getreten zu sein. Die Frauen in Manhattan waren zu müde, zu gestresst, zu genervt, um Sex zu haben. Darin stimmten alle überein, wenn wir bei einem Abendessen oder einem Drink darüber sprachen. Und hier draußen, weit weg von den Stressfaktoren der Großstadt, abgefedert durch Strand und Sonnenschein, ausgeruht und verhältnismäßig glücklich (die Kindern befanden sich den ganzen Tag oder gleich ganze Wochen im Zeltlager), waren sie auch von Männern weit weg. Das Ganze hatte etwas von einer Menstruationshütte, und tatsächlich verbrachten wir Frauen den ganzen Sommer über so viel Zeit miteinander, dass sich unsere Zyklen häufig anglichen. Mit jeder Trainingseinheit samt anschließendem Besuch der Saftbar, mit jeder Frauenmittagsrunde, jeder »Abendveranstaltung« vertiefte sich mein Gefühl der Stammeszugehörigkeit. Im Vergleich zu unseren Freundinnen waren uns unsere Ehemänner am Ende des Sommers richtig fremd.

Und dies, begriff ich, war ihr Code. Sie bemühten sich gleichermaßen, für die abwesenden Männer schön zu sein wie für die anwesenden Frauen. Sie taten es, um Bindungen an die weiblichen Stammesmitglieder einzugehen, aber auch, um an anderen Maß zu nehmen und sich mit ihnen zu messen, Tag für Tag, Abend für Abend, Veranstaltung für Veranstaltung, Trainingsstunde für Trainingsstunde. Sie waren wie prächtige Rotkardinalmännchen oder wie atemberaubende Pfauenmännchen, das Gefieder gespreizt, stets bereit, gesehen zu werden. Ein schöner, fettfreier Körper und ein ewig junges Gesicht mochten prestigereiche Formen der Selbstverwirklichung sein. Aber sie waren auch die vorgeschriebene Uniform, die leibliche Variante der Anti-Rutsch-Socken, der Halstücher, die Frauen sich beim Training um die Stirn knoteten, oder der Stehpaddelbretter, die sie in ihren Range Rovern herumkutschierten. Am Ende des Sommers kam es mir vor, als gehöre mein Körper nicht mir allein. Er gehörte auch dem Stamm. Er war dazu da, dass ich mit und an ihm arbeitete und ihn optimierte, unermüdlich, unaufhörlich, unablässig, so hart ich konnte, solange ich es ertrug.

EIN MÄDELSABEND DAHEIM

———

FELDNOTIZEN

Die Eingeborenen scheinen mich akzeptiert zu haben. Nach monatelanger Beobachtung ihrer Stammesbräuche, zahllosen Anläufen, ihre Riten und Rituale nachzuahmen und an ihnen teilzunehmen, und vielfachen Freundschaftsangeboten meinerseits ist die erniedrigende Initiationsphase vielleicht zu Ende. Ich bin zu einer Versammlung hochrangiger Frauen in der Wohnhütte eines reichen und mächtigen Häuptlings und seiner Squaw geladen worden.

Die meisten Stammesfeste sind völlig geschlechtergetrennt. Veranstaltungen innerhalb und außerhalb privater Behausungen scheinen den Frauen Gelegenheit zu bieten, Bindungen einzugehen, mittels sozialer Inklusion, sozialer Exklusion und Klatsch Bündnisse zu schmieden und sich innerhalb der Dominanzhierarchie ihres eigenen Status und des Status anderer zu versichern. In diesem Zusammenhang gewinnt die Selbstdarstellung – einschließlich der Verzierung des Körpers mit besonderen Textilien und des Gesichts mit besonderen Farbpigmenten und Substanzen – größte Bedeutung.

Die Einladung kam per E-Mail. »Ich weiß nicht, ob Sie meine Nachricht auf Ihrer Mailbox gehört haben«, schrieb eine Mami aus der Gruppe meines Sohnes, »aber ich habe nichts von Ihnen gehört. Ich würde mich sehr freuen, wenn Sie am Donnerstag zum Abendessen kämen. Ein paar Freundinnen, wird lustig. SMB, Rebecca.«

Upps. Nein, ich hatte ihre Nachricht nicht abgehört; alle meine Freundinnen wussten, dass ich mein Handy fast nur für Kurznachrichten und E-Mails benutzte. Trotzdem war ich nervös und kam mir bereits pflichtvergessen vor wie ein schlechter Gast, während ich noch darüber nachgrübelte, was »SMB« bedeuten mochte (»Sag mir Bescheid!«, erklärte mir eine Freundin später, überrascht, dass ich nicht schon B wusste), und Rebeccas Nummer wählte. Nachdem ich auf ihre Mailbox gesprochen, mich für meine späte Antwort entschuldigt und zugesagt hatte, schickte ich ihr auch noch eine Mail. Wie sollte ich unterzeichnen?, fragte ich mich. Mit Küssen – »xx«? Nein, Rebecca hatte es nicht getan, also würde ich mir dergleichen auch nicht anmaßen.

Es war nicht die erste E-Mail an Rebecca, eine wunderschöne, dunkelhaarige Mutter von vier Kindern mit einem Ehemann, der einer der erfolgreichsten Finanziers der Stadt war. Aber es war die erste, die ich von ihr erhalten hatte. Bisher war meine E-Mail-Korrespondenz mit ihr von bemerkenswerter Einseitigkeit gewesen: Auf Wunsch meines kleinen Sohnes hatte ich ihr freundlich vorgeschlagen, unsere Söhne miteinander spielen zu lassen, und nie eine Antwort bekommen. Manchmal hatte ich sie auf dem Flur abfangen können, um etwas für unsere Kinder auf die Beine zu stellen, besonders nachdem sie mich mit dem Alphapapa hatte plaudern sehen, der mit seinen Aufmerksamkeiten meinen Status und den meines Sohnes gehoben hatte. Und als sich unsere Wege in der Stadt immer wieder kreuzten, ob beim Fitnesskurs, bei Michael's – einem Restaurant Midtown, das mir wie das Lagerfeuer des von mir untersuchten Stammes vorkam – oder zu anderen klubähnlichen Gelegenheiten, die gewisse Gemeinsamkeiten nahelegten (etwa, dass wir am selben Tag für denselben Anlass bei Bergdorf Goodman Clutch-Handtaschen kauften; Begegnungen bei verschiedenen Benefizveranstaltungen), taute sie nach und nach auf.

Als sich mein Buchprojekt herumsprach (»Ich untersuche, was es heißt, in der Upper East Side Mutter zu sein«, erklärte ich jeder, die es wissen wollte), waren Rebecca und eine Reihe anderer Mütter entschieden offener geworden und hatten sich einen Gruß oder Plausch nicht länger versagt. Einige erklärten sich sogar bereit, mir bei einem Mittagessen oder bei einem Kaffee ihre Ansichten über ihr Leben als Mutter in Manhattan darzulegen. Nicht alle waren herzlich oder freundlich; manche trauten mir wohl nicht so recht, trotz meiner Versicherungen, keinen Enthüllungsreport und keine Satire schreiben zu wollen, sondern einen persönlichen Erfahrungsbericht, unter soziologischen und anthropologischen Gesichtspunkten und mit einer Prise Humor. Viele aber hatten durchaus Vertrauen zu mir. Sie wollten über Dinge sprechen, die über die üblichen Flurgesprächsthemen: was wir am Leib trugen, wohin wir im Urlaub fahren würden, hinausgingen. Manche erzählten mir von schweren Zeiten in ihrer Ehe, von einer Kindheit voller Armut oder vom Gefühl des Ausgeschlossenseins (»Ich komme aus San Francisco. Für viele hier ist das fast so, als käme ich vom Mars. So richtig akzeptieren werden sie mich nie«). Ich hatte mehr mit ihnen gemeinsam, als ich erwartet hatte. Abseits der Kindergartenflure, der Mittagessen und der Galas waren sie zugänglich und angenehm im Umgang. Eine erzählte mir: »Genau das ist das Problem: Viele dieser knallharten, wettbewerborientierten, aufstiegsbewussten Mamis und Papis können unter vier Augen total nett sein. Aber die Gruppendynamik macht einige von ihnen einfach unerträglich.«

Es war schön, morgens beim Hinbringen ein, zwei neue lächelnde Gesichter zu sehen, denn auch wenn der Alphapapa mir und meinem Sohn zu einem höheren Rang verholfen hatte, wirkten die von stahläugigen Alphamüttern auf High Heels wimmelnden Flure noch immer einschüchternd. Mein Leben Downtown samt Freundschaften trat immer stärker in den Hintergrund, je mehr Energie ich in die Kinderversorgung und in meine Arbeit investierte, weshalb mir freundschaftliche Beziehungen zu den Frauen aus dem Kindergarten meines älteren und der Krabbelgruppe meines jüngeren Sohnes, also ein Sozialleben, das dem meiner Kinder entsprach, kräftesparend und zugleich äußerst notwendig erschienen. Darüber hinaus galt eine Einladung zu Rebecca nach Hause bei dem status- und hierarchiebesessenen Stamm, den ich erforschte, als Ausdruck der Billigung, es war die erwachsene Variante der Aufforderung, sich mittags zu den coolen Kids an den Tisch zu setzen. Und obwohl ich genau wusste, wie lächerlich es war, die Sache so wichtig zu nehmen, war ich doch zutiefst befriedigt, von einer so einflussreichen Gatekeeperin wie Rebecca eingeladen worden zu sein – schließlich hatte ich Schwerstarbeit geleistet, um diese Gruppe von Frauen zu begreifen, Verabredungen für meine Söhne einzufädeln und selbst ein, zwei Freundschaften zu schließen. Und wenn mir, wie ich es mir erhoffte, diese Frauen in Rebeccas Apartment ihre Welt erklären wollten, umso besser. Ich betete nur, dass die Königin der Bienenköniginnen nicht anwesend sein würde. Irgendwo war bei mir Schluss.

»Was wirst du anziehen?«, fragte mich Candace ein paar Tage später beim Mittagessen. Sie beherrschte die kulturellen Codes unserer Stadt aus dem Effeff. »Ich habe noch einen Arzttermin in der Upper East Side, deswegen hab ich mich so aufgerüscht«, hatte sie mir beim Hinsetzen erklärt, als ihr auffiel, wie ich ihre Chanel-Jacke und ihre fluffige Föhnfrisur beäugte.

»Keine Ahnung«, gab ich zu und erklärte, dass ich nicht gut die Mamis im Kindergarten oder in der Krabbelgruppe fragen konnte, da ich nicht wusste, wen Rebecca eingeladen hatte und wen nicht. Candace stimmte mit einem Kopfnicken zu, nippte an ihrem Eistee und überdachte die Größenordnung und die delikate Natur der bevorstehenden Aufgabe. »Zieh dich so an, dass du dich einfügst und nicht auffällst«, schlug sie vor. »Bloß nicht der Gastgeberin die Schau stehlen, oder? Wie bei einer Hochzeit.«

»Eigentlich ist es eher ein gemütlicher Mamiabend daheim«, überlegte ich. »Keine Ehemänner. Vermutlich wird's etwas lockerer zugehen.«

Candace schien nicht überzeugt. Seit Monaten schon lauschte sie pflichtbewusst und mitfühlend meinen Geschichten über die unglaubliche Überspanntheit meines Stammes in Sachen Garderobe und innerer Einstellung. Da sie selbst eine Art Salonlöwin war – »aber bitte in Anführungszeichen«, wie sie immer sagte –, kannte sie diese Frauen und ihre Gepflogenheiten auch aus eigener Anschauung, von abendlichen Wohltätigkeitsveranstaltungen, von Restaurants und von Mittagessen für einen guten Zweck. Als jemand, die in Kalifornien aufgewachsen und mit einem gebürtigen New Yorker verheiratet war, dessen Eltern eine Generation zuvor eine feste Größe auf dem gesellschaftlichen Parkett dargestellt hatten, betrachtete Candace die Welt, die ich untersuchte, mit Ironie und Humor und vereinte in sich die Außenseiterin und die Eingeweihte: eine geborene Anthropologin ganz nach meinem Herzen. »Locker wird's da ganz und gar nicht zugehen«, verkündete sie ohne Umschweife.

Ich begriff, dass sie recht hatte: »Zurückhaltung« war in dieser Welt ein unbekanntes Konzept. Die perfekten, in stundenlangen Physique-57- und SoulCycle-Sessions gestählten Körper mussten durch hochkalibrige Garderobe, wie retuschiert aussehende Gesichter und perfekte, jedoch niemals übertrieben sorgfältige Frisuren ergänzt werden, ob Männer anwesend waren oder nicht. Alle schienen jederzeit bereit für eine Nahaufnahme, einen Fototermin, ohne Falten oder lose Haarsträhnen. Diese »immerwährende« Schönheit war nicht dasselbe wie natürliche Schönheit, sie war das genaue Gegenteil natürlicher, unangestrengter Schönheit. Die Frauen, die ich in der Upper East Side kannte, taten alles, um auf dem Spielplatz ebenso perfekt auszusehen wie beim Mittagessen des Förderverbands der Spielplatzfreunde, und sie machten keinen Hehl daraus. Ihre Hingabe, ihre unerschütterliche Entschlossenheit, nichts, was mit ihrem Gesicht und ihrer Garderobe zu tun hatte, dem Zufall zu überlassen, dieses Einstudierte gehörte ebenso zu ihrer Alltagsuniform wie ihre teuren Wohnungen und ihre Umhängetaschen. Tatsächlich waren sie derart gestylt, dass ich mich vor den Krabbelgruppen und den Kindergärten, vor den Cafés der Umgebung, auf den 5000-Dollar-Kindergeburtstagen für Fünfjährige und wo immer der Stamm sich sonst noch so versammelte, an manchen Tagen instinktiv nach einer Presseecke samt Fotohintergrund umsah, wie Prominente sie benutzen, um sich ablichten zu lassen.

Ständig fotobereit auszusehen kostete eine Menge Zeit und nicht wenig Nerven – das wusste ich, weil ich mich morgens selbst aufraffen musste, hatte ich doch schon früh begriffen, dass ich die Einzige war, die beim Hinbringen mit Zopfgummi im Haar und Kissenabdruck im Gesicht erschien. Bald ging ich wöchentlich zum Friseur, ersetzte meinen Sonnenschutz durch getönte Tagescreme und gab noch etwas rosa Lippenbalsam dazu. Ich hatte den Eindruck, dass selbst Joggingklamotten hübsch, vorteilhaft, ja trendig aussehen mussten. An Tagen, an denen ich mich nicht in meine Joggingklamotten werfen konnte, weil ich nach dem Hinbringen einen Termin hatte, ertappte ich mich dabei, wie ich mich mit dem richtigen Erscheinungsbild herumquälte und meinen Mann anblaffte, ich hätte keine Zeit, unseren Sohn kindergartenfertig zu machen, weil ich mich selbst fertig machen müsse. Wie absurd das war, wusste ich, kaum dass mir die Worte über die Lippen kamen, und doch wurde ich mitgerissen von dieser kulturellen Welle hoher Erwartungen, dem Heiß- und Kalt-Prada aus dem Hahn, den makellosen Gesichtern und der überwältigenden täglichen Selbstdarstellung. Und das alles vor neun Uhr morgens!

Dass diese Frauen im Grunde mehrere »Uniformen« besaßen, machte den täglichen Ankleideprozess etwas erträglicher. Abgesehen von Lululemon fürs Hinbringen und für die Krabbelgruppe war das Kleidungsinventar der Upper East Side bemerkenswert gleichbleibend, mit nur minimalen und sehr subtilen Variationen, wenn überhaupt. Da gab es zunächst einmal die Handtaschen. Lieblingsmarken und -modelle waren Céline (Luggage, Nano Luggage oder Trapeze), Chanel (die große Boy) und Hermès (Evelyn, die kleine Jypsière oder die Kelly als Umhängetasche, im Frühjahr und Anfang Herbst die Garden Party Tote, der Heilige Gral der Birkin, 30 oder 35 cm, in Schwarz, Denim oder Gold). Die Rockstud-Tasche von Valentino ist wunderschön und trendig, doch in dem Stamm, den ich erforschte und in dem ich mich bewegte, besaß niemand eine. Sie war nicht *comme il faut*; so was trug man nicht.

In niederschlagsarmen Monaten waren Ballerinas beliebt – bevorzugt wurden Lanvin, Chanel und Chloé, besonders von großgewachsenen Frauen. Wedges von Lanvin oder Sneaker mit Keilabsatz von Isabel Marant waren eine beliebte Wahl für »lockere« Hinbringtage, wenn die Mamis danach nicht noch irgendwohin mussten, denn soweit ich es erkennen konnte, waren diese Frauen stets auf einen Höhenvorteil aus, um auf alle anderen im wahrsten Sinne des Wortes herabschauen zu können. Schwindelerregend hohe Plateauschuhe und Stilettos mit knallrot lackierten Sohlen kommunizierten die Botschaft: »Ich fahre noch wohin – und zwar nicht mit der U-Bahn.« Natürlich gab es auch Stiefel, im Herbst, im Winter und bis in den Frühling hinein – halsbrecherisch hohe schwarze Stiefel aus weichstem Leder und Wildleder von Manolo Blahnik, Christian Louboutin und Jimmy Choo, einige davon vorne offen, und pelzgefütterte Bikerboots von Brunello Cucinelli. An legeren Tagen griff man gerne zu Skinny Jeans und Lederleggings. An Regentagen zog man sich einen klassischen Trenchcoat über (stets mit neuartigen Details versehen wie Lederärmeln oder lasergeschnittenem Spitzenkragen, deretwegen man ewig weitershoppen musste), kombiniert mit grellfarbenen Pucci-Regenstiefeln und verspielten Chanel-Modellen, an denen die unverkennbaren Kamelienblüten angebracht waren. Im Winter zogen die Mamis lakritzschwarz glänzende Moncler-Daunenjacken an. Bei gehobenen Mamis waren Pelzwesten derart beliebt, dass eine Freundin scherzhaft vorschlug, sämtliche Schulzeitungen der Upper East Side sollten eine Fotoreportage

über sie bringen. Und an den kältesten Tagen kamen noch mehr
Pelze hinzu – prächtige Biberpelze, glänzende schwarze Zobel
und unfassbar weiche (das wusste ich, weil ich im überfüllten
Fahrstuhl mit der Hand angestreift war) Chinchillamäntel. Sie
schimmerten erstaunlich – eine wahre Augenweide – und kos-
teten mit Sicherheit mehr als mein erster Verlagsvorschuss, doch
trug man sie mit jener lässigen Selbstverständlichkeit, die man
normalerweise mit Jeansjacken assoziiert.

Und an Tagen, an denen nach dem Hinbringen oder der Spielgruppe eine Wohltätigkeitsveranstaltung oder ein Frühstück
für einen guten Zweck anstand, ging man aufs Ganze, gab vol-
les Rohr, fuhr alles auf – ein wildes Durcheinander. Da gab es
ebenso schlichte wie schlichtweg umwerfende langärmelige Le-
derkleider von The Row, lustige, jugendlich helle Chanel-Jäck-
chen mit Fransenrand, unter denen fransige Chanel-Kleider
steckten, geblümte Ensembles von Givenchy, zu denen man
kunstvolle hochhackige Schnürstiefel trug, und »Fit and Flare«-
Kleider von Alexander McQueen, die unten muskulöse Beine
und oben flache Bäuche zeigten. Da gab es Schlangenhautleg-
gings und papierdünne Lederjacken und dazu, um ihre Aus-
gefallenheit auszugleichen, berückend sittsame cremefarbene
Seidenblusen. Alles schmuckbesetzt, alles verziert. Noch völlig geblendet vom Anblick der juwelenstarrenden, fuchsiarot
leuchtenden Jacke einer hochgewachsenen blonden dreifachen
Mutter, die eines Morgens beim Kinderabliefern die Gänge
entlangrauschte, googelte ich hinterher im Büro – und erfuhr,
dass sie über 7000 Dollar kostete.

Aber es ging nicht nur darum, dass man sich dergleichen leisten konnte. In einem gewissen erlesenen Kreis von Müttern in
dem ohnehin schon erlesenen Umfeld der Upper East Side gab
es eine Prämie dafür, stets die Erste zu sein. Das lernte ich, als

eine trendbewusste zweifache Mutter eines Februarmorgens in einem weißen, vorne offenbar mit Blattgold verzierten Baumwollkleid und nietenbesetzten neongrünen Slingbacks aufkreuzte. Sie schlotterte vor Kälte, aber dafür war sie als Erste im Ziel. Sollte eine von uns jetzt noch dieses Kleid anziehen, würden wir sie nur imitieren. Ähnliches spielte sich auch im Frühherbst ab, wenn sich die Frauen trotz der noch immer warmen Temperaturen in herbstliche Schale warfen: leichte Wollstoffe, neue Stiefel und die neueste Chanel-Jacke. In Manhattan gibt es jede Menge modeliebender Frauen. Aber das hier war doch etwas anderes, diese Bloßstellung anderer, indem man etwas als Erste trug, dieser so freudlos wirkende Wettlauf darum, etwas vor allen anderen zu besitzen und möglichst wirkungsvoll zur Geltung zu bringen.

Intrasexuelle Konkurrenz – der Wettkampf mit gleichgeschlechtlichen Angehörigen der eigenen Spezies – ist als Selektionsdruck schaffender Evolutionsfaktor weit verbreitet. Viele Jahre lang konzentrierten sich Primatenforscher und Biologen fast ausschließlich auf männliche intrasexuelle Konkurrenz, vermutlich weil sie so offenkundig war. Anpassungen wie zunehmende Körpergröße, Bewaffnung, ritualisierte Zurschaustellung in aggressiven Wettbewerben, dramatischer Körperschmuck und Balzverhalten sind ebenso augenfällig wie durchsichtig. Sie verschaffen den Männchen der Spezies leichteren und längerfristigen Zugang zu einem oder mehreren fortpflanzungsfähigen Weibchen – das evolutionäre Endspiel von Männchen aller Streifen, Federkleider oder Schuhgrößen.

Unlängst jedoch haben Biologen und Primatenforscher ihr Augenmerk auf die subtileren Aspekte weiblicher intrasexueller Konkurrenz gerichtet. Weibliche Säugetiere – ob Mäuse,

Schimpansen oder *Homo sapiens* – treten überwiegend dann miteinander in Wettbewerb, wenn es um Gelegenheiten zur Fortpflanzung geht oder darum, bevorzugte Partner anzulocken, genau wie bei den Männchen. Doch bei den Weibchen ist der Ausdruck von Aggression kontextspezifisch. Lebt eine weibliche Hausmaus (*Mus musculus domesticus*) nicht in der Nähe zahlreicher anderer weiblicher Hausmäuse und stehen genug Männchen zur Verfügung, wird sich ihr Körper nicht die Mühe machen, jene speziellen Proteine (MUPs) auszuscheiden, die ihrem Urin einen strengen Geruch verleihen, um anderen weiblichen Hausmäusen ein deutliches »Weg da!« zu kommunizieren. Ist sie jedoch von anderen Mausweibchen umgeben, verändert sich die Zusammensetzung ihres Harns so drastisch, dass er die Botschaft vermittelt: »Das ist mein Revier, Ladys!« Diese Flexibilität hat sich entwickelt, weil Konkurrenzsignale, wie die Biologen sie nennen, kostspielig sind. Die Absonderung der Proteine kostet Zeit und Kraft, also genau die Zeit und Kraft, die das Weibchen stattdessen für bessere Ernährung, Optimierung der Fruchtbarkeit, Nestbau und das Austragen, Säugen und Versorgen ihres Wurfs aufwenden könnte.

Da Aggression potenziell gefährlich ist und Konkurrenzsignale kraftaufwendig sind, nimmt man inzwischen an, dass weibliche Säugetiere, Primaten inbegriffen, im Laufe der Zeit gelernt haben, »unterschwellig« miteinander zu konkurrieren. Das bedeutet, dass sie einander statt körperlicher eher soziale Gewalt zufügen, mittels Bündnissen, subtilen Signalen und nichtphysischer Aggression. Wenn Schimpansinnen weibliche Neuzugänge aus der Gruppe ausschließen, sie ignorieren und schikanieren, dann wollen sie damit sagen: »Du stehst eine Stufe unter uns«, ohne dass sie sich oder ihren Nachwuchs jemals einem Verletzungsrisiko ausgesetzt hätten, wie es bei einem körperlichen Angriff der Fall wäre. Unter menschlichen Weibchen sind die Verweigerung von Kooperation, Rufschädigung (damit auch sonst niemand mit ihr kooperiert), die Verbreitung von Klatschgeschichten und soziale Ächtung effektive Methoden, um eine potenzielle Konkurrentin zu vernichten. Und da Strafen oft auf Umwegen und von mehreren Gruppenmitgliedern gleichzeitig verabreicht werden, gibt es keine Gelegenheit zur Verteidigung. Gegen die bösen Blicke und die selbstgefällige Haltung der Königin der Bienenköniginnen und ihres Gefolges in Kindergartenfluren und Krabbelgruppen setzte niemand sich zur Wehr, weil sie, verglichen mit einem Faustschlag in die Magengrube, so subtil waren. Doch an Effektivität standen sie diesem in nichts nach.

Da sie sich der männlichen Vorliebe für Abwechslung nur allzu bewusst sind, verhalten sich Primatenweibchen, wie Untersuchungen gezeigt haben, gegenüber weiblichen Neuankömmlingen in etablierten Gruppen oft äußerst wachsam und feindselig, besonders dann, wenn sich die Geschlechterverhältnisse zugunsten der Männchen verschoben haben – wie es in geradezu dramatischer Weise in der Upper East Side der Fall ist, wo auf jeden Mann zwei fortpflanzungsfähige Frauen kommen. Eskalierende Aggression zwischen Weibchen, so darauf spezialisierte Wissenschaftler, ist ebensolchen extremen Konkurrenzsituationen vorbehalten, in denen es um hohen Fortpflanzungserfolg oder um die notwendige (oder vermeintlich notwendige) Verteidigung des Paarungsstatus oder des Nachwuchses geht. Und wie wir bei den Mäusen gesehen haben, ist Aggression »flexibel«, also angepasst an die spezifische Umgebung, die ökologischen Bedingungen und die Ressourcen. Ebendeshalb weigerte sich eine Mami beim Fußballtraining, sich zu mir umzudrehen oder mich auch nur zur Kenntnis zu nehmen, als ich ihr, genau hinter ihr sitzend, drei Mal sagte, dass mein Sohn gerne bei der Sommerspielgruppe mitmachen würde, die sie organisierte. Ebendeshalb sagte die hochrangige Mutter, noch immer mit dem Rücken zu mir, nachdem mir eine andere mit den Worten »Und Wednesdays Sohn auch« beigesprungen war: »Na schön. Caroline, Nancy, Sarah, Pamela, Daniela, Julia und *die*.« Und ebendeshalb hatte ich beim Anblick des mit Blattgold verzierten weißen Baumwollkleids, das in meinem eigenen Kleiderschrank hing, das Gefühl, als habe die trendbewusste Mutter, die das gleiche Kleid im Februar beim Hinbringen getragen hatte, meines mit ihrer Pisse durchtränkt.

Selbst wenn diese Art verdeckter Konkurrenz und Aggression weniger kostspielig im biologischen Sinne war, kostspielig war sie allemal, vermutete ich. Was, fragte ich Candace, als unsere Cobb-Salate aufgetragen wurden, musste man tun, um in dieser Welt eine hinreichend schöne Frau und Mutter zu sein? Und wie viel kostete es in Dollar und Cent? Candace' haselnussbraune Augen, dank guter Gene, gesunder Ernährung und strategisch eingesetztem frischem Botox völlig krähenfußfrei, leuchteten auf. »Rechnen wir's doch aus!«, schlug sie vor. Warum hatten wir nicht früher schon daran gedacht? Unsere Salate waren bald vergessen – das hier war spannender als Nahrungsaufnahme. Als wir fertig waren, sahen unsere Notizen zu dem mutmaßlichen Aufwand einer Manhattan-Geisha des von mir untersuchten Upper-East-Side-Stammes für Wartung und Pflege – beruhend auf Gesprächen, Beobachtungen und einer großzügig aufgestockten Version unserer eigenen Praxis – folgendermaßen aus:

Haare und Kopfhaut

- Farbe & Schnitt (5 x jährl. à $500) $2500, dazu Waschen
  und Föhnen (1 x wöchentl. à $70 inkl. Trinkgeld) $3500 =
  $6000
- Haar-&-Make-up-Stylist für bes. Anlässe (10 x jährl. à
  $150) = $2000
- Arztbesuch (Ersttermin u. Folgetermin) bei privaten
  Wahlärzten wg. Haarausfall aufgrund von Färben, Stress,
  Hormonen und/oder Autoimmunproblemen wg. Stress
  und Hormonen = $1500

Gesicht

- Vierteljährl. Botox, Hyaluron, Kollagenunterspritzung
  ($1000 x 4) = $4000
- Monatl. Peeling ($300 x 12) = $3600
- Monatl. Gesichtsbehandlung ($250 x 12) = $3000
- Monatl. Augenbrauen: Wachsen, Zupfen, Sugaring oder
  Fadentechnik ($50 x 12) = $600
- Laser (Sonnenschäden, Kollagenstimulation etc.) = $2500
- Gesichtspflegeprodukte (Reinigung, Feuchtigkeitscreme,
  Intensivserum, Sonnencreme, Augencreme) = $1500
- Make-up = $1000

Körper

- Fitnessstudio = $3500
- Privattrainer = $7500

- Ernährungsberater = $1500
- Saftkuren = $3500 wenn wöchentl.
- Maniküre/Pediküre = $2000
- Massage = $9000 wenn wöchentl.; $4500 wenn zweiwöchentl.
- Selbstbräuner = $500
- Thermenaufenthalt(e) = $8000 wenn halbjährl.
- Schönheitschirurgie inkl. Brustvergrößerung, Fettabsaugen = unkalkulierbar

Garderobe

Kleidung
- Saison Herbst/Winter = $3000-$20 000
- Saison Frühling/Sommer = $3000-$20 000
- Events = $5000-$20 000
Im Urlaub
- Hamptons = $5000
- Palm Beach = $5000
- Aspen (Skijacke, Hosen, Mütze[n], Handschuhe) = $2500
Sonstiges
- Schuhe/Stiefel = $5000-$8000
- Handtaschen = $5000-$10 000

»Unfassbar«, verkündete Candace, als wir alles zusammenrechneten und unsere Kreditkarten auf den Tisch legten. Vorsichtig geschätzt rund 95 000 Dollar, nur um schön genug und gut genug gekleidet und gut genug beschuht und ausreichend gepflegt zu sein, um mitspielen zu dürfen. »Das sagen wir aber nicht unseren Männern«, betonte sie ernst, als wir uns auf der Straße zum Abschied küssten und unserer Wege gingen. Obwohl das vielleicht keine schlechte Idee gewesen wäre, da wir

im Vergleich zu einigen anderen in unserer Bekanntschaft äußerst günstig in der Haltung waren. »Hey!«, brüllte sie mir Sekunden später aus dem Fenster des Taxis zu, in das sie eingestie-
gen war: »Die Chauffeure und die Taxifahrten zum Einkaufen
und zu all den Terminen haben wir noch gar nicht berücksich-
tigt!« Sie hatte recht. Aber mir war der Appetit auf weitere Re-
chenspiele vergangen. Mir war schwindlig. Trotzdem musste
ich meine Garderobe planen und Einkäufe tätigen.

Und so kam es, dass ich mir den Kopf darüber zerbrach, was
ich zu einem Mädelsabend daheim tragen könnte. Ich wusste,
dass viele der Frauen, mit denen ich inzwischen Zeit verbrachte, eigene Visagisten und Coiffeure anheuerten, manchmal nur,
um sich für ein Mittagessen mit Freundinnen in der Rotisse-
rie Georgette auffrischen zu lassen, sowie persönliche Stylisten,
die ihre Garderobe zusammenstellten – für Partys und Veranstaltungen, erstaunlicherweise aber auch für das Hinbringen
und Abholen der Kinder. Der Manhattaner Einzelhandel ist
ein verschlungenes Zweiklassensystem, das, wenn man die einzige Size Zero der ganzen Stadt kaufen möchte, von fachkun-
digen Insidern gekrault und geknetet werden muss. In eine
Prada-Filiale hineinspazieren kann jeder. Und genau deshalb
benötigen Sie zusätzlich zu Ihrem Stylisten eine Verkaufsberaterin, die in dem Laden oder den Läden Ihres Vertrauens für
Sie zuständig ist. Diese Verkaufsberaterin simst Ihnen Fotos von
neuen Modellen, die Ihnen gefallen könnten, und wenn Sie das
Geschäft aufsuchen, weist sie Ihnen die größte Umkleidekabine an und serviert Ihnen, während Sie die Kleider anprobieren, Mineralwasser und Champagner. Sie haben keine Zeit,
persönlich vorbeizuschauen? Sie kann Ihnen die Sachen auch
»zur Ansicht« nach Hause schicken, per Boten. Viele Frauen

tragen sie einmal zur Probe und lassen sie dann zurückgehen. Später in der Saison ruft Ihre Verkäuferin an und flüstert: »Wann darf ich Ihnen vorabverkaufen?« Übersetzt: »Wann können Sie vorbeischauen, damit Sie sich Sachen, die in einem Monat in den Schlussverkauf kommen und die ich Ihnen schon jetzt zum reduzierten Preis anbieten kann, als Erste ansehen können?« Die Frauen des Stammes verlangten bei ihrem Einkaufserlebnis besondere Vergünstigungen und viel Privatsphäre, so viel stand fest. Oft gab es nach Ladenschluss Wohltätigkeitsveranstaltungen in exklusiven Boutiquen, wo man in Gesellschaft von Freundinnen und mit einem Drink in der Hand nach Herzenslust stöbern konnte und wo ein bestimmter Prozentsatz von jedem Dollar, den man ausgab, für einen guten Zweck gespendet wurde: sei es das Guggenheim Museum, die Kinderhilfe, das Kindermuseum im Upper East End, was auch immer; bei Chanel, Lanvin, Dolce & Gabbana oder Dior hatten alle ihre eigene Charity Shopping Night.

Nachdem auch ich etliche Male für einen guten Zweck shoppen gegangen war, konnte ich meine T-Shirts und Hosen durchwühlen, meinen Schrank durchforsten und mich für eine knallenge knallrosa Stretchjeans mit Schlangenmuster, ein schlichtes, kastenförmiges weißes T-Shirt mit rot-schwarzem Blumenstickmuster auf der Brust und eine hellgrüne Chanel-Jacken-Kopie mit Fransen an den Ärmeln und Knopfleiste entscheiden. Unglaublich, aber wahr: Den Frauen bei Rebecca würde nichts an dieser Aufmachung übertrieben vorkommen.

Jetzt musste ich nur noch herausfinden, was ich an den Füßen tragen sollte. Die meisten Wohnungen, die ich besuchte, waren inzwischen »schuhfrei«, da Eltern in ganz Manhattan den Brauch übernommen hatten, an den Schuhsohlen keinen ekligen Straßendreck mehr hereinzutragen. Doch ich vermutete stark, dass wir bei diesem Mädelsabend daheim Schuhe tragen durften. Ich stellte mir vor, dass all diese Frauen sich schutzlos vorkommen würden, wenn sie auf das beruhigende Gefühl verzichten müssten, ein klein wenig größer, ein klein wenig schlanker zu sein. Barfuß würden sie sich nackt und entblößt fühlen. Rebecca würde das wissen. Als ich eine meiner Riemchen-Stiefeletten herauszog, in denen ich gewöhnlich ausging, entdeckte ich einen Riss im Absatz. Es blieb keine Zeit mehr, ihn im Lederstudio reparieren zu lassen, und viel mehr Möglichkeiten gab mein Kleiderschrank nicht her. Und so endete ich vor einem der beiden Modealtäre des Stammes: Barneys. Natürlich dem in der Madison Avenue.

»Jedes dieser Paare kostet sechshundert Dollar«, bemerkte der Verkäufer mit leichtem Kopfschütteln, als ich die berückenden Schönheiten anprobierte, die er mir auf meine Schilderung des bevorstehenden Abends hin in jeder Absatzhöhe und Ausgestaltung gebracht hatte: Pumps von D'Orsay, Stilettos, Modelle mit Blockabsatz. Angesichts der schieren Zahl rang ich nach Luft.

»Und die Stiefel«, fügte er hinzu, als ich einen geschmeidigen dunkelblauen Wildlederstiefel, der mir gut gefiel, ängstlich umdrehte, um das Preisschildchen auf der Sohle zu beäugen, »kosten alle zwölfhundert.« Aus dem Seidenpapier schälte er jetzt ein Paar Christian-Louboutin-Riemchensandaletten mit Plateausohle aus schwarzem Wildleder mit rosa und roten Streifen und sprach die weisen Worte: »Die hier sind krank.«

Dieser letzte Schuh war tatsächlich ein Volltreffer, wie Zuckerwatte für die Füße und trotzdem so stabil, dass ich darin nicht herumwankte. Und herabgesetzt waren sie auch. Und doch, überlegte ich besorgt, war er angesichts seiner Höhe und des unangenehmen Drucks auf meinen linken großen Zeh nicht gerade das, was man eine umsichtige Investition nennt. »Sie könnten ihn natürlich immer nur über kurze Zeit tragen«, überlegte der Verkäufer. »Und wenn Sie einen längeren Abend vor sich haben, könnten Sie sich jederzeit eine dieser Spritzen verpassen lassen.«

»Wie bitte?«

Ja, fragte er lachend, hatte ich denn noch nichts von diesen Injektionen gehört, mit denen man die Füße betäubt oder zumindest einen Teil davon, damit man auf mörderischen Absätzen eine ganze Nacht durchstehen kann? Offenbar gab es Podologen, die auf High Heels fixierten Frauen Beistand leisteten, hier und in Hollywood; für einen bestimmten Betrag würden die mir einen Schuss setzen. Ungläubig hob ich die Augenbrauen in der Annahme, der Verkäufer wolle mir einen Bären aufbinden. »Im Ernst.« Er lächelte, als ich ihm meine Amex überließ, und beschrieb mit dem Zeigefinger einen Kreis an der Schläfe – die universelle Geste für »verrückt«.

Schönheit kommt nicht billig. Und meist sind es die Frauen, die den Löwenanteil der zahlreichen Kosten tragen – die nicht selten grauenvollen Anforderungen an Zeit, Energie und schieres körperliches Durchhaltevermögen, die schon zu Zeiten unserer Großmütter sprichwörtlich waren: »Wer schön sein will, muss leiden.« Diese Wahrheit trifft auf alle Länder und Kulturen zu – auf China, wo Generationen aristokratischer Frauen durch die Praxis des Füßebindens verkrüppelt wurden; auf Thailand, wo Frauen vom Volksstamm der Kayan metallene Halsspiralen tragen, die einen verlängerten Hals vortäuschen (und in Wahrheit Schultergürtel samt Schlüsselbein nach unten drücken); und auf Stämme in Afrika und am Amazonas, wo die Lippen mittels Scheiben so lange gedehnt werden, bis sie in manchen Fällen groß und rund sind wie eine CD. Bei dem Stamm Frauen, die ich in der Upper East Side beobachtete, konnte Schönheit eine Brustvergrößerung bedeuten, die die Brüste hart und gefühllos macht, als wären sie aus Plastik – eine Verwirklichung der Vorstellung, dass Frauen Objekte sind, die anderen Empfindungen ermöglichen, nicht aber Subjekte, die derartige Empfindungen selbst genießen können. Oder Schönheit konnte Injektionen bedeuten, die das Gesicht ruhiger, voller, straffer und an strategischen Stellen runder machen (um Jugendlichkeit auszustrahlen und Falten vorzubeugen), was jedoch teuer erkauft wird.

Es gibt Untersuchungen, die nahelegen, dass sich ein Zuhörer, der nicht mitfühlend das Gesicht bewegen kann, wenn jemand spricht, dem Sprecher auch innerlich nicht verbunden fühlt. Das heißt im Klartext, dass eine Betäubung der Mimik sehr wahrscheinlich zu einer Betäubung der Gefühle führt: Bei einem Gehirnscan zeigten gebotoxte Versuchspersonen in wichtigen Gefühlsregionen weniger Aktivität als nicht gebotoxte. Und das alles nur für ein jugendliches Gesicht, das von anderen angestarrt wird. Und was dann? Sehen wir uns einem mimikfreien Gesicht gegenüber, einem Gesicht, das völlig unbewegt bleibt, wenn wir uns mit seinem Besitzer unterhalten, so ist das für uns Menschen eine bestürzende Erfahrung; wir fühlen uns abgetrennt und traurig. So erging es mir an dem Tag, als ich einer Freundin über den Weg lief, die mich während unseres fünfminütigen Gesprächs auf der Straße ausdruckslos ansah und, als ich ihr eine lustige Anekdote über meine Kinder erzählte, unaufrichtig wirkende Lacher ausstieß. War sie verärgert? Hatte ich sie bei unserer letzten Begegnung vor den Kopf gestoßen? Wohl kaum. Dann fiel mir ein, dass sie bei jener letzten Begegnung auf dem Weg zu ihrer Hautärztin gewesen war.

Auch in ästhetischer Hinsicht hat es überraschende Auswirkungen, wenn die Gesichtsmuskeln gelähmt sind. »Wieso sieht diese hübsche Mami so seltsam aus? Was ist ihr zugestoßen?«, fragte mich mein Mann eines Tages, als er mit unserem jüngeren Sohn in der Krabbelgruppe gewesen war. Er glaubte schon, dass sie in einer Scheidung steckte oder einen Elternteil verloren hatte, so dramatisch schien ihr Gesicht gealtert zu sein, binnen Wochen um Jahre. Ich wusste genau, wen er meinte. Einige Mamis hatten sich beim Kaffee nach der Gruppe darüber unterhalten. Man war sich einig, dass sie zu früh mit Botox angefangen hatte, und jetzt hatte die schöne, vormals so frisch aussehende Frau Anfang dreißig, die mit den leuchtenden Augen und dem spontanen Lächeln, »das Gesicht«, das wir anfangs mit Jugendlichkeit (faltenlos) assoziiert hatten und jetzt mit Alter und Botox assoziierten, sphinxgleich und ungerührt. Unglücklich. Alt.

Oft verglich ich all die ebenmäßigen, starrgesichtigen Frauen um mich herum, von denen viele sich noch vor der Hochzeit die Nase hatten richten lassen, mit hübschen Bilderbuchzombies. Sie sahen wunderschön aus, schienen jedoch keine Gefühle zu haben; ihre zur Krähenfußbehandlung rundum gebotoxten Augen wirkten wie tot, selbst wenn sie lachten oder lächelten. Manchmal stellte ich mir vor, dass sie mich durch die Kindergartenflure oder die Madison Avenue entlang ins italienische Restaurant Sant Ambroeus jagten, mich mit ausgestreckten Armen im Aufzug oder auf einer gemütlichen Sitzbank bedrängten, um mein Gehirn zu verspeisen. Ich hatte ein Faible für Gesichtsakupunktur, seit ich von meinem ersten Botox-Erlebnis einen riesigen Bluterguss ums Auge davongetragen hatte. Dennoch schien es unvermeidlich, dass ich eine von ihnen werden würde – zombiefiziert, injiziert, bezwungen. Dann kamen die Faltenfüller. Ich kannte Frauen mit Gesichtern, die von endlosem Feintuning mit Restylane und Juvéderm so groß wie Basketbälle waren. Diese Vollmondgesichter über ausgemergelten Körpern schrien geradezu nach einer Fotoreportage im *National Geographic:* »Bizarre Schönheitspraktiken: Ein Besuch beim exotischen Stamm der Kroywen, New York 10021«.

Um andere Anhaltspunkte dafür zu bekommen, weshalb Frauen in ihrem Streben nach Schönheit gewillt sind, so viel auf sich zu nehmen und so weit zu gehen, wandte ich mich an Richard Prum, Professor für Ornithologie, Ökologie und Evolutionsbiologie an der Yale University. Als Spezialist für die Themenbereiche Partnerwahl, sexuelle Selektion und ästhetische Evolution bei Vögeln interessiert sich Prum auch für die menschliche Evolution. Als wir uns in seinem Büro unterhielten, das riesige Stapel Bücher und Dosen Grüntee im Laufe der Jahre förmlich überwuchert hatten, regte er an, Schönheitswahn als artenübergreifendes Phänomen aufzufassen. »Bei der Schönheit von Vögeln wie von Menschen geht es sehr stark um sexuelle Schönheit, um sichtbare Merkmale, die einen bestimmten Partner attraktiv und begehrenswert machen«, erklärte er. Bei Vögeln könne dies beinhalten, sich ein Männchen auszusuchen, das nicht nur gut aussieht, sondern auch gut klingt. Mit seinem braun-weißen Gefieder, den schwarzen Flügeln und seinem roten, an ein kleines Barett erinnernden Stirnfleck sieht das Keulenschwingenpipramännchen (*Machaeropterus deliciosus*) aus der Andenregion des nordwestlichen Ecuador gar nicht so viel anders aus als seine Singvögelbrüder. Was ihn auszeichnet, sind seine Laute – und wie er sie hervorbringt.

Wenn das Keulenschwingenpipramännchen balzt, spielt es auf seinen Flügeln wie auf einer Geige. Dabei produziert es einen klickenden, surrenden Laut, der eher an Grillen erinnert, denn diese musizieren auf die gleiche Weise. »Für einen Vogel ist das eine lächerliche Art, sich mitzuteilen«, schwärmte Prum und hielt fest: »Diese Burschen können sehr wohl stimmlich kommunizieren. Daher stellt sich die Frage: Warum? Wozu dieses Gefiedel?« Die Antwort: Um sich das Mädchen zu schnappen. Weiblichen Keulenschwingenpipras gefiel das Geschrammel. Sie fanden es schön. Es lockte sie an, und sie wählten Männchen, die derartige Laute hervorbringen konnten. Und über Generationen hinweg übte ihre Präferenz Druck auf das Verhalten der Keulenschwingenpipramännchen aus und veränderte es schließlich. Was Prum und seine damalige Doktorandin Kim Bostwick noch mehr erstaunte, war ihre Entdeckung, dass diese weibliche Vorliebe nicht nur das Verhalten (das Lied) des Pipramännchens, sondern auch seine Morphologie (den Körperbau) beeinflusste. Alle anderen Vögel auf dem Planeten haben eine hohle Ulna. Beim Keulenschwingenpipramännchen ist die Ulna verdickt, strukturiert, abgeflacht – und massiv. Die weibliche Präferenz für »Flügeln« statt Singen hat unerwartete Auswirkungen gehabt und seltsame Konsequenzen nach sich gezogen. Die verdickte Ulna erleichtert es dem Männchen zwar, die für die Ohren der weiblichen Pipras so betörende Musik hervorzubringen, erschwert ihm jedoch das Fliegen und somit die Flucht vor Fressfeinden. Mit anderen Worten, Keulenschwingenpipramännchen sterben für die Schönheit. »Es ist ein ästhetisches Merkmal, das sich entwickelt hat, obwohl es die Fortpflanzungsfähigkeit des Männchens belastet«, staunte Prum.
Bei Schönheit ging es in der Evolutionsbiologie und der evolutionären Psychologie lange um Nützlichkeit und Fitness. »Schön-

heit«, so fasste es Prum während unseres Gesprächs elegant zusammen, »strotzt angeblich nur so vor Informationsgehalt. Angeblich signalisiert sie: Ich bin gesund! Du willst mich!« Das ist eine funktionale Deutung von Schönheit: Schönheit als Gesundheitsbarometer, Gesicht und Körper als eine Art Stenographie, als äußerliche Manifestation »gesunder« Gene. Bei diesem Erklärungsmodell »bedeuten« gerade Zähne und gleichmäßige Gesichtszüge, dass ein potenzieller Partner frei von Parasiten oder Herzkrankheiten ist. Doch gerade der irrationale, überschwängliche und dekadente Gesang der Keulenschwingenpipramännchen, ein Gesang, der ihm zu einem Weibchen, aber zu wenig anderem verhilft, lässt Prum an der verbreiteten Überzeugung zweifeln, Schönheit sei reine Information. Er glaubt, dass es sich eher um ein »Ereignis« handelt – etwas, was einem individuellen Vogel dabei hilft, sich für andere interessant zu machen. Die Herausbildung eines Schnabels zum Nüsseknacken ist eine ziemlich geradlinige Angelegenheit. »Doch jemandem den Kopf zu verdrehen«, bemerkte Prum mit vor Verwunderung großen Augen, »ist ein Unendlichkeitsproblem.« Natürliche Auslese allein, meint er, biete keine zufriedenstellende Erklärung für ästhetische Vorlieben wie das verrückte Violinsolo des Pipramännchens, ein Lied, das ihm eine Partnerin, Sex und Nachwuchs bescheren mag, ihn zugleich aber grundsätzlich gefährdet, sodass er vielleicht nichts davon erhält. Prum vermutet, dass Schönheit, bei den Pipras ebenso wie in der erlesenen Welt der von mir untersuchten Primatenweibchen, oft dekadent, irrational und unzulässig ist. Sie kann überschäumend und überwältigend sein, verderblich und potenziell tödlich. Häufig stellt sie ein in sich geschlossenes System dar, jenseits aller Nützlichkeit und Zweckmäßigkeit, eine eigene Welt.

Rebecca wohnte in einer gigantischen Maisonette auf drei Ebenen in einem »Great Building« am Sutton Place. Diese Adresse kennzeichnete sie als Bewohnerin der etwas gesetzteren, vornehmeren unteren Upper East Side, bevor sich dieser Bezirk – ähnlich der »offenkundigen Bestimmung« der USA, sich über den Kontinent auszubreiten – bis in die niedrigen Neunziger-Querstraßen ausgedehnt hatte. Es hieß, Rebeccas Mann habe ihren Eltern erst das Apartment abgekauft und dann beschlossen, das ganze Gebäude zu erwerben. Er war kein Immobilienunternehmer, sondern Hedgefondsmanager, und vermutlich war der Kauf eines Gebäudes, in dem man selbst wohnte, einfach naheliegend. Der Aufzug führte direkt in Rebeccas Reich. Dort übergab ich meinen Mantel einem Bediensteten und bestaunte die unwirklichen Ausblicke auf den Fluss. Aus dieser Höhe (Penthouselevel) oder Entfernung (gleich gegenüber) hatte ich ihn noch nie gesehen, eine Perspektive, die dem Fluss und dem Stadtviertel das Aussehen eines Dioramas oder eines Bühnenbildes verlieh. Ein weiterer Aufzug brachte mich im Nu ins dritte Geschoss des Apartments, das oberste Stockwerk des Gebäudes und, wie es schien, Rebeccas privater Adlerhorst. Überall standen helle Blumen und beige Möbel herum und vor hohen Fenstern ein wunderschöner langer beiger Marmortisch. Beige gekleidete Hausangestellte boten alkoholische Getränke an (Wodka, Tequila und Weißwein), dazu schlichte, leichte Canapés. Es gab einen David Hockney, der wie ein Porträt von Rebecca aussah, eine riesige Cecily Brown und eine Tauba Auerbach. Ich hatte von Ehepaaren gehört, deren »Kunstbudget« bis zu zweihundert Millionen Dollar betrage, und ein Blick auf Rebeccas Wände ließ mich nicht daran zweifeln. An der Seite stand ein Eames-Tisch in gebrochenem Weiß, auf dem sich Gastgeschenke in Tüten von Tiffany, Ladurée und

Diptyque stapelten. Mein eigenes Gastgeschenk – Kekse, die ich zusammen mit meinem Sohn gebacken hatte – war von den hinreißenden Zwillingssöhnen der Gastgeberin schon an der Tür begierig und dankbar entgegengenommen worden. Wie ich bemerkte, lag da noch etwas auf dem Tisch – ein Gewirr von Edelsteinen? Als ich näher herantrat, sah ich, dass die Frauen kleine Täschchen mitgebracht und dort abgelegt hatten – winzige Hermès-Kelly-Bags in Juwelentönen (eine davon offenbar aus hellrotem Krokodilleder), Chanel-Täschchen in den Varianten Stepp, Graffiti und Lack sowie Miniaturtäschchen von Dior mit D-Anhängern und herzförmigen Medaillons. Mein eigenes Modell – eine vergleichsweise bescheidene schwarze Clutch mit einer roten Rose – legte ich zu den anderen. Und holte erst einmal tief Luft. Das hier waren definitiv keine Mamis, die sich, wenn sie abhängen wollten, Pizzas bestellten.

Eine strahlend aussehende Rebecca schwebte herbei, führte mich in die Raummitte und stellte mich den Frauen vor, die ich noch nicht kannte. Viele waren die Gattinnen von Milliardären, denen Fernsehsender und Unternehmen auf der Fortune-500-Liste gehörten oder die Immobilienimperien und Hedgefonds leiteten. Einige waren Mütter aus dem Kindergarten, andere nicht. Da gab es eine ehemalige Moderedakteurin, inzwischen nur noch Modeträgerin und im Hauptberuf dreifache Mutter (ein viertes Kind war unterwegs). Da gab es eine ehemalige Nachrichtensprecherin, die erst kürzlich ihre Stelle aufgegeben hatte, um mehr Zeit mit ihren drei Kindern zu verbringen. Sie war mit Zwillingen schwanger. Da waren, wie zu erwarten, einige umwerfend schöne und überaus gescheite »Kunstberaterinnen«, ein Nischenberuf, der parallel zum Vermögen des obersten einen Prozent wuchs und schrumpfte. Keine war dick. Keine war hässlich. Keine war arm. Jede trank. Und jede schien ungezwungen und freundlich auf eine Art, wie ich sie von ihnen im Kindergarten, auf der Straße oder bei Veranstaltungen nicht kannte. Die übliche Zurückhaltung war abgelegt. Mir dämmerte, dass die Frauen schlicht und ergreifend entspannt waren. Auch ich wurde etwas lockerer, als ich bemerkte, dass die Königin der Bienenköniginnen nicht zugegen war und meine Uniform auf den Punkt genau dem entsprach, was die anderen trugen, nur eben stark reduziert. Die Gespräche gingen über übliche Themen wie Kinder und Urlaub hinaus. Man redete über Politik, über eine Freundin, die nicht dabei sein konnte, weil sie und ihr Mann sich unlängst getrennt hatten, und über eine weitere Frau, mit der viele der Frauen in der Gruppe befreundet waren und die schon die x-te künstliche Befruchtung hinter sich hatte, vermutlich in der Hoffnung, ein weiteres Baby würde ihren Mann, der häufig auf Reisen war, enger an sie und das Heim binden. Es berührte mich, wie gedämpft darüber berichtet wurde, mit gesenktem Blick und mit offenkundiger Betroffenheit angesichts der vorangegangenen Fehlgeburten dieser Frau oder angesichts des bestürzenden Ergebnisses einer Fruchtwasseruntersuchung, der sich eine andere Freundin unterzogen hatte. Ich schämte mich, als mir bewusst wurde, wie naiv meine Annahme war, dass die Frauen um mich herum ein in jeder Hinsicht geborgenes Leben führten. Denn das taten sie nicht. Und dann wurde das Thema gewechselt, und das Gespräch kreiste wie immer darum, wer was anhatte.

Nichts hätte von dieser luxuriösen, extravaganten Kulisse, von dieser Gruppe makellos gekleideter und zurechtgemachter Frauen weiter entfernt sein können als die Völker der Efe und der Ba'Aka im Ituri-Regenwald der Demokratischen Republik Kongo oder die !Kung San der Kalahari-Wüste. Diese Jäger und

Sammler sind radikale Verfechter des Egalitarismus, d. h. sie leben in Gruppen ohne jede Hierarchie oder sozioökonomische Schichtung, so wie es fast in der gesamten evolutionären Vorgeschichte der Menschheit der Fall war. Bei diesen Stämmen verfügt niemand über Besitz oder einen höheren Status. Das Konzept des Privateigentums ist ihnen unbekannt. Mehrere Mechanismen halten diesen Zustand in Gang. Einer davon ist das Einfordern von Gegenständen. Es ist üblich, dass eine Frau zu einer anderen geht und beispielsweise deren Perlen einfordert, dass ein Kind von einem mit ihm nicht verwandten Erwachsenen einen Teil seines Essens verlangt oder dass ein Mann, um jagen zu können, die Speerspitzen eines anderen fordert und auch erhält. Ein Nein ist gänzlich unbekannt. Diese Geschenkforderungen bekräftigen das Konzept, dass niemandem etwas gehört. Auch Selbstzurücknahme und die Bagatellisierung eigener und fremder Leistungen verhindern, dass sich eine Hierarchie herausbildet. »Wir sind nicht sicher, wer den Ducker erlegt hat, den wir unter der Akazie gefunden haben«, verkündet jemand nach erfolgreicher Jagd, obwohl er sehr wohl die Antwort weiß. »Vielleicht war es jemand von einer anderen Gruppe. Wir werden ihn alle gemeinsam holen und untereinander aufteilen.« Der Mann, der das begehrte Fleisch beschafft hat, darf dafür Anerkennung weder fordern noch erhalten. Der Ducker wurde von jedem und von keinem erlegt, und so ist und bleibt jeder gleich.

Natürlich wären die sorgfältig zurechtgemachten Damen bei Rebecca – elegant, kultiviert, höflich und reich – in Ohnmacht gesunken, wenn ich auf eine von ihnen zugegangen wäre und gefordert hätte: »Jane, her mit deinen drei Stacking-Ringen von Pomellato und deiner Happy Bag von Lanvin!« Doch was Komplimente anbelangte, so herrschte eine strenge Etikette, die mir in diesem Umfeld stärker auffiel als je zuvor und die mich an die afrikanischen Jäger und Sammler denken ließ. Bei reinen Frauenveranstaltungen wie dieser musste Lob für die eigene Person um jeden Preis und mit allen Mitteln aggressiv abgewehrt werden. Den ganzen Abend hindurch wurde »Ist das eine Chloé-Bluse? Die Farbe steht dir unglaublich gut!« mit »Das Teil ist vier Jahre alt. Und ich sehe aus, als hätte ich zehn Jahre lang kein Auge zugetan« gekontert. Wurde einem gesagt: »Deine Haut sieht fabelhaft aus!«, so lautete die angemessene Antwort: »Ich bekomme ständig Pickel. Was da gut aussieht, ist nur das Make-up, glaub mir!« »Hast du abgenommen? Du siehst unglaublich aus!« wurde glattweg bestritten und mit einem Ablenkungsmanöver pariert: »Nein, das ist nur die Hose, die quetscht alles zusammen. Aber ich habe gehört, dass du jeden Tag mit Tracy [Anderson] trainierst, das sieht man sofort!«

Zuerst dachte ich, Ablenkung, Leugnung und Gegenkomplimente dienten dazu, Neid abzuwehren. Gefiel einer anderen, was man besaß, musste man dessen Wert herabsetzen, damit sie es einem nicht übelnahm oder einem am Ende gar übelwollte (was im Mittelmeerraum und im Nahen Osten der »Abwehr des bösen Blicks« entspricht). Aber ich irrte mich. In Wahrheit war dieses diskursive Volleyballspiel, dieses Hin und Her von Lob und Selbstverleugnung, ein Mittel, um das Hierarchiegefüge, das unter diesen grenzenlos vermögenden Frauen bestand, stabil zu halten – ein Gefüge, das ebenso gut in ständigem Wandel hätte begriffen sein können, da jede von ihnen mühelos haben konnte, wonach ihr der Sinn stand. Ein Kompliment war ein Test: Wirst du so antworten wie wir und damit bestätigen, dass du eine von uns bist? Bist du dir deiner Stellung bewusst? Oder wirst du versuchen, zu glänzen und dich als etwas Besseres zu gerieren? Nur Rebecca durfte ohne Umschweife ein Kompliment annehmen. Als ich ihr sagte, wie großartig sie aussehe (was zutraf), lächelte sie und sagte: »Wie lieb von Ihnen!« Genau wie die reiche und gesellschaftlich einflussreiche Krabbelgruppenmami, die nur herablassend nickte und schmallippig lächelte, wenn man ihr ein Kompliment über ihr berückendes Aussehen machte (dieselbe, die meinen Sohn und mich performativ aus der sommerlichen Spielgruppe verbannt hatte), hielt Rebecca die Fäden in der Hand, und alle erkannten es an. Da mochten die anderen noch so gut aussehen, zugeben würde es keine. Das war der Pakt.

Bei einem vom Dienstpersonal diskret servierten köstlichen Essen – glutenfrei und biodynamisch und gesund – wandte sich die Unterhaltung den neuesten Eindringlingen auf dem gesellschaftlichen Parkett New Yorks zu – natürlich von der Westküste stammend. Kürzlich hatte ein wohlhabendes Paar aus Los Angeles, insbesondere die Frau, einem Industrietitanen und Veteranen der Wohltätigkeitsszene ausgerechnet bei einer Gala zu dessen Ehren die Show gestohlen. In demselben Augenblick, als verkündet wurde, dass er für den fraglichen guten Zweck eine Million Dollar spenden werde, war die dreiste Brünette aufgesprungen und hatte gerufen: »Wir spenden zwei!« Die Gäste waren sprachlos über diesen Fauxpas, diese Unverfrorenheit. Die Lenker der New Yorker Wohltätigkeitsszene erteilten ihr umgehend eine Lektion, indem sie den Vorfall weitererzählten, darüber schrieben und sie sozial ächteten. In ebendem Zimmer, in dem wir jetzt saßen, wurde das letzte Wort gesprochen. »Typisch L. A. Sehr direkt«, bemerkte eine der Damen taktvoll. »Als ich ihr vorgestellt wurde, hat sie mich gleich gefragt, wer meine Brüste gemacht hat. Sie meinte: ›Die können ja wohl nicht echt sein.‹ Sind sie aber!« Die anderen lachten und nickten und kamen überein, dass das kalifornische Paar eben noch nicht die Spielregeln kannte, die spezifischen Gesetze und Codes der Manhattaner Gesellschaft, die sie selbst schon seit Ewigkeiten verinnerlicht hatten.

Dieser sonderbare saisonale Gesellschaftstanz in Manhattan ist mindestens ein Jahrhundert alt. Während der »Galasaison« von April bis Ende Juni, danach den ganzen Sommer über in den Hamptons und von September bis November wieder in der Stadt werden Bankette zu Ehren eines Großspenders abgehalten, der für dieses Privileg tief in die Tasche gegriffen hat, dazu noch Wohltätigkeitsfrühstücke und eine endlose Reihe Mittagessen. Der gute Zweck kann die Erforschung einer Krankheit sein, der Naturschutz, eine Alphabetisierungskampagne oder die Unterstützung einer Kultureinrichtung. Abgesehen von den Banketten, bei denen auch die Ehemänner erscheinen, sind diese gesellschaftlichen Ereignisse reine Frauenveranstaltungen mit strenger Geschlechtertrennung. Die Regeln sind klar. Sie können eine Eintrittskarte kaufen, werden von anderen an deren Tisch eingeladen oder buchen selbst einen Tisch – Letzteres, wenn Sie sich für den betreffenden Zweck eingesetzt haben oder einem Vorstand angehören oder wenn es sich um ein Komitee handelt, dem Sie Ihren Namen und/oder Ihre Zeit zur Verfügung gestellt haben. Ein Tisch für Sie selbst und neun engste Freunde kann zwischen 3500 und 7500 Dollar für ein Mittag- und 10 000 Dollar aufwärts für ein Abendessen kosten. Oftmals wird eine stille Auktion veranstaltet, mit auf langen Tischen aufgereihten Luxusgütern, auf die Sie anonym per Zettel bieten können, was noch mehr Geld in die Spendenkasse spült. Wann immer ich zu einem derartigen Damenfrühstück oder -mittagessen ging, kam mir die Fellpflege bei nichtmenschlichen Primaten in den Sinn – bei Kapuziner- und Brüllaffen oder bei Pavianen, die sich, manchmal stundenlang, um das Fell ihrer »Freundinnen« kümmern, um das Gefühl gegenseitiger Verbundenheit durch körperliche Nähe und liebevolle Berührung zu stärken und so Bündnisse zu schmieden, die sich irgendwann als lebensrettend erweisen könnten. Zwar lasen wir einander nicht die Läuse vom Pelz, aber das Prinzip war dasselbe. Indem wir miteinander sprachen, aßen und tranken, uns nach Outfits, Kindern und Arbeit erkundigten, uns für eine gute Sache versammelten, bestärkten und berührten wir einander und verschwisterten uns. Und ein Phänomen, das die Primatologen »reziproken Altruismus« nennen – »entlaust du mich, entlause ich dich« –, war die ganze Galasaison über zu beobachten: »Ich erscheine/spende bei deinem Charity-Ding, wenn du bei meinem Charity-Ding erscheinst/spendest!« Reziproker Altruismus ist eine der Methoden, mittels derer die Privilegierten von Manhattan Beziehungen eingehen und pflegen. Und er ermöglicht, für einen guten Zweck zu spenden und dabei zu zeigen, dass man für einen guten Zweck spenden kann. Wie alle Primaten haben Menschen ein Affiliationsbedürfnis. Und wie so viele Menschen, die im Schatten des Ackerbaus leben, neigen wir zu Hierarchie und Schichtung. Der soziale Kreislauf von Frühstück, Mittag- und Abendessen für gute Zwecke und Wohltätigkeit ist der Beweis.

Auf Abendveranstaltungen, an denen auch die Ehemänner teilnehmen, gibt es eher Live-Auktionen, bei denen man Bieterkarten hebt, um zu zeigen, dass man mehr spenden kann, als man für eine Reise nach Anguilla, einen Anteil an einem Düsenjet, eine Suite bei einem Spiel der Yankees oder für Tickets bei einem Spiel der Knicks in Madison Square Garden ausgibt. Es hieß, bei einer Live-Auktion während einer Schulgala sei eine von der vierten Klasse gebastelte Keksdose für 60 000 Dollar weggegangen. Das gemeinsame Fingerfarbenbild einer Klasse ging für 20 000 Dollar weg. Ostentativer Konsum hatte sich noch nie so tugendhaft angefühlt (oder, im Falle des kindlichen Kunstwerks, so bescheiden). Geldausgeben spielt eine wichtige Rolle. Aber wen Sie bei einer solchen Veranstaltung kennen, mit wem Sie sich unterhalten, wo Sie sitzen, wessen Gast Sie sind oder wer Ihre eigenen Gäste sind – all das sind Faktoren, die Ihren Rang definieren. Wer diesen Rahmen sprengt – wie die Frau aus L. A. und vor ihr Felix Rohatyn, der in aller Öffentlichkeit gemurrt hatte, wie viel effizienter es wäre, den Wohlfahrtseinrichtungen unserer Wahl einfach Schecks auszustellen, statt auf eine »Krebsparty« nach der anderen zu gehen, woraufhin er prompt verstoßen wurde und schließlich in der *New York Times* eine Erläuterung seiner Ansichten veröffentlichte, die einem teilweisen Schuldbekenntnis gleichkam –, der lernt rasch, wie eingefahren und unbeweglich diese geheiligten Stammessitten sind.

»Sozialer Aufstieg« ist in Manhattan allgegenwärtig, und wenn ich den Ausdruck höre, habe ich die Frauen auf High Heels und in Chanel-Kleidern oder Smokinghosenanzügen von Yves Saint Laurent vor Augen – ganz oben die Königin der Bienenköniginnen und ihre Freundinnen, die anderen knapp darunter –, wie sie, glitzernde Minaudières in der Hand oder von der schmalen Schulter baumelnd, im Abenddämmer gelenkig einen Baum hinaufsteigen, Äste überwinden und einen idealen Fleck in optimaler Höhe finden, von dem aus sie den Waldboden unter sich oder die Savanne vor sich überblicken können. Von dieser Warte aus fühlen sie sich, wie Primaten aller Spezies, die Vorfahren des *Homo sapiens* eingeschlossen, sicher. Und reich.

Als der Abend sich dem Ende zuneigte, verabschiedeten sich die Frauen mit einem Dankeschön von Rebecca und mit Küsschen voneinander. Und wie immer beim Abschied sagten sie auch an diesem Abend: »Sehen wir uns bei dieser Sache am Donnerstag? Gehst du morgen zu diesem Elternabend?« Wie die Abwehr eines Kompliments bekräftigte die Bestätigung ihres nächsten Zusammentreffens, dass sie eins waren.

Die Frauen des Stammes, den ich erforschte, entrichteten den Zoll für ihre Schönheit: ein gefrorenes Äußeres, Entfremdungsgefühle, ein durch Hungern und Training unterworfener Körper. Sie mussten Sisyphusarbeit leisten: soziale Kontakte und sozialen Status herstellen und sichern, für sich selbst, ihre Kinder und die Paarbeziehung. Die Rechnung jedoch beglichen die Männer. An jenem Abend in Rebeccas Apartment schien es naheliegend, dass all diese wohlhabenden, kompetenten und schönen Frauen auch Macht besaßen. Doch für mich war da stets die quälende Tatsache ihres abgetrennten Lebens, ihrer unbestreitbaren Absonderung von Männern. »So macht's mehr Spaß!«, sagten die Frauen immer, wenn ich das Thema ansprach. »Machen Sie Witze? Uns ist es lieber so!«, erklärten mir die Männer bei einem besonders schönen und freundschaftlichen Abendessen – bei dem Männer und Frauen an getrennten Tischen in getrennten Zimmern saßen. Wie das »Zu-Hause-Bleiben« bei den Kindern schien mir die Geschlechtertrennung ein Umstand zu sein, der möglicherweise auf eine bedeutsame, tiefer liegende Wahrheit verwies, sich aber, wie ein Ballgast auf einer Wohltätigkeitsveranstaltung zur Rettung Venedigs, als schlichte Vorliebe kostümierte. So wie ein Designerkleid, eines unter vielen, das in einem begehbaren Kleiderschrank hängt, wurde mir die Geschlechtertrennung als Ausdruck »freier Wahl« verkauft. Ethnographische Daten weltweit sprechen jedoch eine andere Sprache: Je geschichteter und hierarchischer eine Gesellschaft und je stärker die Geschlechtertrennung, desto niedriger der Status der Frauen. Man musste die zunächst gering erscheinende Möglichkeit in Betracht ziehen, dass auch hier keine Ausnahme vorlag. Wo steckten eigentlich die Männer, wenn meine Stammesgenossinnen sich in den diversen privaten und sozialen Zenanas der Stadt zusammenfanden – den Damenkomitees der Vorstände, den Nobelfrühstückslokalen gleich neben den Musikkursen für Kleinkinder, den luxuriösen Fitnessstudios und Wellnesstempeln – und über ihre Kinder und den Elternverein diskutierten? Gewöhnlich trieben sie sich mit anderen Männern herum – auf der Arbeit, in der noch immer fast nur Männern vorbehaltenen Welt der Öffentlichkeit und der Wirtschaft. Manchmal nahmen sie an Dads' Poker Night teil, einem stadtteilübergreifenden fixen Termin zur Beschaffung von Geldmitteln für Privatschulen, zu dem keine Ehefrau je Fragen zu stellen, geschweige denn zu erscheinen wagt. Und manchmal, so klagten und beichteten mir die Frauen meiner Umgebung, hegten sie den Verdacht, dass die mächtigen, wohlhabenden Männer, mit denen sie verheiratet waren, Flirts, Techtelmechtel und außereheliche Affären genossen – etwas, was Feldbiologen bei Tieren als »außerpaarliche Kopulation« bezeichnen.

Aus dem Blickwinkel der Anthropologie und der Primatologie handelt es sich hierbei weniger um eine Frage der Moral als um eine der Gelegenheit. Natürlich hatten sich viele männliche Angehörige des von mir untersuchten Stammes der Monogamie verschrieben. Doch gibt es zahlreiche Faktoren, deren Zusammenwirken es hochrangigen, wohlhabenden Männern in der ganzen Welt gestattet, nach Lust und Laune außerpaarliche Kopulation zu betreiben, und zwar ohne jede Konsequenz, weder hypothetisch noch in der Praxis. Dem typischen Verhaltensmuster aller Menschenaffen entsprechend ist es der weibliche *Homo sapiens*, der seine Geburtsgruppe nach Erreichen der Geschlechtsreife verlässt und damit die lebenswichtige Unterstützung seiner Familie einbüßt; Bündnisse mit (nicht verwandten) Weibchen sind dementsprechend anfällig. (Weibliche Zwergschimpansen haben als einzige Menschenaffenart eine Strategie entwickelt, um ihre Lage zu verbessern und Bindungen aufzubauen: regelmäßige homosexuelle Begegnungen mit anderen weiblichen Mitgliedern der Gruppe.) Es ist offensichtlich, dass das Verlassen der Geburtsgruppe (»Emigration«) zusammen mit relativ schwachen sozialen Bindungen die Überlegung erschwert, sich mitsamt dem Nachwuchs einfach auf und davonzumachen; zumindest fällt sie schwerer, als wenn man mit der eigenen Ursprungsfamilie, die einen auffängt, in einem gemeinsamen Wohnkomplex (oder Steppengebiet) lebt. »Ich kann meine Kinder doch nicht einfach entwurzeln und wieder zu meinen Eltern nach Long Island ziehen«, erzählte eine Frau einer gemeinsamen Freundin, um zu erklären, weshalb sie unbedingt bei ihrem untreuen Ehemann bleiben wolle, bis die Kleinen ins Internat kämen.

Weibliche Emigration ist jedoch nicht der einzige Machtfaktor der Männchen über ihre Weibchen. Der weibliche *Homo sapiens* sieht sich einer grundlegenden Hürde gegenüber, die in der Welt nichtmenschlicher Primaten keine Entsprechung hat: Sie befinden sich in einem einzigartigen Abhängigkeitsverhältnis. Wir sind die einzigen Primaten, die aufwendige Nahrungs- und Ressourcenteilung praktizieren, die einzige Spezies, bei der die Weibchen vieler Gesellschaften hinsichtlich Unterkunft und Verpflegung auf die Männchen angewiesen sind. Vogelweibchen, die Mütter bei den Efe-Pygmäen und Schimpansen mit Nachwuchs stellen die eigenständige Nahrungssuche niemals ein. Bei den !Kung San tragen selbst Frauen mit sehr jungen Kindern bis zu 85 Prozent der täglichen Kalorienzufuhr der Gruppe bei. Die Agta-Frauen der Philippinen gehen selbst während der Schwangerschaft auf die Jagd. Ihr Status als Ernährerinnen verleiht ihnen die Macht, Partnerschaften nach Belieben zu beenden, sich Liebhaber zu nehmen, zu kommen und zu gehen, wann sie wollen, innerhalb ihrer Gemeinschaft Mitspracherechte wahrzunehmen und Entscheidungsgewalt auszuüben. Letztlich geht es stets um materielle Ressourcen, sei es in der Kalahari-Wüste, im südostasiatischen Regenwald oder in der Upper East Side und den Ehen der Upper East Side. Wer keine Knollen oder Sha-Wurzeln nach Hause bringt, wer kein Geld verdient, hat in der Ehe nichts zu melden. Oder in der Welt. Punktum.

Die Männer, die ich beobachtete und mit denen ich mich unterhielt (oftmals ungelenk, da alle etwas aus der Übung zu sein schienen), waren nicht nur durch die Umstände begünstigt. Wie männliche Primaten überall verfügten die höchstrangigen unter ihnen über ein ganzes Repertoire an Strategien, um ihre Weibchen auf Gedeih und Verderb an sich zu binden. Mantelpavianmännchen starren ihre Weibchen drohend mit erhobenen Augenbrauen an oder beißen sie in den Nacken, um sie in ihrer haremsähnlichen Gruppe zu halten und an der Paarung mit anderen zu hindern – oft sogar nur daran, sich allzu weit zu entfernen. Rhesusaffen in Puerto Rico verfolgen und verletzen mitunter Weibchen, die versuchen, sich mit niederrangigen Männchen zu paaren. Und viele nichtmenschliche Primatenmännchen begehen Infantizid: Sie töten den jüngsten Nachwuchs anderer Männchen, um das Weibchen wieder paarungsbereit zu machen und den eigenen Nachwuchs austragen zu lassen.

Gewiss, die männlichen Primaten der Park Avenue bedienen sich subtilerer Taktiken. Sie unterjochen die von ihnen abhängigen Weibchen durch völlige Kontrolle über deren Zugang zu den Ressourcen, womit sie sicherstellen, dass sie unbeschadet ihres eigenen Verhaltens weiterhin exklusiven Zugang zu diesen haben. Das Gewähren und Verweigern von luxuriösen Geschenken, von ausgedehnten Urlauben, von Zulagen für die saisonbedingte Aufrüstung der Garderobe und die »Arbeit« an Gesicht und Körper, von Apanagen, mit denen die Wohltätigkeitsarbeit der Frauen finanziert wird, ihr Entréebillet in die öffentliche Welt – all dies ist innerhalb bestimmter Kreise gang und gäbe. Ebenso wie die »Bonuszahlung« an die Ehefrau zum Jahresende, von der mir mehrere Frauen berichteten. Diese Boni können bereits im Ehevertrag festgesetzt worden sein oder aus purer »Großzügigkeit« gewährt – und aus jedem beliebigen Grund verweigert – werden. Es ist ein offenes Geheimnis, über das im Zirkel der Eingeweihten gesprochen wird, auf Vorstandssitzungen ebenso wie bei Frauenabenden: »Bin mir nicht sicher, wie viel ich dieses Jahr spenden kann; weiß noch nicht, wie hoch meine Wohltätigkeitszulage ausfällt.« »Mein Mann hat meinen Jahresbonus noch nicht festgelegt, deshalb kann ich nicht sagen, ob ich dieses Jahr bei den Spendern oder den Mäzenen sitzen werde.« Es handelte sich um Nötigungsstrategien, die als angenehme, großzügige Anreize daherkommen und von vielen hochrangigen Männern eingesetzt werden, um ihre beträchtliche Macht innerhalb der Gesellschaft und ihre absolute Macht innerhalb der Ehe zu zementieren.

Je genauer ich hinsah, desto deutlicher erkannte ich, wie sich die asymmetrische Machtverteilung auswirkte, nicht nur auf menschlicher Ebene, bei den Frauen selbst, sondern auch auf institutioneller, sozialer und kultureller Ebene. Finanziell erfolgreiche Männer in Manhattan sitzen in wichtigen Vorständen von Krankenhäusern, Hochschulen und Stiftungen zur Erforschung prestigeträchtiger Krankheiten – Gremien mit jährlichen »Give/Get«-Beträgen (der Summe der eigenen und der bei Dritten eingeworbenen Spenden) von 150 000 Dollar und mehr. Ihre Ehefrauen dagegen sitzen häufig in weniger einflussreichen Gremien, Damenkomitees und Museen in den Außenbezirken mit jährlichen »Give/Get«-Beträgen zwischen 5000 und 20 000 Dollar. Wohlhabende und mächtige Ehemänner sind Kuratoren renommierter Privatschulen, ihre Gattinnen demgegenüber »Klassenmamis« mit der Aufgabe, ebenso offiziell wie unentgeltlich soziale und kommunikative Anlaufstelle für alle anderen Mütter zu sein. Während ihre Männer Millionen scheffeln, unterwerfen sich privilegierte Mütter mit Kindern der »Mami-Ökonomie« der Upper East Side, und nicht immer aus freien Stücken (»Ich muss mein Ehrenamt ordentlich versehen, damit mein Kind in eine ordentliche Schule kommt«, sagten diese Mamis immer). Sie verschleudern sämtliche Fähigkeiten, die sie an der Universität, im Aufbaustudium und in ihren angesehenen Berufen sorgsam vervollkommnet haben, kostenlos an die Schulen ihrer Kinder – organisieren die Gala, redigieren das Mitteilungsblatt, leiten die Bibliothek, betreiben den Kuchenbasar. Ohne diese Kaste ehrenamtlicher privilegierter Mamis, die jährlich Gratisarbeit im Wert von Hunderttausenden Dollar verrichten, könnten die Schulen gar nicht existieren. Auf gewisse Weise ist die Teilnahme einer Frau an der »Mami-Ökonomie« eine Möglichkeit, sich ausgelastet und nützlich zu fühlen. Es ist auch ein Akt der Extravaganz, der Prahlerei: »Früher habe ich gearbeitet, ich könnte auch jetzt noch arbeiten, aber ich bin nicht darauf angewiesen.« Doch man vergleiche, was einige ihrer Ehemänner erreicht haben oder anstreben – genug Geld anzuhäufen, um nicht nur einfach mit der Arbeit aufzuhören, sondern auch noch das »Spendengelöbnis« abzulegen, einen öffentlichen Eid von Milliardären, die Hälfte ihres Reichtums wegzuschenken.

Frauen speisen mit anderen Frauen, die Kinder haben, bei Freds und Bergdorf Goodman, während ihre Silberrücken-Gatten sich entspannt um die eigenen Wasserlöcher scharen. Vor wenigen Jahren konnte man im 21 Club Henry Kissinger, Roger Ailes und William Safire sitzen sehen, alle kaum einen Meter voneinander entfernt, wie sie von Tisch zu Tisch gingen und ihre Weltherrschaft festigten. Der Grill Room könnte genauso gut ein Herrenklub sein, bemerkte mein Mann einmal, als das Verhältnis weiblich-männlich eins zu vier betrug (andere Männer erzählten mir, normalerweise betrage es eins zu zwei). Dies sind die Orte, an denen Geschäfte abgewickelt werden, und bei dem von mir erforschten Stamm werden Geschäfte vorwiegend von Männern abgewickelt.

Als ich an jenem Abend vor Rebeccas Gebäude stand und ein Taxi heranwinkte, fiel mir wieder die Aussicht aus ihren riesigen Fenstern sechsundzwanzig Stockwerke über mir ein. Im elitärsten Sektor der elitärsten Volkswirtschaft der Welt, in einer winzigen Nische einer bestimmten Wohngegend, gibt es also eine Vielzahl von Frauen, die aus dem Erwerbsleben ausgeschieden sind oder dieses nie nötig hatten. Aus anthropologischer Sicht sind diese wohlhabenden Frauen, die es so gut getroffen zu haben scheinen, mit ihrer geschlechtergetrennten Welt, ihren unbedeutenderen Gremien, ihren Benefizfrühstücken und -mittagessen, ihren Krabbelgruppen und ihren Sommersitzen in den Hamptons auf einer Insel gestrandet. Dank der für sie vorteilhaften Geschlechterverhältnisse, dank ihrer Kontrolle über die Ressourcen und dank ihrer abhängigen Ehefrauen, die für den noch abhängigeren Nachwuchs sorgen, können die privilegierten Männer der Upper East Side tun und lassen, was ihnen beliebt. In Abwesenheit wahrer wirtschaftlicher Gleichheit in der Ehe mögen Männer zwar die Sprache der Partnerschaft sprechen und sich sogar wie Partner verhalten. Doch ein solches Arrangement ist eine Sache des Zufalls und dementsprechend heikel, und selbst in diesem Fall ist die Frau von ihrem Mann abhängig, da dieser seine Verpflichtungen jederzeit ignorieren kann. Zugriff auf das Geld des Ehemannes mag sich gut anfühlen. Doch eine vergleichende Untersuchung der menschlichen Gesellschaft und unserer Verwandten, der Primaten, zeigt, dass ein solcher Zugriff nicht die Macht erkaufen kann, die man erringt, wenn man selbst derjenige ist, der sie erwirtschaftet. Und davon ein Bewusstsein oder auch nur eine Ahnung zu haben, das Ungleichgewicht zwischen der eigenen Macht und der des Ehemannes zu spüren, den Abgrund wahrzunehmen, der da klafft – all das kann einer denkenden Frau schon mal den Schlaf rauben.

EIN XANAX UND EINE BLOODY MARY: MANHATTANER MÜTTER AM RANDE DES NERVENZUSAMMENBRUCHS

———

Ich trage eine olivgrüne Weste mit weiten Taschen und praktische Schuhe mit Gummisohlen und schleiche durch die zweite Etage von Bergdorf Goodman. Getarnt mit lavendelfarbenen Einkaufstüten bin ich auf der Pirsch nach der Richtigen unter all den Pradas und Lanvins. Vergeblich. Mit gesenktem Blasrohr – eins von der Sorte, wie Biologen es in der freien Natur benutzen – nehme ich den Fahrstuhl hinauf zum Dschungel der »Young and fun«-Designer auf Ebene 5. Schwer, unter den Exemplaren um mich herum eine Wahl zu treffen, wo doch so viele meine Kriterien erfüllen: auffallend schlanke, schwer gestresste, unter Schlafentzug leidende, wirtschaftlich privilegierte, fruchtbare Upper-East-Side-Weibchen mittleren Alters. Doch ihre Neigung, in Horden herumzuziehen, und ihre Vorliebe für Lederleggings und Jeans erschweren meine Aufgabe, denn es geht nicht nur um die Wahl des richtigen Tieres, sondern auch um die des richtigen Augenblicks. Ich kann warten. Das hier ist wichtig. Bislang habe ich meist nur das Gruppenverhalten der Horde untersucht. Jetzt muss ich sie individuell verstehen, von innen heraus.

Eine Blutprobe würde mir viel über ihre Physiologie und ihre Gefühle verraten.

Doch dort, ganz hinten am Rand, löst sich eine von ihren Gefährtinnen, um sich einen Kleiderständer von Balenciaga anzusehen. Es kommt noch besser: Sie trägt eine Hose aus dünnem Stoff. Ich nehme sie ins Visier, puste in mein Blasrohr und schieße ihr rasch einen Pfeil in den Hintern. Benommen wankt sie in Richtung Umkleidekabinen; binnen weniger als zwanzig Sekunden bricht sie auf dem weichen Teppichboden zusammen. Als ich sie durch den schweren Vorhang hindurch in den größten der verspiegelten Umkleideräume schleife, erwartet mich bereits der Neuroendokrinologe und Primatenforscher Robert Sapolsky, der es sich zur Aufgabe gemacht hat, Leben und Blutbild von Anubispavianen in Masai Mara, Kenia, zu untersuchen. »Sie haben den Dreh wirklich heraus!«, lobt er mich.

Wir messen ihre Vitalparameter und zapfen ihr schnell und gekonnt Blut ab – wir wissen, dass wir nicht viel Zeit haben. Unsere zierliche, gut gekleidete Menschenaffendame wird auf dem flauschigen Teppichboden zu sich kommen, das halb leere Glas Champagner entdecken, das wir auf dem Tisch im Ankleideraum platziert haben, und vor lauter Schuldbewusstsein niemandem von dieser Episode erzählen. Zu diesem Zeitpunkt werden wir längst wieder auf der Straße sein, unterwegs zum Labor von Quest Diagnostics in der East Fifty-Seventh Street zwischen Park und Lexington Avenue. Mein Gang ist beschwingt, am liebsten würde ich fröhlich pfeifen. Ich bin ganz versessen auf die Geschichte, die das noch warme Blut in den Ampullen in meiner Westentasche uns erzählen wird.

Während ich an diesem Buch schrieb, kehrte der Tagtraum beharrlich wieder, wann immer ich im Bus M 86 den Park durchquerte, mich in der U-Bahn in die Plastikvertiefung quetschte, die sich Sitz nennt, oder auf einer Bank am Rand des Spielplatzes saß, mit anderen Mamis plauderte und nebenbei ein Auge auf die Kinder hatte. Doch die Morphologie zahlreicher Upper-East-Side-Mütter, die ich vom Kindergarten meines älteren Sohnes oder von den Krabbelgruppen meines jüngeren kannte – ihre Körper, ihre Gesichter –, sprach eine eigene Sprache. Die hageren Gesichter, die straffen, stets sprungbereit wirkenden Oberkörper und Gliedmaßen ließen mich bei jeder Begegnung, sei es auf Kindergartenfluren oder bei den gemeinsamen Mittagessen oder Galas, an denen wir teilnahmen, an die Kampf-oder-Flucht-Reaktion von Tieren denken. Ihre Finger und Daumen flogen nur so über ihre iPhones und BlackBerrys. Ihre Kiefer waren verkrampft. Ihre Stirnen waren gerunzelt, wenn sie nicht gerade Botox gespritzt bekommen hatten, in welchem Fall die Lippen alles verrieten. Häufig waren sie geschürzt oder zu einem schmalen Lächeln gefroren, welches nicht etwa Freude, Glück oder Entspanntheit vermittelte, sondern das genaue Gegenteil: »Hi, ich seh dich zwar, aber ich hab's eilig.« Mehr jedoch gaben ihre Augen preis – große, aufmerksame, äußerst wachsame Augen, denen nichts entging, so wie die Gazelle unablässig ihre Umgebung absucht, weil ihr Leben davon abhängt.

Inzwischen wusste ich genug über die Übergangsriten und Initiationsrituale, die eine privilegierte Mami in der Upper East Side durchlaufen musste. Ich wusste, dass ihre Identität zumindest teilweise durch verschiedene Rituale geformt wurde, über die sich alle stillschweigend einig waren: eine »vorteilhafte Partie« zu machen, wie Erzähler in englischen Romanen des 18. Jahrhunderts es nannten; ein Verhör durch den Vorstand einer Co-op zu bestehen und eine Wohnungsrenovierung durchzuführen; ihre Kinder bei prestigereichen Privatschulen anzumelden; täglich zermürbende Fitnesskurse zu besuchen; an der »Mamikonomie« teilzunehmen, jenem Zyklus von Wohltätigkeitsessen, gesellschaftlichen und schulischen Veranstaltungen, die es ihr gestatteten, strategische Bündnisse zu schmieden, um ihren sozialen Rang abzusichern oder zu steigern. Doch oft fragte ich mich, wie es sich wohl anfühlte, in der Upper East Side Gattin eines Alpha- oder eines ihm im Nacken sitzenden Beta-Männchens und Mutter kleiner Kinder zu sein. Obwohl ich mich mittlerweile angepasst hatte, würde ich in der Horde stets ein Neuankömmling bleiben, mit weniger Geld als viele der Frauen um mich herum. Ich war niederrangig und relativ spät dazugestoßen. Insofern konnte ich mich nicht darauf verlassen, dass mein eigenes Gefühl der Überlastung und des Unbehagens beim Hinbringen, bei einer Kindergartenveranstaltung oder in der Krabbelgruppe ein präziser Indikator für ihre Gefühle war. Beim Kaffee und nach Elternabenden fassten einige mitteilsamere Upper-East-Side-Mamis in Worte, was ihre Mienen ausdrückten.

Sie sagten: »Bei jedem Gluckern in der Heizung fahre ich zusammen.«

Und: »Die Lehrerin hat uns gesagt, dass unsere Tochter sich schwertut, in den Pausen Kinder zum Spielen zu finden, und da bin ich in Tränen ausgebrochen.«

Und: »Mein Mann hat mich auf die Schulter getippt, um mich etwas zu fragen, und ich war dermaßen erschrocken, dass ich losgekreischt habe und vom Stuhl gekippt bin. In meinem eigenen Wohnzimmer!«

»Ich weiß genau, worüber du schreiben solltest«, sagte Candace atemlos eines Tages beim Mittagessen. Hastig kramte sie etwas aus ihrer Handtasche und schob es sich in den Mund. Sie hatte sich verspätet – »Der Verkehr war der Horror«, entschuldigte sie sich –, nachdem sie keine vierundzwanzig Stunden zuvor erfahren hatte, dass ihr Sohn sich beim Fußballspielen eine Gehirnerschütterung zugezogen hatte. Ihr Mann war auf Stellensuche. Candace hatte, wie mir ihre dunklen Augenringe verrieten, nicht gut geschlafen. Abgenommen hatte sie auch und sah so dünn aus, als könnte sie jeden Augenblick zerbrechen. Ich wollte sie trösten, aber ich wollte auch hören, was sie zu sagen hatte, weil Candace die überehrgeizigen, megaerfolgreichen Männer und Frauen, deren Leben ich untersuchte, wirklich verstand. Immerhin war sie mit einem dieser Männer verheiratet, und als Veranstaltungsmanagerin von Spitzenevents organisierte sie seit Jahren Babypartys, überzogene Kindergeburtstage und Wohltätigkeitssoirees einiger der reichsten und mächtigsten Akteure Manhattans. Sie hatte sie alle von der schlimmsten Seite erlebt, ohne Maske.

»Über Ängste«, flüsterte Candace jetzt eindringlich über den Tisch hinweg. »Über den Stamm der Mamis und ihre Ängste.«

»Richtig«, sagte ich. Ich nickte und dachte nach. Dann wagte ich mich vor: »Was war denn das für eine Tablette, Candace?«

»Tavor«, antwortete sie nüchtern. Dann atmete sie lächelnd aus und ließ sich in das Lederpolster ihres Sessels zurücksinken, Schultern und Gesicht waren endlich entspannt. Wieder ihr schönes, strahlendes Selbst, fragte sie: »Wollen wir einen Wein bestellen?«

Angstzustände und Stress sind westliche Krankheiten, es sind die Leiden der »WEIRD« (der »Seltsamen«) – ein von dem Anthropologen Jared Diamond geprägtes Akronym für »*western, educated, industrialised, rich, democratic*« (»westlich, gebildet, industrialisiert, reich, demokratisch«). Ein Blick auf die interkulturellen Daten zu einer verlässlichen Messgröße für aus dem Ruder gelaufene Ängste, nämlich der Sozialphobie, liefert den schlagenden Beweis. Liegt der Anteil der an Sozialphobie leidenden Menschen in China, Korea, Nigeria und Taiwan weit unter einem Prozent, so ist er in den Vereinigten Staaten fast zehn Mal so groß. In Amerika leidet jeder Vierte irgendwann einmal unter schweren und anhaltenden Angstzuständen.

Und wie uns die Forschung lehrt, sind Großstadtbewohner besonders gestresst und ängstlich. Überfüllte Straßen und Busse, die hohen Aufwendungen für Kleidung, Nahrung und Wohnung, der Lärm der Presslufthämmer – all das löst offenbar ein Gefühl der Bedrohung und des Kontrollverlusts aus, das zu großer innerer Unruhe, starker Anspannung und explodierenden Zahlen stressbedingter Krankheiten führt. Tatsächlich haben diese spezifischen Bedingungen der Nische Großstadt das menschliche Gehirn verändert, haben unseren cingulären Cortex und unsere Amygdala so modifiziert, dass wir dank dem teuflischsten aller Teufelskreise noch weniger imstande sind, mit Stress umzugehen, als unsere Vettern vom Lande.

Robert Sapolsky, Biologe und Neurowissenschaftler in Stanford und Komplize in meinem Tagtraum über Bergdorf Goodman, hat dargestellt, wie Stress, einst eine lebensnotwendige Anpassungsleistung, eine radikale Wandlung erfuhr und zum charakteristischen Problem unserer Tage wurde: Heute ist Stress chronisch und nicht zu trennen von seiner affektiven Begleiterin, chronischer Angst. »Für das durchschnittliche Säugetier«, erklärt er, »bedeutet Stress drei Minuten Todesangst in der Savanne, dann ist der Stress vorbei – oder das Leben.« Stress entwickelte sich als ein nützlicher, äußerst kurzfristiger, lebensrettender physiologischer Zustand: Das Herz rast, um Sauerstoff durch den Körper zu pumpen, die Lungen arbeiten auf Hochtouren, und der Körper schaltet alles ab, was nicht zum unmittelbaren Überleben beiträgt (wer von einem Löwen gejagt wird, hat keine Zeit für Eisprung, Wachstum oder Gewebeheilung – das kommt später). Bei diesen kurzen Ausbrüchen von Todesangst wird das Blut von Stresshormonen wie Adrenalin und Cortisol geflutet. Hat man den Löwen überlistet oder ist ihm entkommen, sinkt der Stresshormonspiegel wieder.

Heute hingegen »aktivieren wir unsere Stressreaktionen aus rein psychologischen Gründen, und dafür sind sie eigentlich nicht gedacht«, erklärt Sapolsky. Unser Blutdruck steigt auf 180/120, aber nicht etwa, um unser Leben zu retten, sondern weil wir im Stau stecken oder uns Sorgen wegen Terroranschlägen machen. Und wir finden den Ausschaltknopf nicht. Auf diese Weise wird situationsbedingter Stress zu chronischem Stress und zu ständiger innerer Unruhe. Heutzutage »werden die Hormone, die wir früher ausgeschüttet haben, um unser Leben zu retten, unablässig ausgeschüttet, etwa wenn wir uns um die Ozonschicht sorgen oder eine Rede halten müssen«. Eine von Sapolskys bedeutendsten Entdeckungen war, dass unter hierarchisch organisierten Säugetieren – wie Pavianen oder Menschen in der Upper East Side – sozialer Rang mit massivem Stress einhergehen kann, der Blut, Gehirn und Körper verändert, insbesondere dort, wo die Rangordnung instabil ist und Individuen unentwegt um Positionen rangeln. Ich war einen Schritt weiter.

Ein Tropfen Blut – wie ein Tropfen Wein sieht er aus, und so viel kann er uns erzählen, dachte ich, als wir zum Pessach in der Upper-East-Side-Wohnung meines Schwagers und seiner Frau um den Tisch saßen. Mein älterer Sohn liebte diesen Feiertag, mit all seinen ritualisierten Speisen, Handwaschungen und Gebeten. Der Kleine genoss die liebevolle Zuwendung seiner älteren Cousins und Cousinen und die Lieder, wenn auch nicht das Stillsitzen. Zu dieser Tradition und zum Judentum war ich gekommen wie zur Upper-East-Side-Mutterschaft: durch Heirat. Und während meine Nichten und Neffen, mein Schwager, meine Schwägerin und mein Mann die Bräuche durchexerzierten, war für mich und meine Kinder alles neu und faszinierend. Als wir in der Haggada an die Stelle kamen, wo die zehn ägyptischen Plagen aufgezählt werden, die Strafen, die Gott auf den Pharao herabkommen ließ, weil er sich weigerte, die Israeliten aus der Sklaverei zu entlassen, da tauchten wir die Finger in unsere Gläser und hinterließen am Rand unseres Tellers rote Tropfen, für jede Plage einen. Blut. Frösche. Stechmücken. Stechfliegen. Viehpest. Blattern. Hagel. Heuschrecken. Finsternis. Tötung der Erstgeburt. Beim Zuhören dachte ich mir eine andere Version der Plagen aus, die Leiden der Frauen des Stammes, der mir inzwischen so vertraut war. Kopfläuse. Kindergartenanmeldungen. Spendensammeln. Reisende Ehemänner. Intrasexuelle Konkurrenz. Steuerprüfungen. Scheidung. Ich wusste, es gab noch mehr. Viel mehr.

Dem Himmel sei Dank für einen Tropfen Wein.

Als ich vielen der Upper-East-Side-Mamis näherkam, während andere beharrlich Abstand wahrten, fragte ich mich immer häufiger, was »dazugehören« eigentlich bedeutete – für mich, für die Frauen, die jetzt meine Freundinnen waren, und für die, die es nicht waren. Etwas in mir sehnte sich danach, mich einzufügen und von meiner gesamten Adoptivgruppe mit offenen Armen aufgenommen zu werden. Primaten sind nun einmal sehr affiliativ und prosozial, Eigenschaften, die uns von

anderen Spezies unterscheiden: Genau wie Schimpansen, Pavianen oder Makaken bedeuten uns Beziehungen untereinander
mehr als alles andere, selbst wenn wir leicht zynische Mamis
aus Downtown sind. Mein Schmuddelkindstatus, obwohl schon
Monate her, steckte mir noch immer tief in den Knochen. Ich
wusste, dass derlei erniedrigende Initiationsrituale unter menschlichen wie nichtmenschlichen Primaten nichts Ungewöhnliches
waren, und bezweifelte, dass das Ausgrenzen, das demonstrative Sich-Abwenden persönlich gemeint war. Doch in den pri-
mitivsten Bereichen meines Hirns nährte ich noch immer die
Angst, abermals ausgeschlossen zu werden. Alle Frauen wollen
dazugehören – seien es Hippies in Berkeley, Supermütter in
Omaha oder TriBeCa-Neuzugänge, die von der Upper East Side
nach Downtown ziehen. Etwas in mir verspürte den Drang,
mich den Regeln zu fügen: mich richtig zu kleiden, im Eltern-
beirat zu sitzen, andere zum Mittagessen zu treffen. Währenddessen grübelte mein Vorderhirn, was passieren würde, wenn
ich es nicht täte oder es nicht könnte. Wie tanzte man aus der
Reihe – und was geschah dann?
Scheidung und Schrumpfung des Einkommens – die Sch-Pla-
gen, wie ich sie nannte – schienen mir zwei Ereignisse zu sein,
die den Ausschluss aus der Gruppe beschleunigen konnten. Ist
eine Frau erst einmal geschieden, wird sie wahrscheinlich nicht
mehr genug Geld haben, um auf demselben Niveau mitzuspie-
len – sich Eintrittskarten für Veranstaltungen zu kaufen, sich
den Kurztrip-Partys in St. Barths, Paris und Miami anzuschließen. Dies ist einer der Gründe, weshalb sie weniger Einladungen erhalten wird. Der andere: Geschiedene Frauen wecken in
ihren Geschlechtsgenossinnen oft die Angst, »das könnte auch
mir zustoßen«. Und dass sie »auf der Pirsch ist und versuchen
könnte, einer anderen den Mann auszuspannen«. Wie ein ge-

schiedenes Mitglied des Stammes mir sagte: »Das war's dann für mich. Als fünftes Rad ist's gruselig.« Als geschiedenes Stammesmitglied behält man vielleicht ein, zwei Freundinnen, aber das Sozialleben ist massiv eingeschränkt.

Der Gedanke, dass bei einem Zerbrechen der Ehe auch das ganze bisherige Leben zerfallen könnte, war zweifellos bedrohlich. Doch die Geschichte, die mir gar nicht mehr aus dem Sinn ging, war die einer Frau, die ich Lena nennen will. Nach dem Crash 2008, so heißt es, verloren sie und ihr Mann beinahe alles. Die Hamptons-Villa direkt am Meer. Die klassische, aus einem Sieben- und einem Achtzimmerapartment zusammengelegte Wohnung am Central Park. Sie nahmen ihre Kinder von den prestigeträchtigen Privatschulen, wo sie zu den Großspendern und Vorstandsmitgliedern gehört hatten, die über die Aufnahme anderer Kinder mitentschieden – ein gewaltiges kulturelles Kapital. Dahin. Sie zogen in die 110th Street, an die Grenze zu Harlem. Ohne irgendjemandem davon zu erzählen, nahm Lena eine Stelle in einem exklusiven Kaufhaus in einem exklusiven Einkaufszentrum in einem exklusiven Manhattaner Bezirk an. Einerseits war das schlichte Notwendigkeit. Andererseits jedoch war es mutig, weil ein Schritt nach unten. Eines Tages tauchten mehrere Frauen aus ihrer Bekanntschaft im Laden auf und waren entgeistert, dass Lena »die Seite gewechselt hatte« und ihnen jetzt Schuhe zum Anprobieren brachte. Andere Freundinnen hätten sich vielleicht um Lena geschart und eine massenhafte Shoppingexkursion zu dem schicken Laden organisiert, in dem sie arbeitete, um ihr zu hohen Provisionen zu verhelfen. Sie hätten ihr die Hand reichen und ihr Mut machen können. Zumindest hoffe ich, dass ich so gehandelt hätte. Stattdessen ließen Lenas frühere Gefährtinnen sie einfach fallen. Irgendwie überraschte mich das nicht. Aber es ärgerte mich. Es führte mir wieder einmal vor Augen, wie fremd mir einige der Frauen um mich herum waren, wie groß die Kluft zwischen dem, was ich und was sie empfanden und taten. Es war, als lebten sie in einem Kastensystem und als sei Lena besudelt, rituell unrein. Lena und ihr Leid erregten Angst – deshalb wurde sie zum Tabugegenstand. Vielleicht glaubten diese Frauen, Lena würde sich in ihrer Gegenwart gedemütigt fühlen, aber so recht daran glauben wollte ich nicht. Und wäre das etwa ein Grund, eine Freundin zu verstoßen?

»In dieser Welt ist die Einstellung, wenn's mit einer Freundin bergab geht, mehr oder weniger: ›Sieh zu, wie du allein zurechtkommst‹«, erklärte mir eine frisch von ihrem wohlhabenden, mächtigen Gatten geschiedene Frau bei einem Kaffee. Die Königin der Bienenköniginnen rede nicht mehr mit ihr, sagte sie, und ich meinte, das sei vielleicht ein Segen. Aber ich wusste, wie sich ihre Ächtung, ihr Fallengelassenwerden anfühlen musste, und litt mit ihr so, wie ich mit Lena litt.

Irgendwann, so ging die Geschichte weiter, verließen Lena und ihr Mann die Stadt. Voller Interesse und Erleichterung hörte ich, sie sei Buddhistin geworden und glücklich. Doch für bestimmte Frauen existierte sie nicht mehr. »Ich glaube, die ist in irgend so ein Hippiedings gezogen. Irgendeiner Sekte beigetreten oder so ähnlich«, formulierte es eine Frau, die ich nach Lenas Geschichte fragte. Für sie war sie gestorben.

Es kam mir vor, als sei für meinen Stamm von Mamis die Upper-East-Side-Kultur, in der sie lebten, schon an sich eine schlimme Plage. Anpassungsdruck, Perfektionswahn, Betonung der äußeren Erscheinung und Wahrung des Scheins sind in der Upper East Side außerordentlich und unerbittlich. Meine früh

gewonnene Erkenntnis, dass ich mich in Schale werfen musste, wenn ich an der Ecke einen Liter Milch kaufen wollte, war
nur die Spitze des Eisbergs. Nur wer für soziale Untertöne völlig unempfänglich ist, hätte nicht den Druck verspürt, der auf
allen lastete: perfekt gekleidet, perfekt geschminkt, perfekt frisiert zu sein und stets im richtigen Augenblick mit der richtigen
Begleitung auf der richtigen Veranstaltung gesehen zu werden.
Aber die Sache ging noch tiefer. Lenas Geschichte hatte mich
gelehrt, dass in der Welt der Upper East Side genau wie in der
Welt der Beduinen oder der Roma eine Kultur der Ehre und
Schande vorwaltet. Hauptinstrument sozialer Kontrolle ist nicht
die Angst, in die Hölle oder ins Gefängnis zu kommen, sondern Scham und die Angst, nicht hineinzupassen, herauszufal-
len oder ausgeschlossen zu werden. Und in der Upper East Side
kann man, genau wie in China oder in bestimmten Stämmen
der amerikanischen Ureinwohner, die Ehre oder »das Gesicht«
verlieren – nicht den physischen Körperteil, mit dem man spricht
und isst und den man schminkt, sondern Prestige, Ansehen,
ja das eigentliche Ich. Marcel Mauss schrieb über die Ureinwohner der amerikanischen Nordwestküste:

> Der Kwakiutl- oder Haida-Adlige hat genau die gleiche Vorstel-
> lung vom »Gesicht« wie der chinesische Mandarin [...]. Von ei-
> nem der großen mythischen Häuptlinge, der keinen Potlatsch
> gab, heißt es, er habe ein »verfaultes Gesicht«. [...] [S]ein Anse-
> hen verlieren bedeutet [...], seine Seele verlieren: Es ist wirklich
> das »Gesicht«, die Tanzmaske, das Recht, einen Geist zu ver-
> körpern, ein Wappen oder Totem zu tragen – es ist wirklich die
> *persona*, die auf dem Spiel steht und die man beim Potlatsch, dem
> Spiel der Gaben, verliert, so wie man sie im Krieg oder aufgrund
> eines Verstoßes gegen das Ritual verlieren kann.

Oder, könnte Mauss im Hinblick auf die von mir untersuchten Frauen heute hinzufügen, die man verliert, wenn man sein Geld verliert. Oder Bettwanzen hat.

Für Menschen in ganz New York sind Bettwanzen und Kopfläuse eine unangenehme, anstrengende Realität, für privilegierte Upper-East-Side-Mütter wie meine Freundin Gina jedoch viel mehr als das. Tagelang vergoss Gina Tränen – und nicht nur deswegen, weil es so teuer, zeitaufwendig und nervenaufreibend ist, sie loszuwerden. Nicht nur deswegen, weil sie von Kopf bis Fuß mit juckenden Stichen übersät war und nachts im Bett keine Linderung, sondern nur noch mehr Stress erfuhr. Und nicht einmal oder auch nur hauptsächlich deswegen, weil das Familienapartment möglicherweise auf Jahre unverkäuflich wäre, da neue Gesetze den Verkäufer dazu verpflichteten, offenzulegen, dass sein größter Vermögenswert mit Ungeziefer verseucht gewesen ist. Nein. Am allermeisten fürchtete Gina, ihre Freundinnen könnten davon erfahren. Ihre Identität beruhte darauf, Spieltreffen bei sich zu Hause stattfinden zu lassen und das perfekte Heim vorweisen zu können. Bettwanzen beinhalteten das beängstigende Risiko, von der Gruppe verstoßen zu werden. »Niemand wird mehr kommen wollen!«, klagte sie mir. Hatten ihre Kinder kein Sozialleben mehr, dann war auch ihres vorbei. Und wir wissen, was Bindungslosen in einer Welt widerfährt, die auf sozialen Bindungen und Hierarchien beruht: der gesellschaftliche Tod (und, wenn man ein Pavian ist, sogar der physische Tod).

Viele der Mütter, die ich kannte, teilten Ginas übersteigerten Sinn für gesellschaftliche Schande und Demütigung – nicht nur bezüglich katastrophaler Lebenseinschnitte wie Scheidung oder finanziellem Bankrott, sondern auch wegen der drei Kilo zu viel, wegen eines Kindes, das Beschäftigungstherapie benötigt, oder weil man sich nicht zwei Wochen Aspen leisten kann. In einer Kultur der Ehre und Schande, in einer Welt, die erwartet, dass man nicht die kleinste Cellulitedelle, nicht das winzigste Borstenhaar hat, in einer Welt, in der die eigene Existenz davon abhängt, was man zum Potlatsch verschenkt, wie man den Haushalt führt oder dass man keine Problemkinder hat, verliert man sehr leicht das Gesicht. Sünde gibt es nicht, wahrscheinlich auch keinen Gott – der Stamm war traditionell monotheistisch, jedoch überwiegend postreligiös –, aber Schande, die gibt es. So befremdlich man es finden mag – hat man sich in die kulturelle Logik des Gesichtsverlusts erst einmal hineingefunden, wird einem rasch bewusst, wie schon die bloße Möglichkeit einer öffentlichen Demütigung zu einer wirklichen Belastung werden kann. Diese erschöpften, hageren Gesichter. Noch ein Tropfen Wein.

Was den Stamm betraf, hatte Candace fast immer recht, und als ich ihrem Hinweis nachging, fand ich heraus, dass hinsichtlich Angst und Sorge tatsächlich eine Kluft zwischen den Geschlechtern besteht. In entwickelten (nicht jedoch in unterentwickelten) Ländern leiden bemerkenswerterweise doppelt so viele Frauen unter Angststörungen wie Männer. Aber ich hatte geglaubt, mein Stamm sei eine Ausnahme. Schließlich kannte ich aus eigener Erfahrung den entscheidenden Vorteil, den eine vergleichsweise privilegierte Manhattan-Mami genießt: die Möglichkeit, sich nicht nur gegen wirkliche Katastrophen abzuschirmen – eine Erkrankung ohne Versicherungsschutz oder die Unfähigkeit, die eigenen Kinder zu ernähren –, sondern auch gegen die Zumutungen des Großstadtalltags, sei es durch Massagen oder ein Wochenende auf dem Land. Ich war davon ausgegangen, dass die superreichen Mamis aus dem

Kindergarten und der Krabbelgruppe meiner Söhne dank ihres exponentiell größeren Reichtums, dank ihrer Privatflugzeuge, ihrer dreiwöchigen Bade- und Ski-Aufenthalte in der Karibik und in Aspen (oder auf den Turks- und Caicosinseln und in Vail, Colorado), ihrer einwöchigen Frauenurlaube auf den Canyon-Ranch-Gesundheitsfarmen und ihrer Anwesen an der Further Lane, die sie dem Großstadtgetümmel entrückten, auch exponentiell gelassener sein müssten. Wenn die Kinder auf der allerbesten Schule waren oder das allerbeste Kindermädchen hatten – eines, an das man über eine Agentur herankam, die eine saftige Gebühr dafür einstrich, dass sie Eltern mit der Crème de la Crème der Kinderbetreuerinnen zusammenbrachte –, sollte man da nicht, was das Wohlbefinden dieser Kinder anging, ein gewisses Maß an Ruhe und Zuversicht verspüren? Ich nahm an, dass damit alle Sorgen zerstreut sein müssten. Und dass aller anderweitige Stress, alle anderweitigen Ängste hausgemacht waren, weil sich die Frauen, die ich kannte, um die falschen Dinge sorgten und es ihnen nicht gelang, im Augenblick zu leben und zu genießen, was sie hatten.
Falsch. Wie sich herausstellte, traf eine alte Weisheit zu. Selbst wenn man Faktoren wie Armut, Krankheit und Hunger unter Kontrolle hat – Glück kann man für Geld nicht kaufen. Und Angstfreiheit schon gar nicht. Eher scheint das genaue Gegenteil zuzutreffen: Zusätzlich zu den alltäglichen Stressoren des Großstadtlebens verwandelte eine ganze Reihe nischenspezifischer Faktoren reiche Upper-East-Side-Mamis in regelrechte Nervenbündel. Ich begriff, dass Muttersein in einem Klima extremer ökologischer Entlastung und in einer Kultur der Ehre und Schande den idealen Nährboden für Angst bietet. Im Grunde genommen war das perfekte Leben dieser Mamis das Schlimmste, was ihnen widerfahren konnte.

Die Ideologie der »intensiven Bemutterung«, die dem Westen und insbesondere den Wohlhabenden dort eigen ist, war für die von mir untersuchten Mamis gewiss eine Plage. Die Soziologin Sharon Hays, die den Begriff geprägt hat, definiert intensive Bemutterung als ein »geschlechtsspezifisch geprägt[es Modell, das Mütter veranlasst], einen enormen Aufwand an Zeit, Energie und Geld für die Betreuung und Erziehung ihrer Kinder zu betreiben«. Hays zufolge wird jeder vermögenden Frau ständige emotionale Verfügbarkeit, ein endloses Angebot von Aktivitäten sowie die ständige Überwachung des psychischen Zustands und die »Pflege« der »geistigen Entwicklung« ihrer Kinder abverlangt. Gelingt es ihr nicht, sie in jeder Hinsicht zu fördern, oder lässt sie sie einfach in Ruhe, grenzt dies an Vernachlässigung. Im Gegensatz zu meiner eigenen Mutter war mein Stamm von Mamis unablässig im Dienst: Man veranstaltete Backprojekte, um den Kindern Bruchrechnen beizubringen, man unternahm pädagogisch wertvolle Ausflüge ins Museum und »engagierte« sich im Kindergarten. In diesem Bezugssystem ist Mutterschaft eine angstbesetzte, kraftraubende, hochriskante Aufgabe rund um die Uhr. In der Upper East Side gibt es fast gar kein Bewusstsein dafür, dass es die Widerstandsfähigkeit des Kindes stärken oder dass das Kind ein glücklicherer, stabilerer Mensch sein könnte, wenn es auch einmal versagen oder frustriert sein darf. Nein, wenn ein Kind versagte, wenn es beim ERB-Test nicht 99,9 Prozent erzielte, im Malunterricht kein herausragendes Bild produzierte, beim Hindernis- oder Wettlauf nicht gut abschnitt, so war dies offenbar kein Anlass, pädagogisch auf sie einzuwirken, sondern galt als Nachweis elterlichen Versagens.

Bemuttert man jedoch tatsächlich intensiv, gibt man sein Alles, so riskiert man zugleich den Vorwurf, die Kinder zu verzärteln und als »Helikoptermutter« bezeichnet zu werden. Kein Wunder, dass die Untersuchung einer Stichprobe von 181 Müttern mit kleinen Kindern ergab, dass diejenigen unter ihnen, die sich einer intensiven Bemutterung verschrieben hatten, in hohem Maße unter Ängsten und Depressionen litten. Umgekehrt ist man eine »schlechte Mutter«, wenn man sich ausklinkt, ein Klatschmagazin liest und die Kinder derweil fernsehen lässt. Was wäre vom evolutionären Programm der Mutterschaft – Kinder, die den ganzen Tag mit Kindern unterschiedlichen Alters verbringen, wobei sich die Jüngeren Fähigkeiten bei den Älteren abschauen, damit sie zu Hause helfen können, während die Mütter ihre Zeit mit Schwestern und Cousinen verbringen und gemeinsam erziehen – weiter entfernt als die Plage der intensiven Bemutterung? Noch ein Tropfen Wein am Tellerrand.

Irgendwann dämmerte mir, dass eine weitere Plage meines Stammes von Müttern darin bestand, dass sie Wahlmöglichkeiten hatten und das Geld, ihre Wahl auch tatsächlich zu treffen. Zunächst war ich überrascht. Oft heißt es ja, den Reichen stünden Möglichkeiten offen, die den Armen verwehrt blieben, die Wahl zu haben sei ein Privileg. Und das stimmt ja auch. Die Option, sein Kind auf eine Privatschule mit geringer Klassengröße schicken zu können statt auf eine überfüllte öffentliche Schule ist ein klarer Vorteil. Ebenso die Option, sich zwischen den beiden sichersten Autos entscheiden zu können, weil man sich jedes von ihnen leisten kann, statt das preiswerteste Modell mit schlechten Crashtestwerten kaufen zu müssen. Bei diesen und anderen Beispielen erhöhen Wahlmöglichkeiten und die wirtschaftlichen Privilegien, denen sie sich verdanken (welcher Volvo, welcher Krebsspezialist oder welches Kindermädchen vom britischen Norland College?), nicht nur die Lebensqualität, vielmehr schützen sie Leib und Leben. Aufgrund meiner Beobachtungen der Mamis um mich herum erfuhr ich aus nächster Nähe, was die Forschung herausgefunden hat: Zu viele Wahlmöglichkeiten sind anstrengend. Sich mehr als drei oder vier Optionen gegenüberzusehen begünstigt negative Auswirkungen wie Bedauern, hochgespannte Erwartungen und Enttäuschungen. Und je größer die Wahlmöglichkeiten, desto größer die negativen Auswirkungen – sie führen zu Ängsten. Nur ein einziger Faktor kann diese Auswirkungen abmildern: wenn die Betreffenden für ihre Entscheidungen nicht verantwortlich gemacht werden. Privilegierte intensive Mutterschaft jedoch bewegt sich in genau der gegenteiligen Situation. Für die potenziell lebensverändernde Wahl des besten und sichersten Kindersitzes, Buggys und Bioapfels ist man ganz und gar verantwortlich. »Ich habe keine Ahnung, welche ich nehmen soll«, rief mir eines Tages eine Mami im Kindergartencafé zu, die einen Stapel Lebensläufe von Kindermädchen vor sich hatte. Sie wollte wieder Vollzeit arbeiten. »Und es ist ja nicht egal, wen ich aussuche. Hier geht's um meine Kinder!«

Nennen Sie's ruhig ein »Problem der Ersten Welt«, aber nur, wenn Sie begreifen, dass es genau das ist. In großen Teilen der Welt ist Kinderbetreuung kein Thema, weil der Satz »Es braucht ein ganzes Dorf, um ein Kind zu erziehen« keine wohlfeile Parole ist, sondern einer Lebensart entspricht. So können Frauen arbeiten, Erfüllung finden und ein Leben auch abseits der Mutterschaft führen, ohne Schuldgefühle zu haben. Oder Ängste. Noch ein Tropfen Wein.

Weibliche oder männliche Kindermädchen, Haushälterinnen und Putzfrauen sind die wichtigsten Verbündeten der privilegierten Mami. Und nicht selten, so erfuhr ich aus erster Hand und von anderen Müttern, ihre ärgsten Widersacher. Und eine bedeutende Quelle der Angst. Bevor ich Kinder hatte und nach Uptown zog, stellte ich mir immer vor, es sei ganz einfach, zu den Leuten, die für mich im Haushalt arbeiteten, eine gute Beziehung zu haben. Wenn ich »nett« und respektvoll wäre, würde unser Kindermädchen »glücklich« sein und gute Arbeit leisten. Das reichte. Frauen, die Probleme mit ihren Kindermädchen und Haushälterinnen hatten, vermutete ich, spielten auf unfaire Weise ihre Macht gegenüber Schwächeren aus und zahlten dafür den Preis. Doch diese Beziehungen zu leben hieß, wie ich schnell herausfand, zu lernen, dass sie weitaus spannender, vielschichtiger und angsteinflößender sind als alles, was die *Nanny Diaries* suggerieren. Da ist zunächst einmal die Frage des Geldes. Viele der Kindermädchen, die ich kannte, verdienten mehr als 100 000 Dollar im Jahr und bereisten die Welt im Privatjet. Sie hatten bezahlten Urlaub, bekamen ihre Krankenversicherung zur Hälfte oder gar vollständig bezahlt und erhielten großzügige Sonderzahlungen. Von Ausbeutung konnte keine Rede sein. Deshalb schockierte es mich immer wieder, wenn sich diese Kindermädchen und ihre Chefinnen – jawohl, Chefinnen, denn in dem von mir untersuchten Stamm mischen Väter sich nur sehr, sehr selten in Haushaltsfragen ein – in Machtkämpfe verwickelten. »Die hat geglaubt, ich brauche sie mehr als sie mich«, berichtete mir eine Frau trübsinnig über eine recht typische Abwärtsspirale in der Beziehung zwischen Kindermädchen oder Haushälterin und Chefin. »Als sie merkte, wie wichtig sie war, hat sie ständig mehr verlangt. Am Ende kamen wir uns richtig ausgenutzt vor.«

Mütter mögen zwar das meiste Geld haben, doch die Macht haben in Wahrheit die Kindermädchen – die Macht, unser Leben einfacher zu machen, unsere Zeitpläne und unser Leben, ob unabsichtlich oder nicht, auf den Kopf zu stellen, und die gewaltige Macht, für die verletzlichsten unserer Familienmitglieder zu sorgen. Da draußen gibt es jede Menge wunderbarer, liebevoller Kindermädchen. Das Kindermädchen einer Freundin besuchte Kinderpflegekurse am Jüdischen Gemeindezentrum – nicht auf Geheiß anderer, sondern aus eigenem Antrieb. Meine Freundin erfuhr von dieser Eigeninitiative erst, als sie auf der Küchentheke die gefalteten Notizen des Kindermädchens neben ihrer Handtasche fand. In gebrochenem phonetischem Englisch hatte die Frau alles mitgeschrieben und es dann peinlich genau ins Spanische übersetzt. Ohne darum gebeten oder dafür entschädigt worden zu sein, hatte sie sich stundenlang dieser Mühe unterzogen, nicht nur aus Hingabe an ihren Schützling und ihre Arbeitgeber, sondern auch aus dem Wunsch heraus, ein besseres Kindermädchen zu werden. Als vor einem Lebensmittelgeschäft in der Upper West Side ein Baugerüst einstürzte, riskierte eine andere Nanny ihr Leben, um ihren Schützling, ein Baby, zu suchen. Die Ersthelfer warnten sie, es sei zu gefährlich, doch sie riss sich von ihnen los und durchwühlte den Schutt, und tatsächlich fand und rettete sie den Säugling (der unverletzt war, wenn auch vielleicht nur wegen ihres Mutes und ihrer Hingabe).

Es gibt auch missgünstige Kindermädchen oder solche, die weder Erfahrung mit noch Interesse an Kinderbetreuung haben und die den Beruf nur so lange ausüben, »bis ich weiß, was ich wirklich machen will« (das sind die Universitätsabsolventinnen Mitte zwanzig), oder weil sie für nichts anderes qualifiziert sind. Einige unterminieren. Andere rasten aus. Wieder andere haben ein schlechtes Urteilsvermögen oder eine katastrophale Einstellung. Eines Tages, als es plötzlich so stürmisch wurde, dass die Polizei die Bevölkerung warnte, Straßen und Plätze zu meiden, rief eine Freundin ihr Kindermädchen an und bat sie, mit den Kindern nach Hause zu kommen. Ihr Siebenjähriger meldete ihr später, die Nanny habe aufgelegt und zu ihm gesagt: »Deine Mutter ist verdammt albern.« Es gibt passiv-aggressive Kindermädchen, die sich gerade dann krankmelden, wenn die Mütter wichtige Termine im Familienkalender stehen haben. Oder die Chaos hinterlassen, um etwas zu beweisen. Kindermädchen und Mütter verstricken sich häufig in Machtkämpfe. Sie geraten in Streit. Oft sitzen sie unter einem Dach, brauchen einander und hassen einander. Die Unwägbarkeiten der sozioökonomischen und kulturellen Unterschiede (bei Kindermädchen aus anderen Ländern), der Entwicklungsabstände (bei solchen Mitte zwanzig) und des Neids (»Meine Kinder sehen sie öfter als mich!«, könnte eine Mutter schäumen; »Warum soll sie so viel haben und ich so wenig?«, mag es im Kindermädchen gären) – all das prallt hier aufeinander, wird in den eigenen vier Wänden verhandelt. Es kann hilfreich oder unerträglich sein, ein Kindermädchen zu haben oder ein Kindermädchen zu sein und eine Mutter zur Chefin zu haben. Aber noch nie habe ich jemanden sagen hören, es sei einfach.

Die Beziehung zu einer Nanny kann so komplex sein wie eine Ehe, und ob die Chemie stimmt, ist völlig unvorhersehbar. Aber genau dies ist ein, wenn nicht sogar der entscheidende Faktor für den Angstlevel und die Lebensqualität einer Upper-East-Side-Mami. Früher hätte ich vielleicht gespottet: »Aber du hast doch die Macht, sie zu feuern!« Doch jetzt, da ich es selbst durchgemacht habe, frage ich mich: Und was dann? In einer Kultur, in der es, wie Anne-Marie Slaughter angemerkt hat, keine Infrastruktur für Kinderversorgung, keine staatlichen Normen, keine Überprüfung oder Überwachung von Betreuungspersonen gibt, sind Mütter und Kindermädchen viel zu sehr voneinander abhängig und beider Möglichkeiten viel zu begrenzt, als dass es so einfach sein könnte. Noch ein Tropfen Wein.

Und dann ist da der gordische Knoten, die dreifach bedrohliche Plage meines Stammes: das Zusammenspiel von Kalorienreduktion, sinkendem Östrogenspiegel und Schlaflosigkeit, das, wo ich auch nachfragte, fast jede Mutter kleiner Kinder peinigte. Wie ängstlich und elend man sich fühlt, wenn man unter Schlafentzug leidet, hormongebeutelt und dauerhungrig ist, lässt sich gar nicht überschätzen. Während meiner Karriere als Upper-East-Side-Mutter bekam ich es selbst zu spüren. Frauen, die Heirat und Kinderkriegen auf später verschieben, mögen eine bessere Sicht auf die Dinge haben als Frauen in ihren Zwanzigern, ein markreicheres Hirn und größere soziale und finanzielle Sicherheit. Doch verglichen mit den jungen Müttern haben wir weniger Energie. Und es fällt uns schwerer, unsere Batterien wieder aufzuladen, wenn wir die Erholung finden, die wir so dringend benötigen. Wenn ab Mitte dreißig der Östrogenspiegel sinkt, ja manchmal sogar dramatisch abstürzt, ist an Schlaf nicht zu denken. Niedrigere Östrogenspiegel halten einen jedoch nicht nur wach. In der Forschung setzt sich allmählich die Auffassung durch, dass sich die weibliche Anfälligkeit für Ängste und Stimmungsschwankungen zu einem großen Teil mit Östrogenmangel erklären lässt. Bei gesunden Frauen und Rattenweibchen dämpft Östrogen Angstreaktionen: Je mehr Östrogen im Blut der Frauen, denen man Aufgaben zur Angstüberwindung stellte, desto weniger schreckhaft waren sie. Kurzum, zusammen mit dem Östrogen schwindet auch die Gelassenheit.

Dazu gebe man als weitere Plage noch eines der absurdesten Gebote der Upper East Side: frau sei so fit, fettfrei und sylphidenhaft wie nur möglich. Auf einer Geschäftsreise nach Abuja, Nigeria, besuchte mein Mann einmal einen Markt, um nach einem Mitbringsel für mich zu suchen. Eine rundliche Frau in einem leuchtenden traditionellen Gewand half ihm, die farbenfrohen Stoffe an ihrem Stand zu durchwühlen, und fragte: »Ist Ihre Frau dick?« Als er verwirrt entgegnete: »Wie bitte? Nein, sie ist dünn«, senkte sie beschämt die Augen. Gemeint hatte sie: »Ist Ihre Frau gesund und schön? Sind Sie ein reicher Mann?« Sie habe jeden Blickkontakt vermieden, berichtete er, sogar als er bezahlte und sich für ihre Hilfe bedankte. Seine Frau war dünn, und er hatte es zugegeben. Genauso gut hätte er mit Pestbeulen übersät sein können. Aber hier in der Upper East Side ist nichts schneller ausverkauft als Size Double Zero. Frauen sind dünn, dünner, am dünnsten. Das ist unser ureigenstes Kennzeichen von Schönheit und Wohlstand, und die Messlatte hängt hoch. »Abgesehen von Hollywood und der Welt der Models kenne ich keinen Ort, wo der Druck, dünn zu sein, höher wäre«, stellte die Manhattaner Psychoanalytikerin Stephanie Newman in ihrer Privatpraxis in der Upper East Side fest, wo sie viele Patientinnen mit Essstörungen behandelt. Und je dünner man ist, sagen uns die Endokrinologen, desto weniger Östrogen hat man. Fett ist zwar nicht zwangsläufig gesund, aber Fettzellen produzieren Östrogen, und Östrogen steuert Ängsten entgegen. Nervosität und Dünnsein gehen also Hand in Hand – wie Dolce & Gabbana.

Dünn und hungrig zu sein und statt einer anständigen Mahlzeit Grünkohlsaft zu sich zu nehmen – in dem von mir untersuchten Stamm weitverbreitete Sitten und Gebräuche – schlägt sich nicht nur auf den Östrogenspiegel nieder. Die Bedingungen eines berühmten Hungerexperiments an sechsunddreißig Kriegsdienstverweigerern während des Zweiten Weltkriegs entsprechen ziemlich genau den alltäglichen Gepflogenheiten vieler Frauen in der Upper East Side und den heutigen amerikanischen Standardempfehlungen zur Gewichtsreduktion: ein tägliches Defizit von 500 bis 600 Kalorien, um ein bis zwei Pfund pro Woche zu verlieren (die Teilnehmer des Experiments hatten 1600 Kalorien am Tag bekommen und marschierten wöchentlich 22 Kilometer, mit dem Ziel, zweieinhalb Pfund pro Woche abzunehmen). In dieser Studie litten die Teilnehmer bald an Lethargie, Reizbarkeit und signifikanter Ängstlichkeit, verbunden mit Schwindel, Kälteempfindlichkeit, Haarausfall, Ohrensausen, Konzentrationsschwäche und Verlust des Sexualtriebs. Nahrung wurde zur Besessenheit, und wenn sie sich zum Essen niedersetzten, ersannen sie komplizierte Rituale, ähnlich wie Magersüchtige, die Rituale rund um Zubereitung und Verzehr entwickeln.

Kurzum, das ganze Experiment glich einem gewöhnlichen Mittagessen im Sant Ambroeus. Und man sollte bedenken, dass derartige Ernährungsbeschränkungen immerhin sechs Prozent der motivierten und gesunden Probanden in eine psychiatrische Klinik führten. Ein Mann war selbstmordgefährdet, ein anderer hackte sich drei Finger ab. Kein Wunder also, dass die Frauen um mich herum, Frauen, für die »Safttage«, »Fastentage«, »Detoxtage« und stundenlanges rigoroses Fitnesstraining zum Leben einfach dazugehörten, immer so gereizt waren. Hingegen war es ein Wunder, dass sie einander in den Aufzügen des Kindergartens nur giftige, neidische Blicke zuwarfen, statt sich und andere mit dem Fleischbeil zu zerstückeln.

Tatsächlich sorgt das Absinken des Östrogenspiegels bei dünnen Frauen mittleren Alters – eine Beschreibung, die haargenau auf meinen Stamm passt – für gesteigerte Aggression. In einer anderen Studie ließen Forscher Frauen, die die Kriterien für starke innere Anspannung erfüllten, und solche, die sie nicht erfüllten, an einem Punkteabzugspiel zur Aggressionserfassung teilnehmen. Bei stark angespannten Frauen stellten sie eine höhere Angriffsquote fest und beobachteten zu ihrer nicht geringen Überraschung, dass die Angriffsoption des Spiels keine positiven Auswirkungen auf den Punktestand hatte und »daher ein Fall von rein boshafter reaktiver Aggression« war. Aha, dachte ich bei der Lektüre und erinnerte mich an die Gehwegattacken, die sich hier, wo ich mein Basislager aufgeschlagen hatte, täglich ereigneten.

Und für jede Plage ein Tropfen Wein. Oder ein Glas. Oder gleich mehrere.
Die reichen Ehemänner in der Upper East Side sammeln Rotweine. Die Weinkeller ihrer Häuser in den Hamptons sind eine Form kulturellen Kapitals. Sie legen nahe, dass sie selbst nicht einfach wohlhabende Konsumenten, sondern kultivierte und gebildete Kenner sind. Eine Flasche Rotwein öffnen sie, um zu genießen und um zu teilen, aber auch aus Gründen der Macht. Genau wie die »richtige« zeitgenössische Kunst signalisiert der »richtige« 94er Pomerol nicht nur, was man hat, sondern auch, was man draufhat. Wenn in Manhattan Paare gemeinsam ins Restaurant gehen, ist es der Ehemann, der – manchmal nach Beratungen mit dem anderen Ehemann am Tisch – für eine dreistellige Summe Wein bestellt.
Ihre Frauen hingegen trinken, um überhaupt noch zurechtzukommen, gewöhnlich Weißwein (nach Rotwein, sagen sie, können sie nicht schlafen). Eine Upper-East-Side-Frau mit kleinen Kindern zu sein heißt Wein zu trinken. Landesweit bilden

Frauen den Wachstumsmotor des Weinhandels – und jeder in den Postleitzahlbezirken 10021, 10075 und 10028 weiß es. Das New Yorker Gesundheitsamt hat festgestellt, dass die Bewohner der Upper East Side in fast jeder Hinsicht gesünder sind als die restliche Stadtbevölkerung. Nur in einer Hinsicht fallen sie durch: Bei ihnen liegt die Wahrscheinlichkeit exzessiven Alkoholkonsums 35 Prozent höher als bei den übrigen Bewohnern unserer Stadt. Mit anderen Worten, jeder fünfte Erwachsene des von mir untersuchten Stammes hatte sich im Laufe des vergangenen Monats übermäßigem Alkoholgenuss hingegeben. Wie viele dieser Alkoholkonsumenten waren Frauen? Statistiken gibt es nicht, doch aufgrund meiner Feldstudien und einem gewissen Maß an Selbstbeteiligung (statt teilnehmender Beobachtung) lautet mein quasiwissenschaftliches Fazit: viele. Teilnehmerinnen an einem Mädelsabend finden überhaupt nichts dabei, vier Glas Wein hintereinander zu trinken. In den kunsthandwerklichen Ateliers, wo Mamis mit ihren Kindern zu Geburtstagspartys und an Regentagen hingehen, wird schon ab 11 Uhr vormittags Wein serviert. Jeden Abend tranken die Mamis in meiner Bekanntschaft Weißwein, Wodka, Tequila und, wenn sie Männern imponieren oder sich aus der Menge abheben wollten, Scotch oder sonst einen Whisky »für Kerle«. Nur montags nicht. Das war der Tag der Sühne – Saftfasten sollte wettmachen, was man am Wochenende gegessen und getrunken hatte. Von Dienstag bis Freitag durfte getrunken werden.

»Und am Wochenende ist alles möglich«, erklärte mir eine Freundin, die ich nach den Regeln ausfragte. Sollte heißen: Wenn man wollte, legte man schon morgens los, trank zum Mittagessen Weißwein, vor dem Abendessen einen Cocktail und zur Mahlzeit selbst noch mehr Wein. Für viele Mütter, die ich in Manhattan kannte – Frauen, die mittwoch-, donnerstag- und freitagmorgens in den Kindergartenfluren Sonnenbrillen trugen –, diente Trinken als Beruhigungsmittel, als Selbstmedikation, als eine Art Ausweg, etwas, was Schlaf herbeiführte und sie dafür belohnte, die Taxifahrt, die mühsame Durchquerung der Stadt, den Streit mit dem Kindermädchen überstanden zu haben. Der Anblick einer Frau, die, sei es bei einer Gala oder bei einem Restaurantbesuch, zu wenig aß und zu viel trank, der Anblick einer Frau, die von ihrem Chauffeur ins Auto geschoben werden musste, war nichts Ungewöhnliches. Wenn man so richtig über die Stränge geschlagen hatte, tuschelten die Leute am nächsten Tag vielleicht ein wenig, doch im Grunde herrschte Einigkeit, eine stumme Übereinkunft, und die lautete: »Wir trinken. Na und?« Natürlich gab es auch hier die ganze Bandbreite zwischen Abstinenz und Alkoholismus. Doch was mich an den Frauen um mich herum, mit denen ich trank, so erstaunte: Trinken, sei es aus psychologischen, aus sozialen oder emotionalen Gründen, war in meinen Augen in erster Linie Stammessitte. Es war praktisch *comme il faut*, weil es Bestandteil der Kultur war, und es war Bestandteil der Kultur vor allem deswegen, weil es gegen Sorgen half. »In der Kindernotaufnahme braucht's dringend eine Bar!«, meinte Candace mit Nachdruck, als sie mit ihrem Sohn dort gewesen war.

Und es ist ja nicht nur der Alkohol. In der Upper East Side sind Benzodiazepine der beste Freund der Frauen. Viele Manhattaner Mamis in meiner Bekanntschaft verließen sich Tag für Tag auf verschreibungspflichtige Medikamente. Tavor. Xanax. Valium. Rivotril. Zoldem. Sie hatten sie alle – und keine Hemmungen, sie einzunehmen. Häufig tranken sie Wein dazu, wie eine glamouröse Modedesignerin und zweifache Mutter in einem Restaurant der Stunde in der Upper East Side es zu tun pflegte, und dann sank ihr der Kopf regelmäßig auf den Teller – schon zur Mittagszeit. Um einschlafen zu können, schluckten die Frauen, die ich kannte, angstlösende Medikamente. Sie nahmen sie mitten in der Nacht ein, wenn sie mit Herzrasen aufwachten und wegen der Schule, des Geldes oder der Treue ihres Mannes in Panik verfielen. Zur Beruhigung der Nerven schluckten sie sie vor dem Hinbringen der Kinder oder vor einem Mittagessen, bei dem sie mehr Freundfeindinnen als Freundinnen vermuteten (der bloße Gedanke daran, bei einer Veranstaltung der Königin der Bienenköniginnen mit ihrem höhnischen, abschätzigen Gesicht über den Weg zu laufen, ließ mich innerlich zum Flachmann greifen). Und wenn die Wirkung nachließ, schluckten sie mehr davon. Aber ich hatte gut reden. Ich selbst betäubte mit Benzos meine Flugangst, und als ich eines Tages im Kindergartenaufzug mitbekam, wie eine mir völlig fremde Mutter ihrer Freundin erzählte, dass sie so ungern fliege und Xanax ihr nicht helfe, drehte ich mich zu ihr um und riet ihr mit Sachverständigenmiene und ohne jede Scham: »Xanax müssen Sie mit einer Bloody Mary runterspülen.« Wir hatten uns noch nie gesehen, geschweige denn ein Wort miteinander gewechselt.

Manche Frauen geben den Wein und die Benzos auf, wenn ihre Kinder älter werden. Für sie ist das alles nur ein Mittel, den Stress zu bekämpfen, den es mit sich bringt, rund um die Uhr für ihren Nachwuchs und für die Leute, die für ihren Nachwuchs und alles andere um sie herum verantwortlich sind, verantwortlich zu sein. Wenn die Kinder älter und ganztags in der Schule sind, wenn sich die Nahkampfphase der Mutterschaft dem Ende zuneigt, nimmt auch ihr Alkohol- und Medikamentenmissbrauch ab. Für einige Mütter sind Alkohol und Medikamente jedoch mehr als nur eine Phase. Für sie löst Mutterschaft das Bedürfnis nach Alkohol und Tabletten nicht nur einfach aus, vielmehr ist sie Deckmantel, willkommener Vorwand und perfekte Tarnung. Alle anderen tun es ja auch. Also merkt es keiner. Einige dieser privilegierten Mamis entwickeln ein »Problem«. In einer Außenstelle der Anonymen Alkoholiker in der Upper East Side, die ihren Sitz in einer Kirche zwischen den Filialen von Prada und Ralph Lauren in der Madison Avenue hat, nutzen betörend schlanke Mamis in Kleidern von Chanel, Céline und Valentino – allesamt nur ein paar Straßenzüge weiter südlich – das Kinderbetreuungsangebot der Selbsthilfeorganisation, um heimlich an einem Treffen teilzunehmen. Sie bilden einen verschworenen Unterstamm innerhalb des Stammes, und nie wird ihnen ein Wort über die Lippen kommen. Zu Partys erscheinen sie überpünktlich und bitten besorgt um ein Getränk, das in einem Weinglas wie Wein aussieht. Beim Mami-Dinner im Serafina geben sie ihr Tonic Water mit Limettenscheibe für Wodka Tonic aus. Sie behaupten, deswegen keinen Alkohol trinken zu wollen, weil sie Antibiotika nehmen oder Kopfschmerzen haben oder weil sie am nächsten Tag früh aufstehen müssen. Sie wahren den Schein, und sie wahren das Gesicht, denn so lautet die Regel, und das ist ihre Art, damit umzugehen. In den AA-Meetings sitzen sie auf der Stuhlkante, ohne sich je zu entspannen, sie tänzeln wie nervöse schlanke Rennpferde, Anstrengung und Sorge stehen ihnen ins Gesicht geschrieben. Genauso gut könnten sie beim Mittagessen im Le Bilboquet sitzen, dem nicht ausgeschilderten Stammlokal des Stammes gleich um die Ecke. Fehlen nur noch die Weingläser.

Die schlimmsten Ängste kann jedoch auch Wein nicht lindern. Eine davon, so wurde mir nach dem Abend bei Rebecca klar, gilt der ganz grundsätzlichen Abhängigkeit. Je mehr ich den Upper-East-Side-Müttern um mich herum zusah und zuhörte, je mehr ich mit ihnen aß und trank, desto deutlicher erkannte ich, für wie viele von ihnen Leben, Glück, ja Identität abhing von Dingen und Menschen, über die sie keine Kontrolle hatten. Was viele der Frauen in meiner Bekanntschaft nachts wachhielt, war, wie ich merkte, die wirtschaftliche Abhängigkeit von ihren Ehemännern, ob diese ihnen nun bewusst war oder nicht. Das Wissen, dass ihre Männer sie wegen einer anderen Frau verlassen konnten, die schlichte Erkenntnis, dass sie sich ohne sie nicht ernähren konnten, schien an manchen Frauen, die ich kannte, ebenso zu nagen wie ihr Hungerschmerz. Manche verrieten mir mit gedämpfter Stimme, sie hätten, genau wie ihre Mütter und Großmütter, geheime Konten, auf denen sie ihr Taschengeld und andere Gelder, auf die sie Zugriff hatten, versteckt hielten – »nur für den Fall«. Mehrere Frauen klärten mich über den »Jahresendbonus« auf, den die Männer ihren Ehefrauen zahlten, als wären sie nicht Partnerinnen, sondern Angestellte. »Meine Mutter hat mir geraten, so viel Schmuck wie möglich aus meinem Mann herauszuholen. Als Sicherheit«, erzählte mir eine Mutter trocken, als wir auf einer Spielplatzbank über die besonders bittere, besonders öffentliche Scheidung einer gemeinsamen Bekannten sprachen. Meine Gesprächspartnerin hatte ihre Promotion an einer Eliteuniversität mit »summa cum laude« abgeschlossen. Einen Master of Business Administration hatte sie auch noch. Nur berufstätig war sie nie gewesen.

»Gerade der Typ Frau, die sich zu diesen Wall-Street-Weltbeherrschern hingezogen fühlt«, erklärte mir die klinische Psychologin und Fachautorin Stephanie Newman, die ich in ihrer Praxis in der Upper East Side zu Angstzuständen und wirtschaftlicher Abhängigkeit befragte, »kann leicht dahin geraten, dass sie sich in ihrem eigenen Zuhause völlig an den Rand gedrängt fühlt und befürchtet, sich selbst und ihre Kinder niemals aus eigener Kraft versorgen zu können.« Und wenn in der Ehe etwas schiefläuft, »ist Scheidung in praktischer und emotionaler Hinsicht vielleicht gar keine Lösung«, beobachtet die Rechtsanwältin und Psychoanalytikerin Rachel Blakeman, »denn wir sprechen hier von Frauen, deren Selbstbild völlig dadurch bestimmt wird, dass sie die perfekte Ehe führen.« Für viele dieser Frauen gibt es keinen Ausweg aus dieser Sackgasse – mit einem reichen und mächtigen Mann verheiratet zu sein –, mochte sich auch die Ehe zu Beginn wie die Antwort auf alle Probleme angefühlt haben.

»Sie sollte nicht mit den Männern anderer Frauen flirten!«, bemerkten Frauen spitz über eine hübsche französische Mutter und Investmentbankerin, deren Kinder älter waren als meine und die einen anderen Kindergarten besuchten, als ich mich erkundigte, weshalb so viele von unseren Mamis ihr so ambivalent gegenüberstanden. In der Gruppe war sie ein Neuzugang. Sie hatte einen reichen New Yorker Einheimischen geheiratet und schien die Geschlechtertrennungspraktiken des Stammes genauso befremdlich zu finden wie ich. Genau wie mich sah man sie bei Kindergeburtstagen und -konzerten oft mit Männern plaudern. Wahrscheinlich, um das Geschäft anzukurbeln und sich ein bisschen zu amüsieren. Ich fand sie glamourös und gescheit und suchte regelmäßig ihre Nähe. Außerdem bemühte ich mich, sie mit meinem Mann zusammenzubringen. Tat mir nicht jede Frau, die mit meinem Mann flirtete, einen Gefallen? War er gut gelaunt, war mein Leben leichter. Ein harmloser Spaß, ein leichter Kitzel schienen kein zu hoher Preis für lebenslange Loyalität. Doch für Frauen, die sich nur über Ehe und Mutterschaft identifizierten und deren Männer ihren einzigen Rettungsanker darstellten, war ein Flirt angsteinflößend, ja furchterregend. Es verwies auf die Möglichkeit oder erinnerte daran, dass einem all das schnell entrissen werden konnte.

Einige dieser Frauen waren nicht nur von ihrem Ehemann wirtschaftlich abhängig, sondern auch von dessen Eltern. Ein Großteil des spektakulären Reichtums in der Upper East Side ist intergenerationell, was zu eigentümlich infantilisierten Beziehungen zwischen jungen (und nicht mehr ganz so jungen) Erwachsenen und ihren Eltern oder Schwiegereltern führen kann. Mehr als eine Frau schilderte mir den seltsamen Druck, es den Schwiegereltern recht machen zu müssen, da diese die finanzielle Kontrolle ausübten. »Mein Mann wird eine Menge erben, und das verleiht seinen Eltern spürbare Macht über unser Leben«, erklärte mir eine Frau freimütig, als wir bei einem Kindergartenausflug hinter die Gruppe zurückgefallen waren. Unsere Unterhaltung über die Kindergartengebühren, die, wie sie mir anvertraute, die Schwiegereltern bezahlten, hatte uns auf das Thema gebracht. Sie zeigte mir ihren iPhone-Kalender und las mir eine Reihe von Terminen und Mittagessen vor, zu denen sie in der kommenden Woche ihre Schwiegermutter fahren und begleiten sollte. »Es ist ja nicht so, dass ich nicht helfen möchte. Aber es gilt die unausgesprochene Regel, dass ich es ihr schuldig bin, weil sie uns zur Hochzeit unser Apartment gekauft haben und mein Mann in der Firma seines Vaters arbeitet.« Eine andere Frau beschrieb mir eine typische Situation in der Upper East Side. Sie und ihr Mann wollten für sich und ihre beiden kleinen Kinder ein Haus am Meer kaufen. Doch die Eltern ihres Mannes fegten den Plan vom Tisch, weil ihr eigenes Haus viel größer sei und Platz für alle biete; folglich sei ihr

Vorhaben »unsinnig«. Ihre Schwiegereltern waren finanziell wie emotional großzügig, aber die jüngere Generation musste teuer dafür bezahlen, weil sie kontrolliert wurde. »Es wäre schön, sich zur Abwechslung mal erwachsen fühlen zu können«, meinte sie unverblümt. »Es wäre schön, mal was Eigenes zu haben und unabhängiger zu sein.« Bei dem von mir untersuchten Stamm kommt diese Situation häufig vor. Viele wohlhabende Menschen in meiner Stadt haben ihren noch wohlhabenderen Eltern gegenüber gemischte Gefühle; im Grunde warten sie nur darauf, dass sie endlich sterben.

Andere reiche Frauen, die ich in der Upper East Side kannte, verfügten zwar über »eigenes« Geld, doch das wiederum bedeutete oft, dass sie von ihren Vätern finanziell abhängig und ihnen emotional verpflichtet waren. »Ich will mich ja nicht beschweren«, sagte eine Frau, die mir von dem beträchtlichen Vermögen ihrer Eltern berichtete, das sie und ihre Schwester einmal erben würden und von dem sie täglich in Form einer finanzierten Wohnung, ihrer Reisen nach Aspen und der Ausbildung ihrer Kinder profitierte. »Aber für meinen Mann ist es schon seltsam.« Häufig arbeitet der Ehemann für seinen mächtigen Schwiegervater oder zapft dessen kulturelles Kapital an, um seine eigenen Geschäfte, beruflichen Kontakte und Vertragsabschlüsse zu befördern. Unkompliziert sind derartige Verhältnisse in den seltensten Fällen, denn wirtschaftliche Abhängigkeit kommt fast nie ohne Preisschild daher. Rachel Blakeman sagte mir: »Ganz gleich, wie gut sich eine solche finanzielle Übereinkunft anfühlt – anderen für das eigene Wohlbefinden und das seiner Kinder verpflichtet zu sein wird auf emotionaler Ebene oft teuer bezahlt. Das kann zu Groll, Unsicherheit und allen möglichen Problemen führen, persönlich und auch in der Ehe.«

Unsere weiblichen Vorfahren, die Sammlerinnen (und manchmal auch Jägerinnen, wie noch heute die Frauen bei den Agta), verfügten über Autonomie und eine Stimme in ihrer Gemeinschaft sowie Macht in ihrer Partnerschaft, weil sie Nahrung beschafften, die Kalorienversorgung gewährleisteten und deshalb unverzichtbar waren. Daran hat sich nicht viel geändert. Und dementsprechend schienen mir die Frauen, die ich untersuchte und kannte und die ich zum Kaffee traf, mehr als nur ökonomisch abhängig zu sein. In vielerlei Hinsicht wirkte ihr ganzes Dasein bedingt und auf andere bezogen, nämlich geknüpft an ihre Beziehungen zu ihren Freundinnen, ihren Schwiegereltern und Eltern, vor allem jedoch zu ihren Ehemännern und Kindern. Wenn man keine perfekte Ehe führt – und wer tut das schon? –, wie kann man dann die perfekte Gattin eines mächtigen Mannes sein? Wenn man keine perfekten Kinder hat – und wer hat die schon? –, wie kann man dann eine perfekte Mutter sein oder auch nur eine gute? Und wie wahrt man das Gesicht? Scheidung ist keine Option, ebenso wenig kann man die mangelhaften Kinder, die man liebt, gegen perfekte eintauschen. Viele der Frauen in meiner Bekanntschaft litten an der seltsamen kulturspezifischen Angst, nur als Verlängerung und Spiegelung anderer zu existieren. In diesem Sinne waren sie nicht oder nicht mehr Herrinnen über ihre eigene Identität, ihr eigenes Ich.

»Gott sei Dank, endlich ist das vorbei!«, rief Candace eines Mittags im Restaurant aus, als ihr Mann endlich die Stelle gewechselt hatte. Ich dachte, sie meinte, der Stress habe in der Unsicherheit bestanden, wo genau er landen würde oder ob sie eine Zeitlang ohne Einkommen durchhalten müssten. Doch Candace schüttelte den Kopf. »Nein, ich meine, jetzt kann ich mich entspannen. Solange er suchte, musste ich jede Sekunde top aussehen. So ist das hier nun mal, besonders wenn man Leute um etwas bitten muss. Reich mir mal das Brot.« Da war er – jener einzigartige Stress. In einer Kultur der Ehre und Schande machte ein hochgestellter Ehemann die Frau zu einer hochgestellten Gattin. Aber eine sehr gut aussehende Gattin zu haben – wunderschön, mit beneidenswerter Figur und Garderobe und sozialen Verbindungen zu Frauen anderer mächtiger Männer – festigte oder erhöhte wiederum den sozialen Rang und den beruflichen Status des Mannes. Candace' Mann verdankte seine Karriere auch der Tatsache, dass Candace in ihren Azzedine-Alaïa-Kleidern so gut aussah, dass sie gesellschaftlich gewandt war und fast jeden um den Finger wickeln konnte. Ehefrauen waren für ihre Männer eine teure Christbaumkugel oder eine Flasche Wein, ein Beweis ihrer Großartigkeit, und Ehemänner für ihre Frauen der Essenscoupon. Willkommen, Angstzustände. Noch eine Plage. Noch ein Tropfen Wein. Noch ein Glas. Und noch eins.

Und dann gibt es da noch die letzte Plage, jene, die den Willen des Pharaos brach – und sein Herz. Nach den Stechmücken und den Blattern, die über sein Volk kamen, nach Blut, Fröschen, Fliegen, Seuchen, Hagel, Heuschrecken und Finsternis wollte der Pharao noch immer nicht einlenken. Und Gott sprach: *Und alle Erstgeburt in Ägyptenland soll sterben [...], aber bei allen Kindern Israel soll nicht ein Hund mucken.*
Als Candace mich eines Tages anrief und mit den Tränen kämpfte, erteilte sie mir eine weitere Lektion in Sachen ängstliche Mamis, eine, die mir im Nachhinein völlig offensichtlich erschien, mir bis dahin aber entgangen war. Sie habe sich im Badezimmer versteckt, erzählte sie mir, damit niemand sie hören könne. Ihr Sohn hatte sich von der Gehirnerschütterung,

deretwegen sie mit ihm zur Notaufnahme gefahren war, gut erholt, jedenfalls hatte es den Anschein. Nach einer Ruhewoche im abgedunkelten Zimmer, ohne Lektüre, Computerspiele oder Fernsehen, und nach einer weiteren Woche ohne körperliche Anstrengung war er wieder auf den Beinen, lustig, schlau und energiegeladen wie eh und je, ganz die Mama. Aber jetzt, vierzehn Tage nach dem Unfall, war etwas anderes passiert. Ich spürte, wie mein Herz zu rasen begann, als Candace davon berichtete. So leise wie möglich holte ich tief Luft, denn was immer jetzt kam, ihr zuliebe wollte ich gelassen bleiben. Dann sagte sie verzweifelt: »Sein Zahn.« Sein Zahn?, fragte ich mich. Nur sein Zahn? Erleichterung durchflutete mich, aber sie sprach eindringlich weiter: »Ganz grau ist er. Sieht schrecklich aus.« Sie begann zu schluchzen. Ich murmelte, alles werde gut, fragte, was der Zahnarzt dazu gesagt habe, spielte auf Zeit, hörte einfach nur zu. Jetzt purzelten die Worte nur so aus ihr heraus: Es sei ein Unfall gewesen. Eine Kabbelei. Ein anderer Junge und er seien aneinandergeraten, es habe ein bisschen geblutet. Das war alles. Es ging ihm gut. Aber jetzt hatte der Zahn sich grau verfärbt. Erschlagen von der Wucht des Aufpralls. »Er sitzt tot im Mund«, sagte Candace. Ihre Stimme klang weit weg und traurig.

Aus der Küche hörte ich, wie mein kleiner Sohn auf dem Fußboden mit Töpfen und Pfannen spielte. Die hatte ich ihm hingestellt, um in Ruhe telefonieren zu können. Doch im Geiste sah ich all die Bilder an all den Wohnzimmerwänden in all den Apartments, die ich vor so vielen Monaten mit Inga besichtigt hatte. Keines der Kinder auf diesen Porträts hatte einen grauen Zahn gehabt. Ein einziger Schönheitsfehler konnte sich anfühlen wie eine Katastrophe, dachte ich, wie eine riesige, übermächtige Woge, die ihre Identität als gute Mutter, als Mensch, der sich sicher fühlt, mit sich fortriss und sie selbst nach unten zog. Candace weinte und weinte, und als ich den Hörer umfasste und ihr sagte, alles werde gut, langte ich instinktiv nach unten und umfasste meinen Bauch. Denn es steckte noch mehr dahinter.

Ein perfekter Zahn war getötet worden. Er stand für das Kind des Pharaos und für jedes andere Kind, das Gott hinweggenommen hat. Es war nur ein Zahn. Es war nur eine Geschichte. Aber es bedeutete, dass etwas nicht stimmte, es war ein Zeichen, dass noch mehr schiefgehen konnte. Es bedeutete, dass wir sie verlieren konnten. Dies war das Gespenst, das im Herzen so vieler Manhattaner Mütter spukte, deren Verhaltensweisen mir bis zu diesem Moment unverständlich und verrückt erschienen waren. Das Bedürfnis, perfekt zu sein und ein perfektes Leben zu führen, die Lanzenstecherei auf dem Gehweg, das ganze Getue wegen Buggys und schadstofffreien Matratzen, die Kämpfe, den Kleinen in die richtige Schule zu hieven, die Anstellung eines Radfahrlehrers für die Tochter – all das sind barocke, bizarre Auswüchse, die auf dem feuchten, fruchtbaren Boden der Panik gedeihen. Bitte, dachte ich, noch ein Tropfen Wein.

EIN REGENTAG

——

Irgendwann, ich könnte den Zeitpunkt nicht genau bestimmen, wechselte ich die Seiten. Nachdem ich ein paar Jahre mit Kindern in der Upper East Side gelebt hatte, merkte ich, dass ich weniger teilnehmende Beobachterin denn Teilnehmerin war, weniger eine Insider-Outsiderin denn jemand, für den es ein »Draußen« eigentlich nicht mehr gab. Meine Verbindungen nach Downtown waren so gut wie dahin – ich sah die Freundinnen, von denen viele unverheiratete Künstlerinnen und Wissenschaftlerinnen waren, zu Thanksgiving und vielleicht noch zu Weihnachten. Dann lasen sie meinen Kindern vor, überschütteten sie mit Süßigkeiten und Geschenken und machten sich liebevoll über meine Verwandlung lustig, die sie umfassend, bizarr und irgendwie rührend fanden. Sie hatten recht: Ich war eine andere geworden. Natürlich waren wir keine Milliardäre. Unsere Wohnung in der Park Avenue war alles andere als riesig (obwohl ich einen ganzen Wandschrank allein für meine Handtaschen hatte). Ich bestand darauf, dass unsere Kinder im Haushalt halfen. Ich richtete nicht jedes Jahr riesige Geburtstagspartys für sie aus, und wenn sie Einladungen erhielten, die ich übertrieben fand – zu einem Yankees-Spiel mit Plätzen in der ersten Reihe direkt hinter dem Schlagmal, zu einer Party bei irgendwem in den Hamptons mit Ponyreiten und

Seiltänzern –, machte ich ihnen deutlich, wie glücklich sie sich schätzen konnten. Ich wollte nicht, dass meine Kinder glaubten, das Leben bestehe nur aus Luxuserlebnissen. Ich wollte ihre Erwartungen nicht hochschrauben oder ihnen die Erfahrung vorenthalten, dass man auch an schlichten Orten und an schlichten Dingen Freude haben kann.

Jetzt aber war ich eine Upper-East-Side-Mami, denn inzwischen war mir wichtig, was meinen Upper-East-Side-Artgenossinnen wichtig war. Welchen Kindergarten oder welche Schule meine Kinder besuchten. Ob ich genug für sie tat. Ob die Erzieherinnen meiner Kinder wussten, was sie trieben. Ob meine Freundschaften nicht nur befriedigend und wohltuend waren, sondern auch nützlich – mir, meinen Kindern und der Karriere meines Mannes. Ich wollte ein komfortables, geordnetes Leben. Ich wollte eine Wahnsinnsfigur, schöne Kleider und Schuhe von Dolce & Gabbana und Prada, sei es auch im Schlussverkauf, und jene fantastische Haarfarbe, die einen nötigt, sie jeden zweiten Monat aufzufrischen. Ich wollte ein Haus am Strand. Anders als viele meiner Freundinnen in der Upper East Side wollte ich allerdings auch arbeiten – Dinge schreiben, auf die ich stolz sein konnte. Aber genau wie sie wollte ich eine gute Ehefrau sein und vor allem, genau wie sie, eine gute Mutter. Nicht nur eine Mutter, die gerade mal gut genug war, sondern eine, die für ihre Kinder alles tat, was von ihr erwartet wurde, alles, was in ihrer Macht stand.

Als Bewohnerin der Upper East Side, als Mensch der industrialisierten westlichen Welt, in der ich lebte, hatte ich ein bestimmtes Bild von Mutterschaft. An das Drehbuch intensiver Bemutterung hielt ich mich auch dann noch, als ich erkannte, dass diese eine Besonderheit meiner privilegierten Nischenexistenz war und möglicherweise selbstzerstörerisch. In der Welt, die ich erst beobachtete, dann annahm und mir zuletzt ganz zu eigen machte, bedeutete Mutterschaft, Leben zu schenken und sich bei dem Versuch, es zu schützen, völlig zu verausgaben, Teile seiner selbst zu opfern, bald freudig, bald voller Ärger, Wut und Angst. Gewiss, wie die anderen privilegierten Mütter, die ich kannte, sorgte und beunruhigte ich mich. Manchmal war ich meiner Kinder wegen ein einziges Nervenbündel. Wie Candace war ich wegen eines grauen Zahns und allem, was er implizierte, einige Stunden oder einen ganzen Tag lang am Boden zerstört. Doch wie alle um mich herum hatten mich die Jahre der Fülle, der Kinderärzte und der Kindergärten konditioniert, hatten mich gegenüber unmittelbaren Gefahren abstumpfen lassen, verwöhnt wie ich war in meinem Hochhaus und meiner gepolsterten Geländelimousine. Dank dieses Sicherheitsgürtels und begünstigt von ökologischer Entlastung, Überfluss und Schutzimpfungen setzte ich, wie alle Westler, meinen Nachwuchs Risiken aus, die unsere Vorfahren oder die Jäger und Sammler der Gegenwart, die noch so leben wie die Menschheit in ihrer gesamten evolutionären Vorgeschichte, nicht im Traum auf sich genommen hätten.

Da wir »Unabhängigkeit« – ihre wie unsere – über alles schätzen, stellen wir, wenn wir duschen wollen, unsere Neugeborenen in Wippen auf dem Boden ab; wenn wir etwas erledigen wollen, heuern wir Kindermädchen an, die wir nicht oder höchstens aufgrund persönlicher Empfehlung oder einer Agentur kennen, statt unsere Babys ständig mit uns herumzutragen und sie nur gelegentlich für ein paar Minuten oder Stunden engen Verwandten anzuvertrauen. Wir zwingen ihnen Schlaf- und Essenszeiten nach Plan auf, statt uns danach zu richten, wann sie essen oder schlafen möchten. Und was Müttern und Vätern anderer Kulturen unverständlich sein dürfte:

Wir lassen unsere Kinder tatsächlich allein in Holzkisten liegen, weit von uns entfernt, die ganze Nacht hindurch. Dort schlafen sie für sich – und weinen. Viele Anthropologen berichten von dem Versuch, diese Sitte indigenen Völkern zu erklären – Jägern und Sammlern, Wild- und Feldbeutern, die ihre Babys neben Feuern sitzen und krabbeln lassen und ihren Kleinkindern erlauben, mit Äxten und Macheten zu spielen. Wie erschüttert waren diese über die aus ihrer Sicht unbegreifliche und grausame Vernachlässigung unserer Kinder. Wenn sie erfahren, dass wir unsere Kleinen häufig »sich müde schreien lassen«, wollen sie es zunächst nicht glauben und sind dann entgeistert. Wie, wollen sie wissen, können wir so kaltherzig sein gegenüber dem Wertvollsten und Hilfsbedürftigsten, was es gibt, einem Säugling?

Was uns vergleichsweise privilegierte Westler vom Rest der Menschheit abhebt, ist nicht nur das, was wir tun, sondern auch das, was wir glauben. Hierzulande gehen wir wie selbstverständlich davon aus, dass unser Nachwuchs – zwei, drei, vier, fünf oder gar sechs Kinder – nicht nur überleben, sondern gedeihen wird. Unsere Kinder werden, falls sie sie überhaupt bekommen, Erkältungen, Grippen und Windpocken einfach abschütteln und schrecklichere Dinge dank der Schutzimpfungen einfach überspringen – Krankheiten, die entstellen, lähmen und töten, wie Masern, Keuchhusten oder Kinderlähmung. Unsere Kinder werden erst in die Schule und dann aufs College gehen. Und Medizin, Betriebswirtschaft oder Jura studieren. Im Laufe der Zeit werden sie heiraten und selbst Kinder haben. Sie werden uns stolz machen. Sie werden uns begraben. So lautet unser Drehbuch.

Und als ich Tag für Tag meine Kinder bemutterte, wie man es in der Upper East Side eben tut, dachte ich überhaupt nicht –

jedenfalls nicht nachhaltig, nicht sorgfältig, nicht ernsthaft – darüber nach, dass das Terrain der Mutterschaft und das des Verlusts einander überlappen. Dies bleibt so lange ein Geheimnis, bis es einem selbst widerfährt.

Wie konnte ich nur schwanger sein? Wie die Hauptfigur in einer Sitcom oder im Melodram eines Frauensenders starrte ich die beiden lila Striche auf dem uringetränkten Stäbchen und dann wieder die Anleitung auf der Pappschachtel an. Nie und nimmer. Unmöglich. Richtig, ein paar Monate zuvor war uns bei der Empfängnisverhütung eine Panne unterlaufen. Aber wir hatten sie rechtzeitig bemerkt, deshalb hatte ich mir von meinem Arzt sofort die Pille danach verschreiben lassen und die Anweisungen genauestens befolgt. Dann hatte ich meine Periode bekommen. Schwach, aber doch eine Periode. Zwei Mal. Insofern konnte es gar nicht sein, dass ich, die dreiundvierzig Jahre alte Mutter eines Kleinkindes und eines Siebenjährigen, schwanger war. Wie hoch war die Wahrscheinlichkeit, dass auch die Notfallverhütung versagte, nachdem bereits die Erstverhütung versagt hatte? Und wie groß war die Chance, noch mit dreiundvierzig versehentlich schwanger zu werden?

»Wie hast du denn das hingekriegt?«, hörte ich meine Freundinnen rufen, die endlose Versuche einer künstlichen Befruchtung unternommen hatten. Als ich mich an der Marmorplatte im Badezimmer festklammerte, fielen mir wieder die alten Familiengeschichten über tscherokesische und schottische Vorfahren ein, die noch in unfassbar fortgeschrittenem Alter Kinder bekommen hatten. »Wechseljahrebabys« hatte meine Großmutter sie genannt, und im Nachhinein las ich aus diesem bizarr klingenden Euphemismus heraus, dass es immerhin oft genug vorkam, um einen eigenen Begriff zu rechtfertigen. Also war es doch möglich. Gerade so. Vielleicht war der Test ja fehlerhaft. Hoffnungsvoll griff ich mit zitternden Händen nach einem zweiten Stäbchen und pinkelte drauf.

Etwas allerdings, ging es mir durch den Kopf, als ich die Toilettenspülung betätigte und auf das Ergebnis wartete, würden die beiden lila Striche schon erklären. In den Wochen vor jenem Moment im Badezimmer war ich ziemlich sicher gewesen, dass ich eine frühe und plötzliche Menopause durchmachte. Oder den Verstand verlor. Oder starb. Mein Kopf schien voller Watte zu sein. Ich konnte nicht klar denken. Ich blaffte meine Kinder und meinen Mann an. Wo ist mein Handy? Warum helfen ihm die Lehrer nicht? Wann sind die Leute über uns endlich mit der Renovierung fertig? All das brachte mich mehr als gewöhnlich auf die Palme. Und ich war so müde, dass ich an meinem Schreibtisch einschlief, in der Supermarktschlange (»Entschuldigen Sie, Miss? Ähem?«) oder beim Pilates, auf dem Reformer, beim Dehnen. Ich rief meinen Arzt an und sagte, irgendetwas stimme nicht. Wir machten einen Termin aus – ich wusste nicht, wozu; um darüber zu reden, wie es sich anfühlte, plötzlich wahnsinnig zu werden und an einer unaussprechlichen, aber unleugbaren Krankheit zu leiden? –, und ich wartete. Kaffee half meiner diffusen, müden, matten Unpässlichkeit auch nicht ab; allein vom Geruch wurde mir übel.

Ach du Schreck. Jetzt wurde mir richtig schlecht. Von Kaffee. Und auch von anderen Dingen. Von vielen Dingen. Was denn sonst? Ich blickte nach unten. Ja, natürlich: Wieder zwei lila Striche. Kein Entkommen.

Natürlich, unnatürlich, gegen alle Wahrscheinlichkeit war ich schwanger.

Mit einem Stück kandiertem Ingwer im Mund saß ich im Wartezimmer meines Gynäkologen und wartete. Ich war hier, um ihm zu sagen, wie wir vorgehen würden, er und ich. Mein Blick glitt über die Zeitschriftentitel voll glücklich lächelnder schwangerer Frauen, und ich dachte darüber nach, wie merkwürdig und zugleich völlig vorhersehbar die Situation war, in der ich mich befand – als, mit den Worten der Primatologin und Evolutionsbiologin Sarah Hrdy, zweifüßige, unbehaarte und nahezu ununterbrochen empfängnisbereite Menschenäffin im Schatten des Ackerbaus.

Unsere gesamte evolutionäre Vorgeschichte hindurch bekamen Frauen ihre Kinder in drei-, vier- oder fünfjährigen Intervallen; daran hat sich auch für viele heutige Jäger und Sammler nichts geändert. Schließlich hielt ein Leben des Sammelns, der Futtersuche und der balancierten Kalorienzufuhr über Pflanzen, Nüsse und ein wenig Fleisch sie schlank. Frauen mit wenig Körperfett ovulieren und menstruieren seltener – vielleicht vier Mal im Jahr. Dieser Faktor sowie die Bürden der Milchbildung, des Stillens und der Kinderaufzucht bei gleichzeitiger Futtersuche hielten unsere weiblichen Vorfahren weit über die Geburt des Kindes hinaus in einem Zustand äußerst geringer Fruchtbarkeit. Wenn sich das nächste Baby ankündigte, hatten sie bereits ein vierjähriges Kind, das ihnen bei dem Neugeborenen zur Hand gehen konnte. Verpflanzt man Frauen jedoch auf einen Bauernhof, in ein deutlich sesshafteres Dasein als das der Sammlerin, und lässt man die Kalorien üppiger ausfallen, so nimmt der Körperfettanteil zu – und damit die Fruchtbarkeit. Diesen Lebensstil, mit seinem charakteristischen Monatszyklus, behielten wir natürlich auch dann bei, als wir von Feldern und Bauernhäusern in Einkaufszentren, Fertigbauvillen und Apartmenthäuser zogen. Und so wurden zwei, drei Jahre Abstand zwischen den Kindern zur Norm. Deshalb kann man in jeder Stadt Amerikas eine Mami sehen, die ihr winziges Baby im Kindersportwagen vor sich herschiebt, während das Zweijährige auf dem Buggyboard mitfährt. Irgendwann hat das ursprüngliche voragrarische Leben angefangen, uns seltsam vorzukommen. Wir Menschen ändern ständig unsere eigenen Spielregeln.

Und so saß ich jetzt hier. Ich hatte ein Kleinkind und einen Zweitklässler (auf die Frage nach dem Altersunterschied zwischen den beiden entgegnete ich stets achselzuckend: »Ein pleistozäner Geburtenabstand«) und war meinen Berechnungen zufolge in der zehnten Woche schwanger. Kaum hatte mein Arzt mich hereingebeten und die Tür geschlossen, verlor ich die mühsam gewahrte Fassung. Tränenerstickt erklärte ich, was mein Mann und ich am Tag der doppelten Doppelstriche besprochen hatten – in meinem Alter, mit einem Kleinkind, mit meiner medizinischen Vorgeschichte und so weiter konnte ich die Schwangerschaft nicht fortsetzen. Mein Gynäkologe nickte und fand die richtigen Worte. Er reichte mir einige von ihm unterschriebene Formulare, und ich fuhr zum Krankenhaus und füllte noch mehr Formulare für den Eingriff aus. Ich fühlte mich völlig taub, als ich die erforderlichen Informationen notierte und das Krankenblatt der diskret anteilnehmenden Verwaltungsangestellten aushändigte, die mir mit einem kleinen, mitfühlenden Lächeln auftrug, am nächsten Morgen wiederzukommen.

Statt nach Hause oder ins Büro zu gehen, spazierte ich zum Central Park und setzte mich am See in eine kleine Holzpagode unter den Bäumen. Es war ein Wochentag, sonnig und frisch, aber nicht kalt, und kaum jemand in der Nähe. Ich sah den Schildkröten zu, die im trüben, algenbedeckten Wasser umherschwammen, und dachte über das Muttersein nach. Ich dachte darüber nach, wie man eine liebevolle, großzügige, aufopfernde, begeisterte Mami und gleichzeitig eine flexible, unsentimentale Strategin sein konnte, die wie David Lacks Vogelmütter leidenschaftslos Chancen und Risiken abwog. Ich dachte über fortpflanzungsbezogene Kosten-Nutzen-Rechnungen und die Beschränkung mütterlicher Fürsorge nach – jene Momente, all jene Momente in Geschichte und evolutionärer Vorgeschichte, wenn schwangere Frauen jeder Spezies schwierige Entscheidungen treffen mussten. Beide Zwillinge füttern oder nur einen? Manchmal kann man nicht mehr und nicht mehr von sich selbst geben. Ein Neugeborenes zum Waisenhaus bringen, wo es vielleicht nicht überlebt, um selbst weiter arbeiten und die Kinder ernähren zu können, die die Gefahrenzone des Säuglingsalters überwunden hatten? Oder es bei sich behalten, in sein Wohlergehen investieren und so möglicherweise die Chancen der anderen kompromittieren? Das Babykänguru aus dem Beutel werfen, um besser vor dem Raubtier fliehen zu können und eine bessere Überlebenschance zu haben? Nur wenn das Känguru jung genug ist, um sich erneut fortpflanzen zu können, und bereitwillig darauf setzt, dass beim nächsten Mal optimale Umweltbedingungen herrschen – ein üppiges Nahrungsangebot, gute Witterungsverhältnisse, wenig Fressfeinde. Und so weiter.

Wie uns die Soziobiologin und Mutterschaftsforscherin Sarah Hrdy lehrt, hat sich Mutterschaft schon immer auf derlei Abwägungen und Entscheidungen konzentriert. Wie unsere frühen weiblichen *Homo*-Vorfahren und wie Tiere auf der ganzen Welt versuchen wir, ein Gleichgewicht zwischen dem Wohlergehen unseres Nachwuches, dem unseres zukünftigen Nachwuchses und unserem eigenen zu finden. Andernfalls gehen alle zugrunde. Oder schlagen sich schlechter, als sie könnten. Ob privilegiert oder nicht, »Frauen [wägen] quer durch viele Kulturen unserer heutigen Welt in ähnlicher Weise zwischen ihrer eigenen Existenz und der Fortpflanzung ab«. Mein Dilemma war uralt, es war nichts Besonderes. Aber es fühlte sich katastrophisch an.

Stundenlang saß ich so im Park am Wasser. Als es schon fast dunkel war, ging ich nach Hause und redete ausführlich mit meinem Mann. Ich sprach meinem Arzt auf Band, kurz danach rief er zurück, und ich sagte ihm, dass ich den Eingriff am nächsten Tag doch nicht vornehmen lassen würde. Er fragte, ob wir einen neuen Termin ausmachen wollten, und ich sagte, nein, wir würden die Sache ganz sein lassen. Als wir ein paar Stunden später ins Bett fielen – unsere Kinder schlummerten schon, jedes in seinem Zimmer –, staunte ich, wie weich das Bett war und wie gemütlich. Schläfrig, zufrieden und endlich von innerem Frieden erfüllt, kuschelte ich mich in den Arm meines Mannes. »Wir sind gut dran«, sagte ich, und er pflichtete mir bei.

Ein Baby oder ein Kind zu sein war schon immer ein relativ gefährliches Unterfangen. In Vorgeschichte und Geschichte und selbst heute noch gibt es keine heiklere Phase der menschlichen Entwicklung als Säuglingsalter und Kindheit – vom Fötalstadium einmal abgesehen. Sogar in den industrialisierten Vereinigten Staaten werden trotz aller Schwangerschaftsvorsorge die meisten befruchteten Eier nicht ausgetragen. Eine häufig zitierte Studie aus dem Jahre 1988 ergab, dass 31 Prozent aller klinisch nachgewiesenen Schwangerschaften in Fehlgeburten münden. Zahlreiche Schätzungen legen nahe, dass, wenn man unentdeckte Schwangerschaften miteinbezieht, über die Hälfte aller Schwangerschaften mit einem »spontanen Abgang« enden.

Ist man erst einmal geboren, stehen die Überlebenschancen in den USA und in vielen anderen Industrieländern natürlich gut. Von tausend in den USA geborenen Babys überleben fast 994 das Säuglingsalter. Dennoch sterben in der ganzen Welt täglich eine Million Säuglinge – meist aufgrund von Frühgeburtskomplikationen, Krankheit und Unterernährung. In gar nicht so ferner Vergangenheit waren die Risiken während Säuglingszeit und Kindheit sehr groß, in unserer evolutionären Vorgeschichte waren sie gewaltig, und für zahlreiche traditionelle Völker sind sie das noch immer. So erreichen beispielsweise 43 Prozent der Kinder in »unberührten« Jäger-und-Sammler-Völkern nicht das Alter von fünfzehn Jahren. Und Sarah Hrdy schätzt, dass frappierenderweise die Hälfte aller !Kung-San-Frauen kinderlos stirbt – nicht jedoch, weil sie keine Kinder gehabt hätten. Im Durchschnitt bekommen sie 3,5 Kinder. Diese niederschmetternde Arithmetik gewinnt ein Gesicht durch Nisa, eine !Kung San, die in den 1970er Jahren von der Anthropologin Marjorie Shostak ausführlich interviewt wurde. Nisa hatte zwei Fehlgeburten erlitten, vier Kinder geboren, zwei davon noch vor der Pubertät verloren und die anderen beiden, bevor sie erwachsen waren.

Wo Kindheit gefährlich ist, wie könnte Mutterschaft in ihrer zerbrechlichen Kontingenz etwas anderes sein als ein permanenter Schrecken? Selbst heute, selbst in einem Umfeld, in dem man leicht vergessen kann, dass Kindsein gefährlich ist oder es jemals war und dass Muttersein reine Glückssache ist, kam es mir, wenn ich den ängstlichen mit mir befreundeten Mamis und mir selbst dabei zusah, wie wir unsere Kinder hinbrachten und abholten, wie wir mit ihnen schmusten und schimpften, ganz so vor, als könnten wir es so richtig niemals vergessen.

Mir kam der Verdacht, dass, wenn wir auf Spielplätzen die Luft anhielten, bei Spielgruppen ängstlich nach Entwicklungsschritten Ausschau hielten und bei abendlichen Frauentreffs Dampf abließen, unsere ganze Mütterlichkeit zuinnerst von einer tiefen Wahrheit, einer unausweichlichen kollektiven Katastrophe geprägt ist: dass wir seit jeher ebenso viele Babys verloren haben, wie uns geblieben sind. Zu unserer fundamentalen, tiefen, überlieferten Erfahrung von Mutterschaft gehört nicht nur, unsere Babys im Arm zu halten und zu stillen, sondern auch, sie zu beerdigen. Wann immer wir unsere Kinder wegen eines aufgeschürften Knies trösten, trösten wir uns und andere möglicherweise über unsere verlorenen Kinder hinweg. Und die Software des mütterlichen Verlusts – wie die so vieler Belastungen, die zu unserer Identität beitragen, so vieler anderer Tatsachen, die die wechselnde, sich wandelnde Folie bilden, vor der wir Mutter werden – steckte notgedrungen in uns allen. Zu dieser Überzeugung gelangte ich während meiner Jahre an diesem scheinbar sichersten Ort überhaupt, der Upper East Side. Und muss sie nicht auf irgendeiner Ebene, der allertiefsten nämlich, jede einzelne Entscheidung beeinflussen, die wir hinsichtlich unserer Kinder treffen? Grübeln wir nicht genau wie Candace die ganze Zeit darüber nach, selbst wenn es uns gar nicht bewusst ist?

Evolutionspsychologen, die sich mit den Auswirkungen des Verlusts auf Mütter und unsere gesamte Spezies beschäftigen, formulieren es so:

Der Kindstod hat in der menschlichen Evolution eine wichtige Rolle gespielt. Zu jedem historischen Zeitpunkt vor der Neuzeit ist von allen Entwicklungsschritten stets die Kindheit mit der höchsten Sterblichkeitsrate verknüpft gewesen. Verglichen mit anderen Arten von Selektionsdruck wie dem Problem des Überlebens als Erwachsener, der Partnersuche und der Fortpflanzung ist das Risiko, nicht direkt zur Erhaltung der eigenen genetischen Abstammungslinie beitragen zu können, in der Kindheit am größten. Der enorme potenzielle Selektionsdruck, der vom Kindstod ausgeht, müsste auf die psychische Anpassung des Menschen erheblich eingewirkt haben. Doch trotz dieses potenziellen Einflusses ist der Kindstod vielleicht einer der am wenigsten untersuchten Einflussfaktoren auf die menschliche Evolutionspsychologie. (Volk/Atkinson, 2008)

In einer Stadt wie Manhattan, inmitten eines Stammes, der so privilegiert ist wie der von mir untersuchte, trifft Sie das Tragische seltsamerweise mit doppelter Wucht. Erst schlägt Ihnen die bloße Tatsache des Unglücks ins Gesicht, dann kommt der Nachschmerz – das Wissen, dass Sie trotz aller Anstrengungen, ebendies zu gewährleisten, weder behütet noch in Sicherheit sind. Sie halten sich fit. Die Nummer des Kinderarztes wissen Sie auswendig. Die Wohnung ist voll versichert und sorgfältig organisiert – Herrgott noch mal, Sie haben einen professionellen Organisator, der 200 Dollar die Stunde dafür kassiert, dass er Chaos und Ungewissheit in Schach hält. Und doch. Wenn man an der Oberfläche kratzt, stellt man fest, dass so ziemlich jede Mutter in meiner Bekanntschaft oder zumindest ihre Schwester oder ihre beste Freundin ein Kind verloren hat, oft auf unsägliche Weise. Nach zwei Wochen Schwangerschaft oder nach zwölf. Nach neununddreißig Wochen, durch eine Nabelschnur, die sich um den Hals des Babys geschlungen hat wie eine Ranke, die eine Blume abtötet. Das Neugeborene erstickt vom Kindermädchen, das sich nachts im Schlaf wälzt. Die Zweijährige, die auf dem Spielplatz hinfällt – nur ein kleiner Sturz, nichts Ernstes, sie schien sich nicht einmal den Kopf gestoßen zu haben – und ein paar Tage später an Gehirnerschütterung stirbt. Das Kleinkind, das aus dem Fenster stürzt und im Verkehr umkommt und so der ganzen Stadt das Herz bricht. Der Einjährige, der in die beste Klinik der Stadt eingewiesen wird, um sich einem einfachen Routineeingriff zu unterziehen, und nie mehr nach Hause kommt. Drei Mädchen, von einem Hausbrand erfasst. Das Wüten der Flammen, des Verlusts. Hier. Genau hier. In unserer Welt. In der Upper East Side, einem Ort, der sich sicher anfühlt, einem Ort, wo alles möglich ist, bis plötzlich nichts mehr möglich ist.

Während dieser Schwangerschaft war mir häufig speiübel gewesen, übler als jemals zuvor, doch das beunruhigte niemanden. Ich musste mich jeden Tag erbrechen, aber das war bei den anderen Schwangerschaften nicht anders gewesen. Ich übergab mich gleich nach dem Aufstehen, dann beim Zähneputzen und schließlich, wenn ich meinen Sohn zur Schule brachte. Ich übergab mich mitten im Gespräch mit anderen Müttern vor der Schule und am Telefon. Ich übergab mich in Tüten in Taxis. Ich fasste es als ein Zeichen auf, dass es dem Baby gut ging, denn so deuten es die meisten Gynäkologen. Trotzdem zehrte es an mir, jeden Tag elend und erschöpft zu sein, und es nagte an mir, dass ich mit meinem jüngeren Sohn nicht so spielen konnte, wie er es gerne gehabt hätte. »Lass uns spielen, Mami ist ein Klumpen, und du bist ein kleiner Junge«, sagte ich, wenn ich in seinem Zimmer auf dem Boden lag. Er brachte all seine Spielsachen und spielte in Reichweite. Als die Schwangerschaft fortgeschritten war, patschte er mir lächelnd auf Brüste und Bauch. »Lustig«, quetschte er eines Tages an seinem Schnuller vorbei.

Ich hatte etwas abgenommen, aber das war bei der letzten Schwangerschaft genauso gewesen, und das Baby entwickelte sich gut und bestand sämtliche Mess-, Gen- und Fruchtwassertests mit Bravour.

Als wir hörten, es sei ein Mädchen, waren wir wie vor den Kopf gestoßen – *Wir haben keine Mädchen! Wir haben Jungen!*, hätte ich gerne demjenigen gesteckt, der für derlei zuständig war –, und genau das war der Moment, in dem mein Mann, der die Aussicht, sich das alles mit Mitte fünfzig noch einmal antun zu müssen, mit gemischten Gefühlen betrachtet hatte, plötzlich Feuer fing. Manchmal sagte er ganz aufgeregt: »Bald gibt's ein Baby!«

Auf gewisse Art war dieses Mädchen eine Last: Sie würde unseren Wohnraum für sich beanspruchen, dem älteren Bruder das Kinderbett wegnehmen, Privatschule und College, eine Wohnungsrenovierung und vier oder fünf weitere Jahre mit einer Vollzeit-Nanny einfordern. Deshalb war es mir buchstäblich bis zur letzten Sekunde so vorgekommen, als könnte es dieses Kind gar nicht geben. Doch je mehr wir jetzt für sie planten, desto aufregender fanden wir es, eine Sie zu haben, für die wir planen konnten. Wir bereiteten uns vor, schmiedeten Pläne und schliefen gut. Ich beschloss, dass sie meinen Nachnamen bekommen sollte, und mein Mann, der sich bei den letzten beiden Kindern erbittert dagegen gewehrt hatte, stimmte widerstandslos zu. Ohne meinen Mann einzuweihen, beschloss ich außerdem, sie Daphne zu nennen. Wie hätte ich mich ihr nicht unterwerfen können, diesem Mädchen, das so dringend auf die Welt kommen wollte? Wie hätte ich ihr keinen Namen geben können?

Man käme wohl kaum darauf, New York City und pralle Natur in Verbindung zu bringen – zu Unrecht. In unserer Straße gab es viele Bäume, und der laubbehangene Eingang zum Central Park war nicht weit. Frühmorgens im Sommer singen die Vögel dort nicht – sie kreischen. Ich konnte sie hören, noch bevor wir aus dem Fahrstuhl stiegen und die Empfangshalle unseres Gebäudes durchquerten, auf dem Weg zu meinem Gynäkologen, gleich als Erstes an jenem nassen Morgen. Am Nachmittag davor hatte ich angerufen, um ihm zu melden, dass ich möglicherweise Blutungen hätte, schwer zu sagen bei schwarzer Unterwäsche. Als ich mir ein Papiertaschentuch hineingelegt hatte, war es hellrosa, nicht rot, und das war noch okay, oder? Mit gepresster Stimme hatte mir mein Arzt gesagt, ich solle mich hinlegen – aus seinem Ton hatte ich herausgehört, dass er meinte, ich solle mich richtig hinlegen, nicht auf diese halbherzige, mütterliche Art, wo man ständig aufsteht, um einem der Kinder eine Geschichte vorzulesen oder das Essen zu machen –, etwas Wasser trinken und bald wieder anrufen. Dann rief ich meinen Mann an, der sagte: »Du blutest eben, wenn du schwanger bist. Du hast jedes Mal geblutet. So ist dein Körper nun einmal.« Seufzend stimmte ich ihm zu und erwähnte, dass der Arzt die Sache ziemlich ernst zu nehmen scheine, dass aber alles gut ausgehen werde. Das Kindermädchen meiner Söhne war bereit länger dazubleiben, und so ging er noch zu einer Veranstaltung, die mit seiner Arbeit zu tun hatte. »Wahrscheinlich ist es nichts«, sagte ich ihr.

Als ich mich später wie geheißen wieder bei meinem Gynäkologen meldete, wies er mich an, noch mehr Wasser zu trinken und mich völlig still zu verhalten, bis ich anderntags gleich als Erstes bei ihm in der Praxis sei.

Jetzt hielt uns der Portier die Eingangstür auf. Der Lärm der

Vögel, besonders der Blauhäher mit ihren drängenden, gar nicht vogelähnlichen Schreien, war fast übermächtig. Wir traten hinaus, erst unter die Markise und dann in den Regen, auf die wartende schwarze Limousine zu. Da fragte mein Mann, dem sonst nie ein unfreundliches Wort über die Lippen kam: »Kein Schirm?« Normalerweise begleiten einen die Portiers unseres Gebäudes mit einem Schirm zum Auto, wenn es regnet. Auf diese Weise erlebt man bruchlose Verwöhnung und Annehmlichkeit von Tür zu Tür. Aber der Regen war nicht – noch nicht – stark, und unser Portier tat die Frage genau wie ich mit einem Lachen ab. Dann kroch ich in den Wagen und legte mich, den Kopf in den Schoß meines Mannes gebettet, auf den Rücksitz. Mein Mann sagte: »Ich weiß nicht, was zum Teufel mit den Leuten los ist.« Während wir durch den Park fuhren – im Regen ruhig, trostlos und grau, nicht der angesagte, überfüllte, abgeschmackte Park sonniger Wochenenden, sondern der Park, wie ich ihn liebte: verwaist, still und trübsinnig –, blickte er aus dem Fenster und schüttelte den Kopf. »Er hätte einen Scheißschirm zur Hand haben müssen. Mein Anzug ist klatschnass.«

»Was sehen Sie da unten?«, fragte ich den Arzt. Ich war nicht nervös. Ich war schon früher angewiesen worden, Bettruhe zu halten, und alles war gut ausgegangen. Lily, die gelassenste Mutter, die ich kannte, hatte deswegen tagelang ausführliche beruhigende E-Mails mit mir ausgetauscht und am Telefon, während ich weinte, stundenlang auf mich eingeredet. Ich hielt Bettruhe, und wir bekamen eine Haushaltshilfe von der Stadt, die Sudokus löste und mir Penne alla Bolognese kochte. Ich sah mir *The Real Housewives of Orange County* an. Ich erzählte Lily und Candace jede einzelne Folge bis ins letzte Detail, und sie hörten zu und lachten und sorgten dafür, dass ich nicht unterging. Meine Schwangerschaft würde gut ausgehen, so wie auch alles andere gut ausgegangen war: meine erste Schwangerschaft, als ich hellrotes Blut ausgeschieden und der Arzt mir eine Fifty-fifty-Chance gegeben hatte; die Geburt meines ersten Sohnes, als die Schwester beim Anblick der verlangsamten oder beschleunigten Herzfrequenz des Babys während der absurd langen Wehen dem Arzt zugerufen hatte: »Dieses Baby kommt und geht, das gefällt mir nicht!«; die Probleme mit der Exfrau und den Töchtern meines Mannes, als er und ich versuchten, ein gemeinsames Leben auf die Beine zu stellen; die Dramen und Katastrophen, die nie zu enden schienen. Letztlich ging immer alles gut aus.

»Das wollen Sie gar nicht wissen«, seufzte mein Gynäkologe unter dem rosa Laken, das er sittsam über meinen Unterleib gelegt hatte. Jetzt schob er sich auf seinem Rollhocker zurück, bis ich ihn sehen konnte, und als ich mich für das Gespräch auf den Ellbogen stützen wollte, sagte er sehr leise: »Bleiben Sie liegen.«

Flach auf dem Rücken zu liegen ist eine seltsame Haltung, um schlechte Nachrichten entgegenzunehmen. Wenn sich der Sprecher nicht gerade über Sie beugt oder Sie die Augen schließen, starren Sie einfach nur an die Decke und hören zu. Und dann, je nach Schwere der Schlechtigkeit der Nachrichten, erleben Sie womöglich etwas, was ich früher für ein Klischee oder für einen dramatischen Kunstgriff gehalten hatte – Sie merken, wie Sie von oben auf den eigenen Körper hinabstarren. Eine Stimme sagte: »Fruchtblasenprolaps«, und: »Zervixinsuffizienz«, und: »Der Fuß des Mädchens ragt aus Ihrem Muttermund hervor«, und ich fragte mich: *Wie bin ich bloß hier heraufgeraten, und wer ist die Frau da unten, die so unglücklich aussieht?* Es war, als weine ihr ganzes Gesicht – verzerrt, rot, zerlaufen. Auch ihre Haarwurzeln sahen ziemlich furchtbar aus.

Als mein Mann nach meiner Hand griff, schlug ich wieder in mir auf. Es war ein schmerzhaftes Gefühl, so als hätte ich mich am Ellbogen gestoßen, nur dass der Ellbogen der gesamte Körper war, und ich fühlte mich benommen und irgendwie geplättet, als ich mit krächzender Stimme und völlig ungläubig fragte: »Was?« Jetzt konnte ich das Gesicht meines Gynäkologen sehen, wie er schlicht und mit erzwungener Ruhe sagte: »So etwas geht meist nicht gut aus.« Er sah blass aus und müde. Dann fiel mir auf, dass ich die Hände rang, aber es fühlte sich so an, als suchte ich nach etwas und bemühte mich zugleich, es wegzureiben, und so zwang ich mich, damit aufzuhören.

»Dann glauben Sie also, dass ich das Baby verlieren werde?« Jetzt fühlte ich mich fast schon abgeklärt. War das das Schlimmste? Na schön. Würde er mir etwas noch Schlimmeres sagen? Unwahrscheinlich. Wir waren uns nicht sicher gewesen, ob wir dieses Baby wollten, und hatten in letzter Minute beschlossen, es zu wollen, und jetzt würden wir es vielleicht doch nicht haben. Aber wir würden es haben, nicht wahr? Alles würde gut werden. Er erwähnte eine Zervixcerclage, ein, zwei kleine Stiche, um den Muttermund zu verschließen, und ich sagte: »Da kenne ich mich aus, ich hab mal eine Reportage darüber geschrieben für eine Frauenzeitschrift. Bei der jungen Frau, die ich interviewt habe, konnten die Frühwehen verhindert werden, und dann ist sie ein paar Wochen lang verkehrt herum aufgehängt worden, und alles war gut.«

Für meinen Arzt musste es sich wie endloses Gejammer angehört haben. Er nickte und wiederholte, er werde mich sofort ins Krankenhaus überweisen.

»Sie meinen jetzt sofort?« Er nickte. »Für wie lange?«, fragte mein Mann und drückte meine Hand. »Nun ja« – mein Gynäkologe spielte, wie ich im Nachhinein vermute, wohl auf Zeit, dann sagte er langsam und präzise – »das kommt ganz darauf an. Es könnte lange dauern. Oder nicht.« An der Klinik gebe es einen Arzt, der auf Hochrisikoschwangerschaften spezialisiert sei, fuhr er fort und nannte den Namen des Facharztes – ach ja, den liebte ich, bei allen drei Schwangerschaften habe er die Fruchtwasseruntersuchung durchgeführt, er sei wunderbar, quasselte und quatschte ich –, und dieser Arzt hätte vielleicht noch die eine oder andere Idee. Also gehen Sie. Jetzt sofort?, fragte ich wieder, obwohl mir bewusst war, dass ich dieselbe Frage schon einmal gestellt hatte, allerdings war mir die Antwort entfallen. Ja, sagte er, ohne zu lächeln. Ich machte mich fertig, und er machte mir ein Kompliment zu meinen Schuhen. Ich sagte ihm, das seien Skimmer, mit Gummisohlen für Regentage, und Mädchen hätten den ganzen Spaß.

Nachdem ich aufgenommen worden war, fragte ich eine hereinkommende Assistenzärztin, wieso das Fußende meines Bettes nicht hochgestellt sei. Weshalb lag ich flach? Ging es nicht darum, das Baby im Bauch zu behalten? Sie lächelte. »Halten Sie's wirklich für eine gute Idee, die Füße achtzehn oder zwanzig Wochen lang hochzulegen? Mal im Ernst.« Ich starrte sie an. Sie lächelte mir ins Gesicht, als wären wir beide in das Geheimnis eingeweiht, als wüssten wir dieselben Dinge. Ich nickte verwirrt, und mein Impuls, allem zuzustimmen, schien von der dunklen Ahnung, dass ich möglicherweise einer Tragödie zustimmte, nicht im mindesten gehemmt. Einen Moment lang erfasste, erblickte ich, was sie sagte, dann duckte ich mich weg.

Was zum Teufel hatte sie gedacht, was ich dachte? Ich dachte, es gebe eine Möglichkeit, alles besser zu machen. Ich wartete darauf, mit dem Hochrisiko-Gynäkologen zu sprechen, der jedes Mal meine Amniozentese durchgeführt hatte, der so jung und niedlich und gescheit war, dass ihn sämtliche Mütter und werdenden Mütter hinter seinem Rücken Doogie Howser nannten. Er konnte alles wieder heil machen, und das würde er auch.

Sie würden einen Ultraschall machen, viele, viele Stunden später, sodass mein Mann für ein Weilchen nach Hause gehen konnte. Ich stellte eine Liste mit Dingen zusammen, die er mir mitbringen sollte, wenn er am Nachmittag wiederkehrte, darunter Make-up und Waschzeug, eine Sammlung wissenschaftlicher Artikel über Frauen und Aggression und einen Roman von Henry James, den ich bereits vier, fünf Mal gelesen hatte. Und ich wollte ein Foto von meinen Söhnen. Ihre Gesichter zu betrachten wäre das Gleiche wie eine neuerliche Lektüre von Henry James – ich wusste, wie es ausging, und trotz aller Mühe und gelegentlicher Schmerzen war es beruhigend, mit den Augen und dem Geist immer wieder dieselben vertrauten Konturen nachzuzeichnen. Eine Pflegerin brachte mir einen entsetzlich grünen Wackelpudding, und ich bedankte mich und bat sie, ihn wieder mitzunehmen, was sie mit einem verständnisvollen Lächeln tat. Später kam eine andere Ärztin und erkundigte sich nach meinem Befinden und nach meinem Beruf. Als ich sagte, ich sei Schriftstellerin und Forscherin, meinte sie: »Hierzu forschen Sie bitte nicht. Da machen Sie sich nur verrückt.« Ich versprach es ihr, und dann musste ich weinen, und wie alle sagte sie etwas Nettes. Ich zeigte auf das Foto meiner beiden Söhne, das ich mit Tesafilm neben das Bett geklebt hatte – mein älterer Sohn lachte, während der jüngere aus Leibeskräften brüllte, vielleicht weil sein großer Bruder ihn abseits der Kamera zwickte, vielleicht einfach nur so –, und erzählte ihr, dass ich bereits zwei Kinder hätte. Wenn nicht, könnte ich das hier gar nicht aushalten, sagte ich. Es könnte also schlimmer sein. Sie sah mich einen Augenblick lang an, und dann sagte sie sehr leise, den Kopf zur Seite geneigt: »Es könnte schlimmer sein, aber es könnte auch besser sein.« Und damit hatte sie recht.

»Hier ist das Baby, hier ist der Herzschlag«, sagte die Ultraschalltechnikerin, ohne mir in die Augen zu sehen. Dann trat sie die Flucht an und ließ ihr Klemmbrett und ihre Brille zurück. »Ich sage es Ihnen so, wie es ist«, erklärte Dr. Doogie Howser, als er eintrat und das an die Wand projizierte Ultraschallbild betrachtete. Die Silhouette meines wunderschönen Babys, das in seiner grobkörnigen grauen Schattenwelt schwebte, jener geheimnisvollen Welt, in der man nichts weiß und von der man nichts weiß; das Geräusch seines Herzschlags, der laut, beruhigend, beschwichtigend tönte, wie etwas, das niemals aufhören wird.

»Okay«, zwitscherte ich. Alles würde gut werden.

Er redete drauflos, wie jemand, der schnell zum Ende kommen möchte, und es war die Geschwindigkeit, die mir auffiel, bevor ich noch seine Worte hörte oder aufnahm. Die Botschaft lautete: Daphne war dem Tod geweiht. Es gab keinen Ausweg. Nun, es gab lebensverlängernde Maßnahmen, aber die Chancen, sie damit zu retten, waren herzzerreißend, jämmerlich gering. Und das Risiko für mich gewaltig. Infektionen, Bluthochdruck, Tod. Daphne starb innerhalb meines Körpers und war schlicht zu unreif und zu ungesund, um außerhalb überleben zu können, selbst in einer der besten neonatologischen Intensivstationen der Welt. Seine Stimme sprach weiter, ruhig, schnell, eindringlich, fest, eine Stimme, die vernünftig klang, obwohl sie unvernünftige, verrückte, unmögliche Dinge sagte. *Es wird kein Baby geben. Letzte Woche beim Ultraschall hat es Ihnen nicht zugewinkt. Sie wollten es nicht, dann haben Sie sich eines anderen besonnen, und jetzt können Sie es nicht haben.*

Ich sagte: *Nein,* nur damit er aufhörte zu reden, um zu sagen: *Nein, warten Sie, wie wär's mit …,* nur damit er die Sache von einer anderen Warte aus betrachtete, um ihn zu der Ecke des Zimmers oder dem Satz oder dem Gedanken zu lenken, wo es Daphne gut ging und alles gut wurde, zu dem Ort, wo zerbrochene Gegenstände geborgen und gekittet werden können. Aber ich musste wohl geschrien haben, statt zu sprechen, denn die Ärztin neben ihm sagte ganz sachte: »O Gott«, und schlug die Hände vors Gesicht, und dann streckte sie den Arm aus, um das Licht einzuschalten, und der Raum war grell und steril, und es gab keine Möglichkeit, sich zu verstecken. Keine schönen grobkörnigen Schatten mehr, keine Baby-Rorschachmuster, die ich betrachten konnte, die mich einlullten, denen ich an einen anderen Ort folgen konnte.

Manchmal wollten Frauen, dass die Wehen eingeleitet werden, dann würden sie von dem nicht lebensfähigen Fötus entbunden, sagte der Arzt, und manche wollten »der Natur ihren Lauf lassen« und den Fötus austreiben … »Sind die völlig durchgeknallt?«, unterbrach ich ihn, die Frage an niemand Bestimmten gerichtet. Doch Doogie Howser schien zu glauben, dass ich es tatsächlich wissen wollte, und er sagte: »Nun, einige Frauen stellen fest, dass sie, um innerlich damit abschließen zu können, die Geburt zu Ende bringen wollen, damit sie das Ki…«

Wieder fiel ich ihm ins Wort. »Wie groß ist sie?«, fragte ich, und er antwortete: »Wir haben nicht ...«, aber ich musste es unbedingt wissen und kreischte: »Wie groß ist sie? Sagen Sie mir, wie viel sie wiegt!«, und er gab eine Schätzung ab, und ich begann wieder zu schluchzen, doch jetzt, wo ich Bescheid wusste, fiel mir die Entscheidung nicht schwer. Sie war ein Jemand für mich, und ich konnte nicht warten, bis sie sich in Nichts auflöste: Für mein Baby durfte es kein langsamer, verblassender Abschied sein. Ich bemerkte, dass mein Mann die Augen geschlossen hatte, und sie blieben geschlossen, als ich ihn anstarrte. Daphne strampelte jetzt stark, und als ich an mir herunterblickte, fiel mir auf, wie absurd, wie extrem schwanger ich aussah für eine Frau, die kaum im sechsten Monat war. Da ich zierlich bin und dies mein drittes Kind war, hatte sich mein Bauchnabel bereits nach außen gestülpt, und ich sah viel schwangerer aus, als ich war, und in diesem Moment war es unerträglich, an das riesige Nichts zu denken, das sich an genau der Stelle aufgetan hatte, wo ein Körper gewesen war, der sich veränderte und wuchs, Pläne, ein neu eingerichtetes Zimmer, ein Baby.

Der Natur ihren Lauf lassen, sagte der Arzt, könne ein paar Tage dauern, und jetzt wusste ich, was die Leute meinten, wenn sie schrieben oder sagten, sie fühlten sich in die Enge getrieben »wie ein wildes Tier«. Ich saß in der Falle, zusammengekauert auf einem Fleck, der stetig schrumpfte, und ich versuchte, mich mit Worten freizukämpfen, doch es fiel mir schwer, zu sprechen – die Worte kamen wie Schnaufer, wie Keucher heraus, und das nahm ich mir übel.

»Sie hat keine Schmerzen«, sagte Doogie Howser jetzt, »und Sie haben nichts falsch gemacht.« Und als ich ihn fragte: »Woher wissen Sie das? Woher wissen Sie, dass es nicht meine

Schuld ist?«, schnitt er eine Grimasse und schloss für einen Moment die Augen, dann schlug er sie wieder auf und sagte: »Weil ich es weiß. Ich weiß einfach, dass es nicht Ihre Schuld ist.« Es schien, als habe etwas seinen Gesichtsausdruck durchstoßen – plötzlich war er ein Mensch, der mit einem anderen Menschen sprach und versuchte, ihn in die Welt zurückzulocken.

In der Nacht vor dem Eingriff blieb ich allein in der Klinik, weil ich darauf bestanden hatte, dass mein Mann zu Hause bei den Kindern sein müsse. Da ich auf der Entbindungsstation des Krankenhauses lag, hörte ich im Schlaf die Neugeborenen schreien. Immer wieder fuhr ich hoch. Ich begriff, dass ich in demselben Krankenhaus war, in dem ich meine Kinder zur Welt gebracht hatte, und glaubte, dass ich mein Baby holen müsse, dass es mein kleines Mädchen sei, das da nebenan weinte.

Dr. Doogie Howser würde operieren, und am nächsten Morgen kam er vorbei, um mir etwas verlegen mitzuteilen, der Eingriff sei für 15 Uhr angesetzt. Die Verzögerung tue ihm leid, sagte er, dann sah er nach, was ich las, und wir plauderten ein wenig über Henry James. Und danach wartete ich, erst allein, dann mit meinem Mann, redete, war untätig. Ich durfte nichts essen, hatte aber auch gar keinen Appetit. Daphne strampelte und zappelte so stark, dass man es durch das Patientenhemd sehen konnte, das ich trug. Die Ärzte erklärten, es habe mit dem auslaufenden Fruchtwasser zu tun. Für mich hörte es sich an, als ersticke sie. Immer wieder sagte ich ihr in meinem Kopf und laut, dass es mir leidtue und dass es nicht mehr lange dauern werde. Irgendwann drehte ich mich zu meinem Mann um und sagte: »Wir hatten auch schöne Tage«, etwas, was ich immer zu ihm sage, wenn etwas Schreckliches geschieht, und er lächelte.

Ich glaubte, auf alles gefasst zu sein, als man mich in den OP-Saal schob, der tatsächlich genauso dramatisch aussah wie in Fernsehsendungen, wenn die Kamera aus der Perspektive der Person filmt, die hineingerollt wird. Es ging mir gut, bis wir im Saal waren, wo es trotz all der grellen Lampen gedämpft und trist war. Jeder trug einen grünen OP-Kittel, Mundschutz und Haube, und als man mich von der Transportliege auf den Operationstisch – heißt das so? – umbettete, zappelte Daphne und trat um sich, und obwohl oder weil man mir gesagt hatte, es liege daran, dass fast kein Fruchtwasser mehr übrig sei und sie nicht überleben könne, fühlte es sich so jämmerlich an, dass ich sagte: »Bitte beeilen Sie sich, ich halte es nicht aus, sie strampelt so stark.« Ich sah eine Schwester weinen – sie trug eine rosa OP-Maske –, und dann hielt Doogie Howser meine Hand und redete mit mir. Er fragte mich, ob ich irgendwelche Überraschungen auf Lager hätte, beispielsweise Piercings, von denen er wissen sollte, und ich lachte, und wir sprachen über die Überraschungen, die er in dieser Hinsicht schon erlebt hatte. Er hielt meine Hand eine ganze Weile, was peinlich und beruhigend zugleich war, fast wie ein Date, aber ein Date mit jemandem, der einen chirurgischen Eingriff an Ihrem sterbenden Baby vornimmt, weil es nicht den Hauch einer Chance hat und Sie nicht herumsitzen und darauf warten können, bis es von selbst abgeht. Ich fragte die Anästhesistin, was sie mir verabreichen werde, und sie sagte: »Etwas zum Schlafen«, und Doogie Howser verdrehte die Augen und sagte: »Ich glaube, Sie haben nicht ganz verstanden. Sagen Sie ihr, was genau Sie ihr verabreichen werden und wie viel.« Das tat sie – es war eine Art Benzodiapezin –, und ich weiß noch, wie ich ihr sagte, ich wolle die höchste Dosis, damit ich auch ja nichts mitbekäme, aber sie solle aufpassen, dass ich an der Narkose nicht stürbe. Und ich wolle saubere Schnitte, sagte ich, als ich die Besinnung verlor; ich hätte Kinder und dürfe nicht an einer blöden, völlig vermeidbaren Infektion sterben.

Hinterher kamen mein Gynäkologe und mein Mann, und wir plauderten, und dann trat Dr. Doogie Howser ein, vermutlich um sich einen Eindruck von meinem Befinden zu verschaffen. Er begrüßte mich und fragte: »Wissen Sie noch, worüber wir nach dem Eingriff geredet haben, als Sie aufgewacht sind?« Erschrocken riss ich die Augen auf und zermarterte mir das Hirn. Ich hatte keine Ahnung. »War es etwas, was wir vor meinem Mann nicht wiederholen können?«, äußerte ich vorsichtig, und alle lachten, bis auf Doogie Howser, und irgendwann verließ er das Zimmer und ließ mich mit der Überlegung zurück, was zum Teufel ich gesagt haben könnte. Was hatte ich gesagt? Bis zum heutigen Tage frage ich mich, was ich gesagt hatte; bis zum heutigen Tag besteht meine Reaktion auf den Verlust Daphnes darin, mich zu fragen, was zum Teufel ich in dem Augenblick, als ich aus der Schwärze herausschwamm, zu Dr. Doogie Howser gesagt hatte. Diese quälende, nagende Sorge ist die schwarze Schnur, die mich mit ihm verbindet und mit ihr.

Als wir den Vorgang und all das, was nicht getan werden konnte, erörterten, hatten die Ärzte alle von »der Schwangerschaft« und »dem Fötus« gesprochen. Der Fötus konnte nicht gerettet werden. Die Ärzte konnten keine weiteren Schritte unternehmen, um die Totgeburt des Fötus zu verhindern. Nichts konnte zurückgedreht oder umgedreht oder aufgehalten werden. Der Fötus war nicht lebensfähig. Die Sozialarbeiterin, die nach »dem Eingriff« kam, nannte ihn »das Baby«. Diese krasse und jähe semantische Verschiebung war bestimmt kein Zufall. Erst die Mutter in Ihrem Hirn ausschalten, damit Sie sich dem Eingriff unterziehen können. Dann die Mutter in Ihrem Hirn wieder einschalten – jetzt, wo das Baby tot und entsorgt ist, damit Sie trauern können. So wie wir es von jeher tun, wenn wir unsere Babys verloren haben. Die Sozialarbeiterin fragte mich, ob ich ein Begräbnis wünsche, und ich verneinte. Doogie Howser hatte mich bereits danach gefragt und mir gesagt, wenn wir kein Begräbnis wünschten, werde Daphne eine »Krankenhausbeerdigung« bekommen, im Grunde genommen als medizinischer Abfall entsorgt werden. »Was sie natürlich nicht ist«, fügte er hastig hinzu. »Nun ja, ich denke schon«, sagte ich, da wir keine Stammzellen hatten spenden oder ihr Gewebe anderweitig hatten verwenden können. Jetzt fragte mich die Sozialarbeiterin, ob ich ein Gedenkkästchen wünsche. Darin befänden sich eine Säuglingshaube, der Totenschein sowie ein kleiner Hand- und Fußabdruck, erklärte sie, und ich glaube, ich verzog das Gesicht, weil ich es empörend fand und lächerlich. Ich stellte mir vor, was ich mit einem solchen Kästchen anfangen würde. Würde ich es oben im Schrank in eine dunkle Ecke schieben? Im Kellerabteil abstellen? Was? Wir sprachen darüber, dass ich mir gebrandmarkt vorkam – wer zum Teufel verliert ein Baby Anfang des sechsten Monats? Nach zwölf Wochen wähnt man sich in Sicherheit, wer kann dergleichen ahnen? Und warum? –, und sie wies mich darauf hin, dass alle Frauen in diesem Flügel des Krankenhauses ihre Babys während des zweiten oder dritten Trimesters verloren hatten. *Ein ganzer Flügel voll von uns*, dachte ich. Das hatte etwas Tröstliches.

Mutterschaft entspringt ebenso sehr dem Reich des Todes wie dem des Lebens. Das hatte mir keiner gesagt. Nicht die Kinderärzte und nicht die optimistischen Zeitschriften wie *Fit Pregnancy* und *New Mom!*. Als ich mich jedoch wieder der Anthropologie zuwandte, den Büchern, die bereits in meinem Regal standen, und jenen, die ich mir, um zu verstehen, in den Monaten nach Daphnes Tod gekauft hatte, durchschaute ich das gewaltige Geheimnis, das sich über Äonen erstreckte, ohne sich je zu erschöpfen. Nisas Verluste halfen mir, meinen eigenen Verlust zu begreifen. Und ich lernte noch etwas anderes, die auf der Hand liegende Lektion, die mir vorher nie in den Sinn gekommen war: Wenn ein Baby oder ein Kind stirbt, bleibt die Welt stehen. Auf eine unauffällige, aber sehr reale Art, die sich weder rückgängig machen noch leugnen lässt, geht die Welt unter. Und dann, ganz langsam, über Wochen und Monate und Jahre, wird es all jenen, die das Baby oder Kind geliebt haben, die jemals ein Baby oder Kind geliebt haben, zur Aufgabe, die Welt neu zu erschaffen, sie auferstehen zu lassen. Und dann eine weitere Aufgabe, noch mehr Arbeit: eine Möglichkeit finden, in einer Welt zu leben, in der sich derlei zutragen kann. Tag für Tag mit dem bitteren Geschmack der Ungerechtigkeit zu leben, mit dem schalen, beängstigenden Gefühl, von innen nach außen gestülpt worden und völlig schutzlos zu sein. Das irrwitzige, aber logische, sich aufdrängende Bedürfnis, sein jüngstes Kind zu verstecken, das einem noch geblieben ist, die zwanghafte Angst, dass es vor ein Auto geraten, im Swimmingpool ertrinken oder sonst irgendwie ausgelöscht werden wird. Wie lange schon empfanden Frauen so, fragte ich mich Tag für Tag, Woche für Woche. Hatten sie es gewusst, es vergessen und sich wieder daran erinnert? Es steckte in uns drin, das wusste ich.

Als Lilys dreijährige Tochter starb – unerwartet schnell, im Grunde an einer Erkältung –, stimmten wir eine Totenklage an und warfen uns zu Boden, wir alle, die wir sie geliebt hatten, wir alle, die wir unsere eigenen Kinder liebten, jeder, der davon hörte. Der Tod zog Kreise, zunächst von Lily zu uns, ihren Freundinnen. Sodann von uns zu unseren engsten Freundinnen, zu all deren Freundinnen, und schließlich zu jeder Frau und jedem Mann in Manhattan mit einem Kindergartenkind. Wir waren fassungslos, hatten verkniffene Gesichter und belegte Stimmen und rote Augen, wenn wir unsere Kinder in den Kindergarten brachten und auf den Gängen, beim Kaffee oder am Telefon miteinander sprachen. Wir weinten und weinten. Wir weinen immer noch. Selbst diejenigen, die nur jemanden kannten, der jemanden kannte, der jemanden kannte, der sie kannte. Nein. Wie konnte das geschehen? Das kann nicht sein. Was genau war passiert? Warum? Was wird aus ihrer Mutter?

Flora war dreidreiviertel Jahre alt. Ihre Augen groß und blau, ihr Haar flaumig und blond. Beim Essen war sie wählerisch und mochte es nicht, wenn man ihren Kopf berührte. Sie liebte Kochen, Kindergarten und Ballett. Sie war dabei, sie selbst zu werden. Eines Abends, ungefähr eine Woche bevor sie zusammenbrach, kamen sie und ihre große Schwester zu uns, um mit meinen Söhnen zu spielen, und als ich mich umzog, um mit Lily und meinem Mann auszugehen, klopfte es sachte an meiner Tür, und da stand Flora mit einem Geschenk in weißem Seidenpapier und mit einer goldenen Schleife. »Für dich«, sagte sie schüchtern lächelnd mit gesenktem Blick, dann nahm sie all ihren Mut zusammen und sah mir direkt in die Augen. Ich kniete mich hin und küsste sie. »Danke, Flora«, sagte ich. Sie war so weit gelaufen, unseren endlos langen Flur entlang, um mir das Geschenk zu überreichen, weg von ihrer Mutter und ihrer großen Schwester und den anderen Kindern und dem warmen, hellen Zimmer, wo gerade *Der Kater mit Hut* im Fernsehen lief. Sie half mir dabei, das Geschenk – einen Rock, den Lily genäht hatte – auszupacken, dann ging sie zurück, den Flur entlang, ganz allein. Als ich Lily später davon erzählte, gab sie ein ersticktes Geräusch von sich und sagte: »Sie wurde gerade so mutig. Sie hat noch mehr Dinge dieser Art gemacht.«

Sie war da, und dann war sie fort. Der Verstand begreift es nur stückweise, in winzigen Details. Nicht: *Sie ist fort,* sondern: *Den kleinen Pulli mit den gelben Blumen wird sie nie mehr tragen und die rosa Gummistiefel auch nicht.* Ihr kleiner Spind im Kindergarten, wo sie ihren rosa Rucksack und die Bastelarbeiten der Woche aufbewahrte, ist leer geräumt. Ich halte ihren Prinzessinnenschirm in der Hand; sie wird es nie mehr können. Wie lange? Wie lange braucht es, um all die Einzelteile zu einem Ganzen zusammenzufügen und den Verlust zu begreifen, die Wahrheit, dass sie fort ist?

Blutbrustpavian-, Schimpansen- und Berggorillamütter sind alle dabei beobachtet worden, wie sie die Leichname ihrer Kinder trugen, pflegten, wiegten. Oft tun sie das so lange, bis die Überreste ihrer Babys mumifiziert sind. Im Falle der Schimpansen und der Blutbrustpaviane tragen die Mütter die Leichname ihres Nachwuchses auf ganz atypische Weise – an den Gliedmaßen, mit einer Hand oder im Maul –, was erkennen lässt, dass ihnen, auch wenn sie liebevoll für sie sorgen, durchaus bewusst ist, dass ihre Babys von ihnen gegangen sind. Wenn ich daran dachte, fühlte ich mich ihnen verbunden. Auf den Prachtstraßen schleppte ich wie ein Tier meine irregeleitete Hoffnung, meinen Schmerz und meinen Instinkt mit mir herum und vermutete, dass Lily es genauso hielt. Man konnte den Verlust eines Kindes, eines kleinen Menschen, den man fast vier Jahre gekannt und geliebt hatte, nicht mit dem Verlust eines Babys vergleichen, das man nie kennengelernt hatte. Ich hütete mich vor diesem Vergleich. Manchmal aber sagte Lily: »Ich habe das Gefühl, du verstehst mich, weil auch dir etwas Entsetzliches zugestoßen ist.« Uns allen. Am meisten, am schrecklichsten aber Lily. Und Nisa. Und so vielen anderen, willkürlich herausgegriffen für einzigartige, universale, gewöhnliche, unerträgliche Trauer.

Es dauerte lange Zeit, bis ich merkte, bis ich richtig begriff, dass ich nicht mehr schwanger war. Eines Tages sammelte ich meine Umstandskleider und meine Kleidungsstücke für die Zeit nach der Geburt ein – Stillhemden, Still-BHs und weiche Pullis mit seltsamen Schlitzen fürs Stillen, stopfte sie in eine Einkaufstüte und stellte diese auf den Flur für die Dienstboten, den Ort für Müll, Recycling und Weiterverwendung, jener Verwertungskette vom Besitzer zum Portier, von der Portiersfamilie zur Kirche, die sich in diesen Gebäuden wie von selbst ergibt. *Da bitte*, dachte ich.
Dann senkte sich eine Art Nebel herab, ich konnte mich nicht erinnern, wo meine Schlüssel waren, beantwortete E-Mails gleich viermal und zürnte. Ich zürnte mir selbst, weil ich mein Portemonnaie verlegt und meine Schuhe nach dem Ausziehen in den Abfalleimer geworfen hatte, als gehöre sich das so. Ich zürnte, als ich merkte, dass ich mein Handy in den Kühlschrank gelegt hatte. Ich zürnte meinem Arzt, weil er nicht verstand, dass ich Alzheimer hatte. Was sonst war der Grund dafür, dass ich mich nicht erinnern konnte, was ich gesagt und getan, wo ich mich aufgehalten und was ich versprochen hatte? Mir war

ständig kalt. Mein älterer Sohn hatte ein Bild gemalt, das ich in seinem Zimmer fand: zwei Strichmännchen, eines mit einem riesigen Bauch und einem winzigen Körperchen mit zwei X statt der Augen, das andere mit einer Kiste, aus der Striche kamen. »Was ist das?«, fragte ich, und mein Sohn antwortete: »Da ist das Baby gestorben. Das ist der Arzt mit seinem Gerät.« Er schrieb Briefe, einen an Daphne und einen an Flora. *Ich bin froh, dass du meine kleine Schwester bist, auch wenn du gestorben bist,* schrieb er an Daphne. *Du fehlst mir, bitte melde dich, wenn du kannst,* schloss der an Flora.

Wir waren gemeinsam ausgesetzt in unserer Trauer, die ganze kleine Familie. Mein Mann konnte das Ausmaß meiner Verzweiflung und meiner Wut nicht begreifen – wie sollte er auch? –, und an den schlimmsten Tagen fühlte ich mich sogar von ihm abgetrennt, als wäre er jemand, der vor der Folie meines Verlusts einfach nur kam und ging. Ich versuchte zu arbeiten, in der Hoffnung, Schreiben würde mir helfen, doch mein Verstand war unzuverlässig und verweigerte mir den Dienst. Mir fielen bestimmte Wörter nicht mehr ein – manche, wie *ephemer*, die jeder mal vergessen konnte, aber auch Wörter wie *dass* und *auch*. Dann rief ich Candace an oder meinen Freund Jeff, den Englischprofessor, und bat sie, mir zu erklären, was ich meinte, was ich ausdrücken wollte. Wort für Wort versuchten sie, mir über meine Orientierungslosigkeit und meine Bitterkeit hinwegzuhelfen.

Bisweilen schien die Welt außerhalb unserer Wohnung entwirklicht. Dinge, die mir wichtig gewesen waren, auf die ich mich konzentriert hatte – nicht nur meine Arbeit, sondern auch die Aufgabe, in einer Welt, die sich von einer äußerst fremden und befremdlichen in eine vertraute und fast normale gewandelt hatte, für mich und meine Söhne einen Platz zu finden –, kamen mir mittlerweile lächerlich vor, verzerrt und gebrochen durch das Prisma des Verlusts. Wozu das alles? Ein Buch mehr oder weniger, wen scherte das? Und wen scherte es, ob mein Kind zu einer Geburtstagsparty eingeladen oder als Spielkamerad verschmäht worden war? Weshalb war mir das so wichtig gewesen? Ich war wund und verletzlich, wusste aber genau, dass ich für die Sperenzchen der Manhattaner Mütter keine Geduld mehr aufbrachte. Wenn eine von ihnen gemein zu meinem Kind wäre oder mich geringschätzig musterte, würde ich ihr einen Denkzettel verpassen und ihr gehörig Bescheid stoßen. Sollte sie nur in meine Nähe kommen, die Königin der Bienenköniginnen, die – so hatte ich läuten hören – neulich im Kindergartenflur eine andere Mutter, die ihr nicht verraten wollte, wo sie ihren Mantel herhatte, am Kragen gepackt und diesen umgeklappt hatte, nur um den Mantel als »billig« zu verunglimpfen. Sollte sie nur in meine Nähe kommen. Ein Glück für uns beide, dass sie es nicht tat.

Doch etwas anderes geschah. Jeden Tag, ohne Ausnahme, hörte ich Geschichten von einigen Müttern, die ich aus der Schule meines Sohnes oder der Krabbelgruppe meines Jüngeren kannte. »Die Ergebnisse der Fruchtwasseruntersuchung waren immer gleich, aber wir haben gewartet und gehofft. Meine Schwangerschaft war also weit fortgeschritten, als ... Sie wissen schon«, erzählte mir eine Frau, die mir bis dahin immer unfassbar reich, gleichgültig und eitel vorgekommen war, bei einem Kaffee. Jetzt sah sie mich an und sagte: »Ich weiß, wie es ist, und es tut mir wirklich leid.« Ich war so erschöpft und müde gewesen, doch sie hatte auf dem Treffen bestanden. Wir kannten uns nicht gut. Jetzt begann ich zu weinen, wegen Daphne und auch wegen ihres Babys, und sie sagte: »Ich werde Ihnen helfen.« Sie würde mir helfen. Und sie half mir. Sie gehörte dazu, und sie wusste es. Sie alle wussten es. Überraschenderweise, unerwarteterweise zeigten mir die Mütter, von denen ich viele als unfreundlich, egozentrisch und oberflächlich abgetan hatte, wer sie wirklich waren, zeigten mir, was Muttersein bedeutet.

Eine nach der anderen meldete sich bei mir, Tag für Tag. Sie führten mich zum Mittagessen aus, schickten mir Blumen und luden uns auf ihren Sommersitz ein. Sie mailten, nur um hallo zu sagen. Sie erzählten mir ihre eigenen Geschichten. »Ich habe Zwillinge verloren, in der zweiundzwanzigsten Woche. Also, ich meine, ein Kind war eine Totgeburt, das andere hat noch zwei Wochen gelebt und ist dann gestorben. Ich wollte Ihnen nur sagen, dass ich Sie verstehe. Wirklich verstehe.« Eine andere Frau aus der Schule meines Sohnes erzählte mir, dass sie ihr Baby in der neunzehnten Woche verloren hatte und beinahe verblutet wäre. Sie hatte eine Transfusion nach der anderen erhalten und von ihren anderen Kindern geträumt. In unseren Trainingsklamotten spazierten wir den Reitweg im Central Park entlang. Sie hörte mir zu, ich hörte ihr zu, und als wir um eine Ecke bogen und den Baum sahen, den mein Kleiner den »krummen Baum« nannte, ein perfekter Sitzplatz für jeden Winzling, der von jemandem, der ihn liebte, hinten abgestützt werden konnte, fragte ich mich, wie viele andere Frauen im Park oder in den umliegenden Gebäuden, wie viele Mütter in immer größeren konzentrischen Kreisen rings um die Stadt und das Land und die Welt genau in diesem Augenblick ähnlicher Verluste gedachten.

Frauen erzählten mir Geschichten von verlorenen Babys in der Woche oder am Tag vor dem errechneten Geburtstermin. Eine Frau, die mir bisher über die Maßen kühl erschienen war, hatte, wie ich erfuhr, ihr kleines Mädchen leblos im Kinderzimmer aufgefunden, ein plötzlicher Kindstod im Alter von fast sechs Monaten. Eine Frau erzählte mir von ihrem Baby, das anscheinend völlig grundlos mit acht Monaten gestorben war. Sie erzählte mir diese Geschichte wie im Vorübergehen, als ginge es eigentlich um meinen Verlust, und ich streckte die Hand aus und berührte sie am Arm. »Es wird nie okay sein, aber irgendwie doch«, sagte sie mit einem entschuldigenden Lächeln, als wir auf dem Gehsteig standen.

Ich war gleichermaßen beschämt, verwirrt und erleichtert, als mir aufging, dass ich viele Mütter, die ich innerlich abgeschrieben hatte, deren Zurückhaltung und deren geradezu stammesartige Verschworenheit mich kränkten und einschüchterten, viel zu schnell aufgegeben hatte. Zahlreiche Frauen, die ich zickig und abschreckend gefunden hatte, ließen sich von mir jetzt nicht vergraulen. Sie boten mir an, meinen älteren Sohn bei sich übernachten zu lassen oder ihn ins Kino mitzunehmen. Sie schickten mir Mahlzeiten. Und wenn uns jemand übers Wochenende einlud, fuhren wir hin. Wir aßen, unterhielten uns und schwammen mit unseren und ihren Kindern in ihren Swimmingpools. Wir nannten es die »Dead Baby Tour«. Ich hatte geglaubt, mein Verlust werde den Graben zwischen ihnen und mir vertiefen, dabei überbrückte er ihn. Auch sie hatten jemanden verloren. Die anderen Mütter und ich scherzten, wir würden T-Shirts bedrucken lassen, auf denen zu lesen wäre: »Ich habe sechs Monate lang gekotzt – und alles, was ich dafür gekriegt habe, ist dieses lausige T-Shirt.« Ich erlebte passable Tage, schlechtere Tage und noch viel schlechtere Tage. Doch die anderen Mütter, die mir das Gefühl gegeben hatten, meine Söhne und ich seien Schmuddelkinder, darunter die Gehweg-Angreiferinnen und die Birkin-Schwingerinnen, gaben mich nicht auf. Einige von ebenjenen, die mich gepeinigt und gepiesackt hatten, kamen jetzt auf ein Glas Wein vorbei. Sie saßen da und hörten zu, und sie legten eine erstaunliche, eine eindrucksvolle Fähigkeit an den Tag, da zu sein für meinen Schmerz und meine Wut und sich um mich zu kümmern. Wochenlang, monatelang, in manchen Fällen sogar jahrelang.

Einer der größten Umbrüche, die sich im vergangenen Jahrzehnt auf dem Gebiet der Anthropologie zugetragen haben, eine ihrer umwälzendsten Entdeckungen, ist die Erkenntnis, dass die Menschheit ihre gesamte Evolution hindurch ihren Nachwuchs gemeinschaftlich aufzog. Kinder in einer Kernfamilie aufwachsen zu lassen ist etwas völlig Neues, ein winziges Pünktchen auf der Landkarte menschlichen Familienlebens. Wir haben unsere Kinder nie allein aufgezogen, isoliert und abgetrennt von anderen, oder mit nur einer weiteren Person, dem Kindsvater. Das ist mühsam, anormal und nicht so, wie es sein »sollte«. Vielmehr haben wir uns seit jeher darauf verlassen, dass andere – uns verwandte und uns wohlgesinnte – Frauen uns dabei helfen, unseren Nachwuchs großzuziehen. Meist lebten wir so wie Nisa – in ausgedehnten Mehrfamilienverbänden, die aufeinander aufpassten, sich umeinander kümmerten und die Kinder untereinander versorgten. In Teilen der Karibik, wo in einem Dorf jeder Erwachsene jedes Kind zur Ordnung rufen kann und das Kind ihm folgt, kann man das heute noch sehen. Oder auf Hawaii, wo sich Kinder und Eltern gleichermaßen auf *Hanai*-Beziehungen verlassen – auf Tanten und Onkel, unverzichtbare Ehrenverwandte, die aufrichtiges Interesse an dem Wohlergehen und der Erziehung eines biologisch nicht mit ihnen verwandten Kindes haben. Was uns den entscheidenden Vorteil verschaffte, war nicht das Feuer oder die Jagd oder die heterosexuelle Dyade, darin sind sich die Anthropologen mittlerweile überwiegend einig; vielmehr waren es unsere weiblichen *Homo*-Vorfahren, die die Säuglinge anderer Frauen hielten, handhabten, versorgten und sogar stillten. Dies ist einer der Hauptgründe, weshalb *Homo sapiens* so erfolgreich war und noch immer ist, während andere frühe Hominini und deren Vorläufer auf der Strecke blieben. Diese gemeinsame Geschichte gegenseitiger Abhängigkeit, des Versorgens und Kümmerns, mag eine Erklärung sein für die einzigartige Fähigkeit von Frauen, tiefe Freundschaften mit anderen Frauen zu entwickeln. Seit Urzeiten stützen wir uns aufeinander, wenn es um Kinderversorgung, geistige Gesundheit und ums Überleben geht. In diesem Netz der Verbundenheit wiegt der Verlust Ihres Kindes auch für mich schwer, denn ein bisschen war es auch mein Kind.

Gewusst hatte ich das. Von gemeinsamer Kinderaufzucht und Fremdstillen hatte ich bereits während meines Studiums und meiner Forschungstätigkeit gelernt. Ich hatte darüber nachgedacht und darüber geschrieben. Jetzt aber fühlte ich es.

Was mir zugestoßen war, musste auf Mütter, die es nicht am eigenen Leib erfahren hatten, zutiefst verstörend gewirkt haben, und für die, die es am eigenen Leib erfahren hatten, eine fast unerträgliche Erinnerung gewesen sein. Dennoch erkundigten sie sich mit nicht nachlassendem Interesse immer wieder nach meinem Befinden. In Manhattan herrscht unter Frauen mit Kindern häufig erstaunliche Konkurrenz und Aggression – die Kleidungsduelle und die abschätzenden Blicke in den Fahrstühlen der Kindergärten. Doch wie ich nach dem Verlust Daphnes erfuhr, gibt es auch außergewöhnliche Kooperation und Unterstützung, wenn es darum geht, sich umeinander zu kümmern, indem man sich um die Kinder der anderen kümmert. Genau wie Mütter in Kleinstädten, genau wie Mütter vergangener Zeiten sind Frauen mit Kindern in der Upper East Side durch enge Netzwerke miteinander verbunden, die teils emotionalen Beistand, teils stellvertretende Kinderbetreuung bieten. Diese Frauen gaben mich nicht auf, weil sie es nicht konnten.

ZUSAMMENFASSENDE
FELDNOTIZEN

——

Nach ungefähr sechs Jahren Feldstudien in der Upper East
Side von Manhattan unter einer Gruppe von schätzungswei-
se 150 Müttern mit kleinen Kindern, die auf einem Gebiet
von etwa einem Quadratkilometer lebten, hatte ich mich
umfassend in den von mir untersuchten Stamm integriert
und mit ihm identifiziert. Ein solches Ergebnis war nicht vor-
auszusehen gewesen. Anfangs war ich ein Neuzugang in
dieser Horde höher stehender Primaten. Mit Erreichen der
Geschlechtsreife hatte ich mich von einer geographisch und
kulturell entfernten Gruppe gelöst, dann viele Jahre am Süd-
zipfel der Insel gelebt und die dortigen Sitten und Gebräuche angenommen, bevor ich in den weiter nördlich gelegenen Lebensraum, eine Nische des Überflusses, abgewandert
war, um mir und meinem Nachwuchs mehr Chancen zu eröff-
nen. Die Religion des Stammes, den ich untersuchte, prakti-
zierte ich nicht; vielmehr pflegte ich, bis ich seine Bräuche
kennenlernte, ausgeprägte individuelle Schmuck- und Trach-
tensitten sowie Waschungen; auch später mied ich es häufig, mich seinen Bräuchen anzupassen; meine jahreszeitbe-
dingten freiwilligen Migrationsmuster waren nicht die seinen;
und ich hatte relativ geringe materielle Ressourcen zur Ver-

fügung. Es überraschte mich nicht, dass ich, wie so viele weibliche Neuzugänge in menschlichen oder nichtmenschlichen Primatengruppen in aller Welt, einen niedrigen Status innehatte und von den höherrangigen Gruppenmitgliedern – die ihren Status meist ererbt hatten, gewöhnlich von ihren Vätern oder ihren Männern – demütigenden Initiationsriten ausgesetzt, ja drangsaliert wurde, und dies über viele Monate hinweg. Manchmal glaubte ich, es werde immer so weitergehen.

Indes haben Robert Sapolsky und andere Primatenforscher durch jahrelange Feldstudien an nichtmenschlichen Primaten festgestellt, dass zwar ein niedriger Status Stress verursachen kann und ein hoher vererbt wird und alle möglichen Vorteile mit sich bringt, dass die Rangordnung unter Primaten insgesamt jedoch flexibler und durchlässiger ist, als viele Feldforscher anfangs glaubten. Beispielsweise kann ein niederrangiger Pavian durch kluge Bündnispolitik (mittels Fellpflege, Allianzenbildung bei Gerangeln, Futterteilung und Kinderbetreuung) für sich und seinen Nachwuchs angenehme Lebensumstände und Resultate schaffen. Sapolsky und andere legen außerdem nahe, dass der Stresspegel von Betas in nichtmenschlichen Primatengruppen niedriger sein könnte als der von Alphas. Vielleicht lebt es sich besser, wenn man nicht an der Spitze steht und sich nicht ständig des Neides und der Putschversuche anderer erwehren muss.

Obwohl die Bedeutung dieser Befunde für den Menschen nicht geklärt ist, war ich nach monatelangen, unablässigen Bemühungen, Verbündete zu finden und Koalitionen zu bilden, letztendlich zufrieden mit meinem Rang, mit meinen Freundschaften und, für ein Primatenweibchen am wichtigsten, mit den Zukunftsaussichten meines Nachwuchses in dem, was ich nach mehreren gemeinsam verbrachten Jahren schließlich als meinen Stamm ansah. Die Verbesserung meiner Lebensumstände ließ sich zum Teil meiner gesellschaftlichen »Arbeit« zuschreiben – Pflege von Bindungen und Beziehungen zugunsten meiner selbst und meiner Söhne, hartnäckige (wenn nicht gar peinliche) Versuche, Bündnisse zu schließen, während ich, um nicht das Gesicht zu verlieren, ignorierte, dass ich ignoriert wurde, und optimale Ausnutzung der kurzfristigen Aufmerksamkeit eines Alphamännchens. Das entscheidende Ereignis jedoch, das meinen Statuswandel auslöste, dürfte der Verlust eines Kindes im fortgeschrittenen Stadium der Schwangerschaft gewesen sein, was bei meinen Artgenossinnen unerwartetes Mitgefühl hervorrief. Dieses Ereignis aktivierte vermutlich tief verwurzelte Anlagen zu Großzügigkeit, Fürsorge und Empathie in einer Gruppe von Frauen, deren Vorfahren die gesamte Evolutionsgeschichte hindurch ihren Nachwuchs gemeinschaftlich aufgezogen, die Kinder verwandter und nicht verwandter Artgenossinnen regelmäßig mitversorgt hatten. Wenngleich diese Praxis unter völlig veränderten ökologischen Umweltbedingungen nicht mehr vorherrscht, so ist doch unabweisbar, dass – mit den Worten des Anthropologen Steve Josephson – hinsichtlich gemeinschaftlicher Aufzucht, gegenseitiger Betreuung und schlichter Fürsorge »die Software noch immer in uns steckt«.

In seinem *Tagebuch im strikten Sinn des Wortes* schildert der Anthropologe Bronislaw Malinowski die Schattenseiten seiner offiziellen Ethnographie des Lebens unter den Trobriandern vor der Küste Neuguineas, die er 1922 unter dem Titel *Argonauten des westlichen Pazifik* veröffentlicht hatte. Hier können wir dem Autor dabei zusehen, wie er sich innerlich auflöst. Nachdem Malinowski im Namen einer knospenden Disziplin namens »Sozialwissenschaft«, deren Vertreter bemüht waren, sich von Missionaren, Händlern und Kolonialbeamten zu unterscheiden, auf ein entlegenes Archipel gezogen ist, zeichnet er wiederholt ein Porträt seiner selbst als »Verlorener«. Dieser herausragende Gründervater der Anthropologie ist wütend auf seine Informanten, die ihm mitunter, kaum dass er ihnen Tabak geschenkt hat, den Rücken kehren und sich über ihre »Verpflichtung« hinwegsetzen, ihm im Gegenzug Wahrheiten über sich und ihre Kultur mitzuteilen. Während er sich den verwirrenden Bedingungen seiner Umgebung anpasst – dem Leben in einer Hütte, der Glut der Sonne, einer fremden Sprache und einer völlig fremden Lebensart –, gesteht er sich alle erdenklichen Formen persönlicher und professioneller Unsicherheit, ja sogar eine Art emotionalen und psychischen »freien Fall« ein. Immer wieder glaubt er, todkrank zu sein. Er fühlt sich beklommen, einsam und sexuell frustriert.

Als ich meine Tage in der Upper East Side Revue passieren ließ, musste ich oft an Malinowski denken, über den ich meine Doktorarbeit geschrieben hatte. Ich dachte an seine schonungslos ehrliche Schilderung eines Dilemmas, das außerhalb seiner Kontrolle lag, obwohl es im Grunde selbstverschuldet war. Ich dachte daran, wie unzulänglich und nachtragend, wie kleinlich und unwissenschaftlich, wie oberflächlich und vorurteilsbehaftet er in seinen persönlichen, privaten Aufzeichnungen mitunter wirkte, verglichen mit der kühlen, analytischen, distanzierten, professionellen Erzählstimme der *Argonauten*. Gemeinsam mit einigen wenigen anderen hat Malinowski die Anthropologie quasi »erfunden« – einen Wissenschaftszweig, den ich für seine beeindruckende Mischung aus Erzählen und Erkennen, für sein unbehagliches, aber unleugbares Nebeneinander von persönlicher Erfahrung eines einzelnen Außenseiters und übergreifendem Narrativ einer Kultur stets geliebt habe. Ich bin keine akademische Anthropologin – Anthropologie war nicht mein Hauptfach, obwohl ich die Disziplin studiert und es mir später zum Beruf gemacht habe, sie zu verstehen, über sie zu schreiben und in meinen kulturwissenschaftlichen Lehrveranstaltungen ihre Geschichte zu unterrichten. Ich bin auch nie in ferne Länder gereist, um wie Primatologen das Verhalten von Schimpansen, Gorillas, Pavianen oder anderer Affen zu beobachten und aufzuzeichnen. Anthropologie und Primatologie waren einfach Fächer und Sichtweisen, die ich studierte, in die ich mich verliebte und die ich danach auf meine eigenen Erfahrungen anwandte, als ich umzog und mich dem Leben in einer fremden Kultur anpasste, einer Gesellschaft, deren unvertraute Bräuche, Dogmen und Rituale mich zunächst verwirrten und vor den Kopf stießen.

Wenn ich auch Manhattan nie verlassen hatte, nie eine neue Sprache lernen musste, so sind mir doch die Erfahrungen, über die Malinowski in seinem *Tagebuch* schrieb – Verärgerung und kulturelle Entwurzelung –, äußerst vertraut. Ich sehnte mich danach, dazuzugehören, und manchmal empfand ich heftige Abneigung gegen die Menschen um mich herum, die allen Außenstehenden so gleichgültig, ja verächtlich begegneten. Wenn meine Versuche, eine Freundschaft anzubahnen, nicht anerkannt wurden und unerwidert blieben, fühlte ich mich zurückgewiesen. Die neue Umgebung mit ihren ungewohnten Kulturpraktiken, das Ignoriertwerden, das Außenseitertum – all das löste eine Art Kulturschock bei mir aus. Manchmal musste ich die kleinliche Regung unterdrücken, die, die ich verstehen wollte, zu verhohnepipeln. Obwohl mir klar war, dass die Schikanen, denen ich ausgesetzt war, nicht unbedingt persönlich gemeint waren, nahm ich sie nicht selten übel (»Insgesamt entwickeln sich meine Gefühle gegenüber den Eingeborenen entschieden in Richtung ›Rottet all diese Bestien aus‹«, notierte Malinowski in einem Augenblick des Zorns). Viele dieser »Feldforschergefühle« konnte ich tagtäglich nachvollziehen.

Doch am Ende überraschte mich der Stamm der Mamis, unter dem ich so lange gelebt und geforscht hatte. Zwar war ich mir nie zuvor so schikaniert vorgekommen wie in den ersten Monaten und Jahren meiner Feldforschung. Gleichzeitig jedoch hatte ich mich noch nie so aufgehoben und umsorgt, noch nie so eng befreundet gefühlt wie nach dem Tod meiner ungeborenen Tochter Daphne. Die vormals so unerbittlich anders wirkenden Mütter – dieselben, die mir so hochnäsig, ja herzlos vorgekommen waren, von denen ich mich von oben herab behandelt, verlacht, demonstrativ ausgegrenzt und zum Schmuddelkind degradiert gefühlt hatte, die selbst oder deren Schwestern und Freundinnen einen Verlust erlitten hatten – reichten mir eine helfende Hand und taten dies so zielstrebig, hingebungsvoll und freigebig, dass ich nur staunen konnte. Ich glaube, am Ende vergaßen sie, was sie zu mir geführt, was sie bewogen hatte, zärtlich und großzügig statt kaltschnäuzig, gleichgültig und manchmal richtiggehend gemein zu sein. Und dann waren sie auch weiterhin einfach nett. »Wo haben wir uns doch gleich angefreundet? Ein Glück, dass wir uns kennengelernt haben ... Ich denke, im Kindergarten, oder?«, fragte mich eine Freundin mit seidigem Haar und Chanel-Sonnenbrille, als wir eines Morgens nach einem Kaffee in der Madison Avenue noch ein bisschen in der Sonne saßen. Ich erinnerte sie nicht daran, was sie zu mir geführt hatte, denn jetzt waren wir Freundinnen und unsere Freundschaft so tief verwurzelt, dass es schade schien, unnötig daran zu rütteln. Also beließ ich es dabei.

Bisweilen begegne ich in der Upper East Side noch Frauen mit kleinen Kindern, die Freundinnen einer Freundin sind oder mit jemandem aus meiner Bekanntschaft – eine zerbrechliche Verbindung – in einem Ausschuss oder Vorstand sitzen, und auf den ersten, zweiten oder dritten Blick erscheinen sie mir noch genauso reserviert oder unfreundlich. Ich bin, was meine Spezies betrifft, nicht blauäugig, doch wenn mir heute die Gleichgültigkeit einer anderen Mutter entgegenschlägt, ihre Zerstreutheit oder Strenge, ein abwertender oder wichtigtuerischer Kommentar, dann hilft mir eine aus der Erfahrung geborene Ahnung, dass ich in Zeiten der Not wahrscheinlich einen besseren, einen wahreren Teil von ihr zu sehen bekäme, genau wie sie von mir.

Der Primatologe Frans de Waal ist einer der Vorreiter auf dem aufkommenden Forschungsgebiet der tierischen Empathie, das sich nicht nur mit Primaten, sondern auch mit Hunden, Elefanten und sogar Nagetieren beschäftigt. Alle diese Säugetiere, besonders aber die Primaten, erklärt er, »nehmen die Emotionen des anderen wahr und reagieren auf seine Bedürfnisse«. Diese Behauptung scheint nicht allzu vermessen, beruht sie doch auf Ergebnissen jahrelanger Feldforschung und wird von de Waal, Jane Goodall und Robert Sapolsky schon seit langem vertreten. Es existieren buchstäblich Tausende dokumentierter Fälle, betont de Waal, bei denen Schimpansen unglückliche Artgenossen mit Umarmungen und Küssen trösten. »Zum

Beispiel halten Affen einem Artgenossen von sich aus eine Klappe auf, um ihm Zugang zu Futter zu gewähren, selbst dann, wenn ihr eigener Futteranteil dadurch schrumpft.« Kapuziner-äffchen sind darauf aus, andere zu belohnen, und bietet man ihnen zwei verschiedene Plastikchips an, entscheiden sie sich schließlich für den »prosozialen«, der sowohl dem Kapuziner-äffchen selbst als auch seinem Gefährten eine Belohnung bietet. Die Wissenschaft tut sich schwer mit allem, was nach Anthropomorphismus riecht – der Projektion unserer eigenen, menschlichen Züge auf Tiere –, da es ihr wolkig, sentimental und unpräzise vorkommt.

Und doch ist es unmöglich, das Gewicht der Belege zu ignorieren, die dafür sprechen, dass sich Tiere umeinander kümmern, oft auf ihre Kosten. Das gefrorene Herz der Wissenschaft taut zunehmend auf im Hinblick auf eine (wie es de Waal nennt) »weniger blutrünstige« Version unserer Evolutionsgeschichte, eine, die unterstreicht, dass unser Wesen ebenso sehr von Kooperation und Mitleid wie von gewalttätigen Konflikten und Gleichgültigkeit geprägt wurde. Zum Teil beruht diese Hypothese von den kooperativen Ursprüngen der Menschheit auf Beobachtungen des Alltagsverhaltens nichtmenschlicher Primaten. Freilich sind Schimpansen mitunter von brutaler Aggressivität, und ihr Talent zu Machtspielen aller Art dürfte die Bewunderung noch des skrupellosesten Manhattaner Hedgefondsmanagers erregen. Bestimmte nichtmenschliche Primaten zeigen ein regelrecht machiavellisches Verhalten, beobachtet de Waal. Zu Beginn seiner Laufbahn hatte er sogar Machiavelli gelesen, um besser zu verstehen, wie die von ihm studierten Schimpansen »anderen Honig ums Maul schmieren und intrigieren« – und ohne mit der Wimper zu zucken einen Rivalen töten. Trotzdem leben sie in engen Gemeinschaften und können bemerkenswerte Fürsorge für andere an den Tag legen, wie etwa ein Weibchen namens Daisy, das eine Vorliebe für Sägespäne hatte und sie hortete – nur um ihren gesamten Vorrat einem kranken Männchen namens Amos zu vermachen, damit dieser sich einen bequemeren Schlafplatz einrichten konnte. Von ihren eigenen Gefühlen – »Ich liebe diese Sägespäne, die sind so was von gemütlich!« – schloss sie auf seine und nahm, um Amos' Unwohlsein zu lindern, einen persönlichen Nachteil in Kauf (an diesem Tag oder in dieser Nacht keine Sägespäne für sie selbst). Diese altruistische Handlung beruhte nicht – oder nicht nur – auf einer Kalkulation, was sie im Gegenzug erhalten mochte. Vielmehr war ihr Antrieb tiefes Mitgefühl. Im Grunde genommen, bemerkte de Waal, schüttelte sie für jemanden, der ihr etwas bedeutete, die Kissen seines Krankenhausbettes auf, weil sie wusste, es würde sich gut anfühlen.

Weshalb sich überhaupt um andere kümmern?
De Waal ist der Auffassung, »dass die mütterliche Fürsorge zumindest bei Säugetieren ein Prototyp von Altruismus ist – die Mustervorlage für alle anderen Formen von Altruismus«. Einen Fötus auszutragen, einem Lebewesen, das sich im eigenen Leib entwickelt, diesen Leib (und, wie manch eine menschliche Mutter bezeugen kann, die Seele) zu widmen, es dann zu gebären, Milch zu produzieren, um es zu stillen (oder es anderweitig zu ernähren), und es nicht nur für Stunden, Tage oder Wochen, sondern auf Jahre zum Mittelpunkt des eigenen Universums zu machen – diese alltäglichen Akte der Mutterschaft verwischen in grundlegender, tiefgründiger Weise die Grenze zwischen dem Selbst und dem Anderen, zwischen Eigeninteresse und im Wortsinn erschöpfend umfassender Anteilnahme, Einfühlung und Fürsorge für einen anderen.

Die Ursprünge der Empathie, jenes tiefen gegenseitigen Verstehens, das uns dazu bringt, alles, was wir wollen, dass uns die Leute tun sollen, auch ihnen zu tun, selbst um einen gewaltigen Preis, liegen Sarah Hrdy zufolge nicht nur in der mütterlichen Fürsorge, sondern auch in der gemeinschaftlichen Kinderaufzucht, in der Praxis und Philosophie des »ganzen Dorfs«, die sich im industrialisierten Westen meist nur noch in Zitaten Hillary Rodham Clintons wiederfinden, in anderen Kulturen jedoch noch sehr verbreitet ist. Dort gilt, wie es in mehreren westafrikanischen Ländern und Sprachen heißt: »Ein Kind hat viele Eltern.«

Hrdy und die Anthropologin Kristen Hawkes sowie zuletzt Katie Hinde haben dargelegt, dass, um die Formulierung de Waals zu verwenden, »der menschliche Teamgeist mit der kollektiven Aufzucht [unserer] Kinder begann, sprich: Nicht nur die Mütter waren für den Nachwuchs zuständig, sondern ›ein ganzes Dorf« – also alle Erwachsenen. Unter diesen Erwachsenen waren auch Männer, meistens jedoch, so Hawkes und Hinde, andere Frauen – Verwandte und Wohlgesinnte, die aushalfen, wenn sie gebraucht wurden, und denen umgekehrt ausgeholfen wurde, wenn sie Hilfe benötigten. Die Wissenschaft legt nahe, dass Hilfe bei der Kinderaufzucht Gutes nicht nur bewirkt, sondern sich gut anfühlt. Dass mütterliche und gemeinschaftliche Fürsorge denen, die sie schenken, ein gewisses Wohlgefühl bereitet, wird für de Waal von Rhesusäffchen aufs Schönste illustriert. Jedes Frühjahr, wenn die Rhesusäffchen ihre Jungen bekommen, überschlagen sich die halbwüchsigen Weibchen förmlich, um den Müttern zur Hand zu gehen – und die Kleinen in die Hände zu bekommen. Ständig bleiben sie in ihrer Nähe, kraulen den Müttern der entzückenden Säuglinge aufmerksam und unermüdlich das Fell, bis sich eine von ihnen schließlich erbarmt und der »Möchtegern-Babysitterin« einen Augenblick mit ihrem Baby gestattet. De Waal berichtet von der überschäumenden Begeisterung, mit der eine Babysitterin das Jungtier ergriff: »Sie nahm das Kleine hoch, trug es herum, drehte es auf den Kopf, um seine Genitalien inspizieren zu können, leckte sein Gesicht, kraulte es von allen Seiten und nickte dann irgendwann ein, die Arme fest um das Kind geschlungen.« Dieses Einnicken mit dem Baby vollzog sich ausnahmslos mit völliger Regelmäßigkeit und »erweckte den Eindruck, als wäre sie in einer Art Trance oder Ekstase«. Wenn die Babysitterinnen die Säuglinge an sich drücken, wird in ihrem Hirn und Blut Oxytocin ausgeschüttet, was sie in einen köstlichen Schlaf lullt. Wenige Minuten später wachen sie zuverlässig wieder auf, um den Müttern ihre Babys zurückzugeben.

Derartige Beobachtungen an unseren nichtmenschlichen Primatenvettern wie auch umfangreiche Experimente mit neurologischen Bildgebungsverfahren haben den Anthropologen James Rilling zu dem Schluss geführt, dass wir »einen emotionalen Hang zur Kooperation [haben], den wir nur durch starke kognitive Kontrolle überwinden können«. Mit anderen Worten, unsere erste Regung ist das Sich-Kümmern; nur unser Denken hindert uns daran, ihr jedes Mal nachzugeben.

Schließlich wurden unsere beiden Söhne an Schulen in der Upper West Side aufgenommen, und in Anbetracht meiner eigenen Arbeit und der meines Mannes konnten wir uns die tägliche Hin- und Rückfahrt von und nach der Upper East Side zur Hauptverkehrszeit einfach nicht mehr vorstellen. Wir zogen auf die andere Seite der Stadt. Die Mamis der Upper West Side gelten als lockerer, freundlicher und entspannter als die der Upper East Side, und das kann ich im Allgemeinen bestä-

tigen. Um Spielverabredungen macht niemand hier ein großes
Gewese; nach der Schule purzeln die Kinder gewissermaßen
zum nächstgelegenen Spielplatz. Auf dem Gehsteig werde ich
hier nur selten angegriffen, und ich hatte noch nie das Gefühl,
zu einfach gekleidet zu sein. Und zu Candace und Lily habe
ich es auch nicht mehr so weit.

Gelegentlich jedoch vermisse ich die Makellosigkeit der Upper East Side, das Gefühl der Sicherheit, ihre aufpolierte, förm-
liche Gesetztheit. Wenn ich meine Freundinnen in der Upper
East Side besuchen oder mir ein Upper-East-Side-Erlebnis gön-
nen will – ein Mittagessen im Sant Ambroeus, Herumstöbern
bei Charlotte Olympia oder einen Schaufensterbummel in der
Madison Avenue –, kann ich einfach schnell und mühelos den
Park durchqueren. Inzwischen haben viele meiner Upper-East-
Side-Freundinnen Kinder, die in der Upper West Side zur Schule gehen, deshalb treffen wir uns manchmal auch auf meiner
Seite der Welt. Wie so viele Bewohner von Uptown »setze ich
über«. Aber die beiden Orte – Upper East und Upper West –
fühlen sich noch immer sehr unterschiedlich an, wie für die
meisten New Yorker. Nun, da ich nicht länger in den Schüt-
zengräben der Upper East Side liege und versuche, alles zu
entschlüsseln und irgendwie einzuordnen, kann ich den Unterschied lieben, schätzen und genießen.

Meine Birkin habe ich in den Ruhestand versetzen müssen. Bei
einem Urlaub in Paris suchte ich wegen eines hartnäckigen
Taubheitsgefühls im Arm eine Ärztin im 6. Arrondissement
auf. Die Neurologen, die ich in New York konsultiert hatte,
hatten alle ernsteren Erkrankungen ausgeschlossen, aber auch
keine Lösung parat gehabt, keine eigentliche Ursache diagnos-
tizieren können. Ich konnte nicht mehr tippen, was für eine
Schriftstellerin, um es milde auszudrücken, durchaus unange-

nehm war. Mehrere Tage unseres Aufenthalts verbrachte ich damit, mir den rechten Unterarm zu massieren und mich zu ärgern. Die schicke Pariser Ärztin saß hinter ihrem Schreibtisch, und wie eine schicke Pariserin nahm sie nicht nur meine Geschichte von der Autorin, die nicht schreiben konnte, sondern auch mein Outfit, meine Tasche, jedes Detail meiner äußeren Erscheinung zur Kenntnis. Dann sprach sie auf entschieden französische Art. Sie schob die Schuld auf meine schwere Tasche und urteilte: »Entwedär die Berkäng odär das Schreibän. Sie abben die Wall.«

Vor zwei Jahren hat Lily Zwillingsmädchen bekommen und mich zu deren Patentante ernannt. Ich sehe die Mädchen fast jeden Donnerstag und habe es mir zur Aufgabe gemacht, sie zu verwöhnen und nach ihrer Pfeife zu tanzen. Sie sind energiegeladen, neugierig und wunderhübsch, Lilys Mädchen, und sie sind unendlich unterhaltsam. Lily ist mehr Mami als jede andere, die ich kenne, besser und gelassener, als ich es je mit nur einem Baby war. Manchmal reden wir über Flora, und sie sagt mir, dass es nicht leichter oder besser wird, aber dass sie oft glücklich ist, und ich sage ihr, dass ich sie zu verstehen glaube.

Meine Söhne sind jetzt große Jungs. Sie können alles, was wir im Westen für unsere Kinder wünschen – hauptsächlich lesen, schreiben und rechnen. Ich ermahne sie, ihre Betten zu machen, ihre iPads wegzulegen, Dankeskärtchen zu schreiben, Erwachsenen ins Gesicht zu schauen und höflich zu sein. Aber dann siegt wieder meine Faulheit, und ich lasse sie in Frieden. Im Sommer fahren wir an den Strand, und ich sehe ihnen zu, wie sie im Pool schwimmen, auf dem Reifen schaukeln. Ich sehe, wie sie am Strand oder in der Nachbarschaft mit anderen Gruppen von Kindern zusammenkommen, Kindern, die sie kennen oder auch nicht, während ich mit den Müttern und Vätern plaudere, die ich kenne oder auch nicht, und dabei registriere, dass selbst an einem Ort, der so preziös, organisiert und privilegiert ist wie die Upper East Side und ihr Satellit, das East End, Kindheit noch immer ausgelassen, ungeplant und leicht sein kann und Mutterschaft verhältnismäßig einfach. Das fühlt sich gut an. Ein paarmal im Jahr verreisen mein Mann und ich ohne unsere Jungs, meist nach Europa oder an andere Orte, wohin seine Geschäfte ihn verschlagen, und während wir dort sind, verzehre ich mich nach meinen Kindern. Ich staune darüber, wie sehr sich Kindheit und Mutterschaft von Kontinent zu Kontinent unterscheiden, von Stadt zu Stadt, von Ort zu Ort. Und wie seltsam, interessant und rührend sich die Gebräuche eines winzigen Stammes in einem winzigen Winkel einer winzigen Insel, den ich einmal untersucht hatte, aus der Ferne ausnehmen. Ich denke an die Worte Charles Darwins – nicht des Darwins, dessen Werk grob vereinfacht und als Vehikel benutzt worden ist, um rücksichtsloses Eigeninteresse zu rechtfertigen und die Idee eines »egoistischen Gens« zu rationalisieren, sondern des Vaters Darwin, der drei Kinder verlor und so tief um sie trauerte, dass er fast arbeitsunfähig wurde, der seiner Frau freudig dabei half, sieben weitere großzuziehen, ein Gleichgewicht zwischen geliebter Arbeit und Vaterschaft fand und uns so viel lehrte: »[D]ie sozialen Instinkte [führen] ein Tier dazu, Vergnügen an der Gesellschaft seiner Genossen zu haben, einen gewissen Grad von Sympathie mit ihnen zu fühlen und verschiedene Dienste für sie zu verrichten.«

Ja, ich fühlte mich fröhlich und mitfühlend, großherzig und verständnisvoll, auch im Reinen mit mir selbst als Mutter und Schriftstellerin, als wir uns vor nicht allzu langer Zeit bei einer familienfreundlichen Party auf dem gigantischen gepflegten Rasen eines gigantischen gepflegten Anwesens in den Hamptons wiederfanden. Ich hatte ein Buch verkauft und das Manuskript abgeliefert. Hollywood zeigte Interesse. In den kleinen, klatschverliebten Kreisen, in denen ich noch immer verkehrte, hatte das Neuigkeitswert, und die Leute wollten reden. Die Meinungen waren großenteils wohlwollend und unterstützend. Die Eltern von Freunden meiner Kinder, Leute, die ich als Mutter kennengelernt hatte, gaben ihrer Hoffnung Ausdruck, dass alles gut verlaufen und das Buch Erfolg haben werde, begleitet von einer Menge scherzhafter Fragen, ob ich denn Namen nennen würde. Als wir uns darüber und über andere Dinge unterhielten, auf welche Schulen unsere Kinder jetzt gingen und wie sie ihnen gefielen, stieß mein älterer Sohn zu uns. Er sah erhitzt aus und flüsterte mir zu: »Mama, ich fühl mich nicht gut.« Ich drehte mich zu ihm um und berührte seine Stirn – er glühte vor Fieber. »Nimm die Wasserflasche und setz dich in den Schatten unter den Baum, wo sonst keiner sitzt. Ich komme gleich und fahre dich nach Hause, Süßer«, sagte ich und ließ den Blick über die Menge schweifen, um meinen Mann und meinen jüngeren Sohn zu finden.

Da stand sie plötzlich vor mir – die Königin der Bienenköniginnen, die zickigste der Zickenmütter. Seit vielen Monaten schon war ich ihr erfolgreich ausgewichen, hatte mich, wenn ich sie im Schulflur sah, hinter dem Treppenaufgang versteckt, mich an richtige Freundinnen gehalten, wenn ich sie bei einer Veranstaltung sah, und gebetet, sie möge an mir vorübergehen. Unwillkürlich schnappte ich nach Luft und hoffte, sie sei irgendwohin unterwegs. Normalerweise gab sie sich nicht mit mir ab – wie auch, wenn sie mich nicht einmal bemerkte? Selbst wenn ich sie durch die rosa Brille gemeinsamer Kinderaufzucht und Fürsorge betrachtete, selbst wenn ich mir Entschuldigungen für sie ausdachte – sie litt an einer Essstörung; anscheinend ging ihr Ehemann fremd; sie zu sein war selbst dann nicht schön, wenn sie in einem brandneuen Chanel-Kleid steckte –, für mich war sie nur schwer zu ertragen. Geschichten über ihre jüngsten Gehässigkeiten gab es zuhauf. Frauen sagte sie im Beisein ihrer Freundinnen ins Gesicht, sie seien hässlich, sie seien dumm, mit ihren Kindern stimme etwas nicht. Ich hielt sie für eine Sadistin, schlimmer noch, für eine Kaiserin ohne Kleider, Chanel hin oder her. Da sie so reich und mächtig war, verdrehten die Leute nur hinter ihrem Rücken die Augen und wagten es nicht, sie wegen ihrer Gemeinheiten zur Rede zu stellen. Da sie so viel spendete, drückte die Schulverwaltung beide Augen zu. Alle anderen steckten ihre Beleidigungen widerspruchslos ein und setzten sich bei Veranstaltungen an ihren Tisch, in der Hoffnung auf ein Bröckchen Ich-weiß-nicht-was. Geschäfte? Geld? Eine Rüsche oder ein Bändchen von ihrer Haute Couture?

»Hi«, sagte sie und sah durch mich hindurch. Mein Gehirn hopste und hüpfte. Mein Kopf wackelte.

»Ach, Entschuldigung, mein Sohn ist ...«, begann ich ganz außer Fassung und schaute mich wild nach einem Fluchtweg um. Es kümmerte sie gar nicht, dass ich sprach, vielmehr unterbrach sie mich, als hätte ich kein Recht, auf ihren Gruß zu antworten.

»Ich habe von Ihrer Geschichte oder Ihrem Buch oder was immer es ist gehört. Wie heißt es?« Schon suchte sie den Rasen nach besseren Aussichten ab. Ich spürte, wie mein älterer Sohn meinen Ellbogen berührte.

Ich nannte ihr den Titel des Buches und wandte mich ihm zu, um ihm zu versichern, dass wir sofort aufbrechen würden.

»Guter Titel«, sagte sie ausdruckslos, und ihr Blick blieb für einen kurzen Moment gelangweilt an meinem Sohn hängen.

»Oh, danke, aber wir müssen ...«

»Hat sich bestimmt Ihr Verlag ausgedacht.« Es war keine Frage. Es war eine Feststellung. Kann ja gar nicht sein, dass du einen guten Titel zustande bringst, ganz zu schweigen von einem guten Buch und so weiter und so fort. Ich richtete mich auf und drehte mich wieder zu ihr. Sie lächelte geziert.

»Nein, der Titel ist von mir«, sagte ich zweifellos sehr steif und starrte ihr jetzt direkt in die Augen. Mein Sohn hustete. Mit einem sarkastischen Lächeln sagte sie: »Aber natürlich.« Einen Moment lang malte ich mir aus, etwas zu tun, was eine Frau aus Downtown getan hatte, als die Königin der Bienenköniginnen ihren kleinen Sohn beleidigt hatte. Sie hatte, so heißt es, der Königin die Hände auf die Schultern gelegt und feierlich verkündet: »Niemand. Mag. Sie.« Und war davongegangen. Sie glich dem sagenhaften Holzfäller Paul Bunyan, diese wagemutige Frau, deren Tat in Liedern und Klatsch weiterlebt.

Doch bevor ich entscheiden konnte, was ich sagen oder tun wollte, riss mich mein Sohn aus meinen Fantasien. Folgsam, wie er erzogen war, streckte er der Bienenkönigin wie in Zeitlupe seine Hand entgegen. Er wusste es nicht besser. Ich stellte mir vor, wie ich mich, ebenfalls in Zeitlupe, wie ein Superheld im Kino zwischen die beiden warf, dramatisch seine Hand abfing und »NEEEEEEEEEEEEEIN!« brüllte. Um eine andere Mutter vor dem gefürchteten Schnupfen oder Fieber bei Schulbeginn zu bewahren. Um mich um sie zu kümmern, wie diejenigen es getan hatten, die Mitgefühl mit mir zeigten, da sie es offenkundig benötigte. Ich sah mich am Boden liegen, das Kleid nach meiner freundlichen Heldentat mit Erde und Grasflecken beschmiert. Und die Königin der Bienenköniginnen blickte mich voller Überraschung und Dankbarkeit an.

Und dann war es ein gewöhnlicher Tag auf einem grünen Rasen, und ich tat nichts dergleichen, als sie die Hand meines Sohnes ergriff – schlaff, ohne jedes Interesse an ihm. Ohne mich von ihr zu verabschieden, zog ich ihn fort und bedankte mich, nachdem ich meinen Mann und meinen jüngeren Sohn aufgetrieben hatte, im Gehen hastig bei unseren Gastgebern. Und mit einem befriedigten Lächeln stellte ich bei einem abschließenden Blick auf das Partygeschehen fest, dass sich die Königin, ebenfalls im Aufbruch begriffen, Augen und Nase mit derselben Hand abwischte, mit der sie den Händedruck meines fieberkranken Sohnes erwidert hatte.

Etwas Ruhe und Ibuprofen, und mein Sohn wäre bald wieder gesund, das wusste ich. Die Sonne am strahlend blauen Himmel sank tiefer, und als unsere Familie mit heruntergekurbelten Fenstern nach Hause fuhr und ich den wunderschönen Nachmittag auf mich wirken ließ, stieg langsam ein gewaltiges Glücksgefühl in mir auf.

DANK

——

Ich danke den Frauen mit kleinen Kindern, die mich lehrten, eine Upper-East-Side-Mutter zu sein. Anfangs war ich vor ihnen genauso auf der Hut wie sie vor mir, doch sie bewiesen, was alle Primatologen wissen: Wir sind bemerkenswert prosoziale und affiliative Wesen, deren lange, intensive und höchst kooperative elterliche Entwicklung uns zum großen Teil zu dem gemacht haben, was wir sind. Die Upper-East-Side-Mütter, die mich und mein Projekt akzeptierten, waren hervorragende und großzügige einheimische Führerinnen, die mir den Weg zu einer ganzen Lebensart wiesen und mir mit Intelligenz, Humor und einem ausgeprägten Sinn für Spaß zugleich das dahinterstehende Glaubenssystem erschlossen. Sie erzählten mir amüsante und herzzerreißende Anekdoten zu allen bedeutenden Fragen, die Primaten beschäftigen – Macht, Elternschaft, Sex, Angst und Verlust, um nur einige wenige zu nennen. Sie führten mich hinter die Kulissen, öffneten mir ihre Wohnungen und Häuser, teilten ihre Einsichten, ihre Gedanken und Gefühle und – so wichtig für uns Menschenaffen – ihre Nahrung mit mir. Dank ihnen blieb ich nicht die Außenseiterin, sondern lernte die Wohltat kennen, in Gesellschaft anderer am Lagerfeuer zu sitzen. Ebenso zu Dank verpflichtet bin ich den Freunden und Freundinnen, die mir zuhörten, mich berieten und Dinge in einen Kontext stellen. Ich stehe in euer aller Schuld: Regan Healy-Asnes, Jill Bikoff, Lindsay Blanco, Jackie Cantor, Vivien Chen, Amy Fusselman, Elizabeth Gordon, Lauren Geller, Barrie Glabman, Judith Gurewich, Marjorie Harris, Eva Heyman, Suri Kasirer, Jennifer Kingson, Kelly Klein, Beth Kojima, Ellen Kwon, Nancy Lascher, Simone Levinson, Wellington Love, Eve MacSweeney, David Margolick, Jennifer Maxwell, Jackie Mitchell, Liz Morgan Welch, Arianna Neumann, Solana Nolfo, Jeff Nunokawa, Debbie Paul, Rebecca Rafael, Barbara Reich, Tina Lobel-Reichberg, Jessica Reif-Cohen, Atoosa Rubenstein, Jackie Sackler, Erica Samuels, Jen Schiamberg, Caroline Schmidt, Adam Schwartz, Carole Staab, Dana Stern, Rachel Talbot, Amy Tarr und Amy Wilson.

Meine Lektorin Trish Todd war einfühlsam, präzise und geduldig und versah ihre Arbeit mit der Sensibilität einer Mutter, die genau weiß, wie schützend andere Mütter sich vor ihre Kinder stellen. Sie war und ist eine Buchschamanin *par excellence*. Mein Dank gilt Richard Pine, der mehr als nur seine Pflicht tat, und Sandi Mendelson, die niemals rastet. Bethany Saltman leistete mir unermessliche Hilfe bei den Recherchen. Sehr verbunden bin ich den Professoren und Professorinnen Katherine MacKinnon, Richard Prum, Katie Hinde und Dan Wharton, die sich die Zeit nahmen, eine Außenseiterin aufzuklären, deren grundlegendes Missverständnis ihrer Weltsicht ihre Großzügigkeit oder Langmut nicht verminderte. Alle Fehler und Mängel in der wissenschaftlichen Grundlegung des Buches habe allein ich zu verantworten. Dank auch an die Experten Heidi Waldorf, MD, Dennis Gross, MD, Stephanie Newman, PhD, und Rachel Blakeman, JD/LCSW, deren Erkenntnisse über Schönheit und Angst meine eigenen Auffassungen zu diesen Themen beeinflusst haben.

Ohne die Hingabe mehrerer Alloeltern, die meine Kinder betreuten, hätte ich dieses Buch nicht schreiben können. Dank an Carlos Fragoso, Elizabeth Dahl und Sarah Swatez. Meine Kinder haben eine richtige Anhänglichkeit zu ihren liebevollen Cousins und Cousinen, Tanten und Onkeln, Großeltern und Halbschwestern entwickelt, denen ich dafür Dank schulde. Ein Dankeschön auch an meine eigene Mutter, die irgendwie die Zeit fand, meine Liebe zur Anthropologie und Biologie, zu Gloria Steinem und zu Jane Goodall und ihren Gombe-Schimpansen zu wecken, obwohl sie in großer Entfernung von ihren eigenen Verwandten, ohne irgendwelche Kindermädchen in Sicht, drei Kinder aufzog. Mein besonderer Dank gilt meiner Freundin Lucy Barnes, die mich mit charakteristischer Großzügigkeit und Güte fast täglich fragte: »Wie kommst du mit dem Buch voran?«, und mich zur Patin ihrer Töchter Sylvie und Willa machte.

Meine Kinder Eliot und Lyle lehrten mich, das Risiko der Mutterliebe einzugehen. Ich liebe euch, ihr Äffchen. Und schließlich mein bester Leser und die beste Wahl, die ich je getroffen habe, mein Mann Joel Moser. Dank ihm bin ich Mutter geworden und habe gelernt, dass Paarbindung, obwohl in evolutionärer Hinsicht eine Anomalie und nur ein winziges Pünktchen auf der Landkarte, sich wie ein Zuhause anfühlen kann. Dafür werde ich ewig dankbar sein.

EDITORISCHE NOTIZ

———

Dieses Buch ist ein *memoir*, also ein persönlicher Bericht. Er gibt meine Erfahrungen und Erlebnisse über einen Zeitraum von mehreren Jahren wieder. Einige Namen und identifizierende Details wurden abgewandelt, einige der dargestellten Personen setzen sich aus mehreren realen Vorbildern zusammen. Aus Gründen des Erzählflusses wie auch zum Schutz der Identität Einzelner wurde der zeitliche Zusammenhang bestimmter Ereignisse geändert oder verdichtet.

LITERATUR-
VERZEICHNIS

———

Baumeister, Roy / Dianne Tice. Anxiety and Social Exclusion. In: *Journal of Social and Clinical Psychology* 9, No. 2 (1990), S. 165–195.

Beck, Taylor. Estrogen and Female Anxiety: Study Suggests Lower Levels Can Lead to More Mood Disorders. In: *Harvard Gazette*, 9. August 2012.

Bell, Adrian Viliami / Katie Hinde / Lesley Newson. Who Was Helping? The Scope of Female Cooperative Breeding in Early Homo. In: *PlosOne*, 18. Dezember 2013 (www.plosone.org/article/info%3Adoi%2F10.1371%2Fjournal.pone.0083667, zuletzt abgerufen am 1. Oktober 2015).

Bennetts, Leslie. *The Feminine Mistake: Are We Giving Up Too Much?* New York, NY: Voice/Hyperion, 2007.

Blurton-Jones, Nicholas. The Lives of Hunter-Gatherer Children: Effect of Parental Behavior and Parental Reproductive Strategy. In: Pereira, Michael E. / Lynn A. Fairbanks (Hg.). *Juvenile Primates: Life History, Development, and Behavior.* New York, NY: Oxford University Press, 1993, S. 309–326.

Bogin, Barry. Evolutionary Hypotheses for Human Childhood. In: *Yearbook of Physical Anthropology* 40 (1997), S. 63–89.

Campbell, Anne / Markus Hausmann. Effects of Oxytocin on

Women's Aggression Depend on State Anxiety. In: *Aggressive Behavior* 39, No. 4 (2013), S. 316–322.

Carmon, Irin. Strong Proof: ›Drink‹ and ›Her Best-Kept Secret‹. In: *The New York Times*, Sunday Book Review, 15. 11. 2013 (www. nytimes.com/2013/11/17/books/review/drink-and-her-best-kept-secret.html, zuletzt abgerufen am 1. Oktober 2015).

Cronk, Lee / Napoleon Chagnon / William Irons (Hg.). *Adaptation and Human Behavior: An Anthropological Perspective.* Hawthorne, NY: Aldine de Gruyter, 2000.

Darwin, Charles. *The Descent of Man, and Selection in Relation to Sex.* London: John Murray, 1871 [dt.: *Die Abstammung des Menschen und die geschlechtliche Zuchtwahl.* Aus dem Englischen übersetzt von J. Victor Carus. Stuttgart: E. Schweizerbart'sche Verlagshandlung, 1871].

Deans, Emily. Dieting Can Make You Lose Your Mind. In: *Psychology Today*, 24. März 2011, Onlineausgabe (www.psychologytoday.com/blog/evolutionary-psychiatry/201103/dieting-can-make-you-lose-your-mind, zuletzt abgerufen am 1. Oktober 2015).

Donner, Nina / Christopher Lowry. Sex Differences in Anxiety and Emotional Behavior. In: *European Journal of Physiology* 465 (2013), S. 601–626.

Generalized Anxiety Disorder In-Depth Report. In: *The New York Times*, Onlineausgabe (www.nytimes.com/health/guides/disease/generalized-anxiety-disorder/print.html, zuletzt abgerufen am 1. Oktober 2015).

Gesquiere, Lawrence R. u. a. Life at the Top: Rank and Stress in Wild Male Baboons. In: *Science* 333 (2011), S. 357–360.

Glaser, Gabrielle. *Her Best-Kept Secret: Why Women Drink – and How They Can Regain Control.* New York, NY: Simon & Schuster, 2013.

Glaser, Gabrielle. Why She Drinks: Women and Alcohol Abuse. In: *The Wall Street Journal*, 13. Juni 2013 (www.wsj.com/articles/SB10001424127887323893504578555270434071876, zuletzt abgerufen am 1. Oktober 2015).

Grant, Adam M. / Barry Schwartz. Too Much of a Good Thing: The Challenge and Opportunity of the Inverted U. In: *Perspectives on Psychological Science* 6 (2011), S. 61–76.

Hays, Sharon. *The Cultural Contradictions of Motherhood*. New Haven, CT: Yale University Press, 1996 [dt.: *Die Identität der Mütter. Zwischen Selbstlosigkeit und Eigennutz*. Aus dem Amerikanischen von Brigitte Milkau. Stuttgart: Klett-Cotta, 1998].

Hays, Sharon. The Ideology of Intensive Mothering. In: Elizabeth Long (Hg.). *From Sociology to Cultural Studies: New Perspectives*. Malden, MA: Blackwell, 1997.

Hewlett, Barry S. / Michael E. Lamb (Hg.). *Hunter Gatherer Childhoods: Evolutionary, Developmental and Cultural Perspectives*. New Brunswick, NJ: Aldine de Gruyter, 2005.

Hoffman, Stephan / Anu Asnani. Cultural Aspects in Social Anxiety and Social Anxiety Disorder. In: *Depression and Anxiety* 27, No. 12 (2012), S. 1117–1127.

Hrdy, Sarah Blaffer. *Mother Nature: Maternal Instincts and How They Shape the Human Species*. New York, NY: Ballantine, 1999 [dt.: *Mutter Natur. Die weibliche Seite der Evolution*. Aus dem Amerikanischen von Andreas Paul u. a. Berlin: Berlin Verlag, 2000].

Hrdy, Sarah Blaffer. *Mothers and Others: The Evolutionary Origins of Mutual Understanding*. Cambridge, MA: Harvard University Press, 2009 [dt.: *Mütter und andere. Wie die Evolution uns zu sozialen Wesen gemacht hat*. Aus dem Amerikanischen von Thorsten Schmidt. Berlin: Berlin Verlag, 2010].

Konner, Melvin. *The Evolution of Childhood: Relationships, Emotion, Mind.* Cambridge, MA: Harvard University Press, 2010.

Kramer, Karen. *Maya Children: Helpers at the Farm.* Cambridge, MA: Harvard University Press, 2005.

Kramer, Karen. *Variation in Children's Work among Modern Maya Subsistence Agriculturalists.* Dissertation, University of New Mexico, 1998.

Lancy, David F. *The Anthropology of Childhood: Cherubs, Chattel, Changelings.* Cambridge: Cambridge University Press, 2008.

Malinowski, Bronislaw. *A Diary in the Strict Sense of the Term.* Preface by Valetta Malinowska. Introduction by Raymond Firth. Translated by Norbert Guterman. Index of Native Terms by Mario Bick. New York, NY: Harcourt, Brace & World, 1967 [dt.: *Ein Tagebuch im strikten Sinn des Wortes. Neuguinea* 1914–1918. Mit einem Vorwort von Valetta Malinowska und einer Einleitung von Raymond Firth. Übersetzt von Nils Thomas Lindquist. *Schriften in vier Bänden*, Bd. 4/1. Frankfurt am Main: Syndikat, 1986].

Malinowski, Bronislaw. *Argonauts of the Western Pacific: An Account of Native Enterprise and Adventure in the Archipelagoes of Melanesian New Guinea.* With a Preface by Sir James George Frazer. London: Routledge, 1922 [dt.: *Argonauten des westlichen Pazifik. Ein Bericht über Unternehmungen und Abenteuer der Eingeborenen in den Inselwelten von Melanesisch-Neuguinea.* Mit einem Vorwort von James G. Frazer. Aus dem Englischen von Heinrich Ludwig Herdt. Herausgegeben von Fritz Kramer. Frankfurt am Main: Syndikat, 1979].

Mauss, Marcel. *The Gift. The Form and Reason for Exchange in Archaic Societies.* Translated by W. D. Halls. Foreword by Mary Douglas. New York, NY: W. W. Norton, 2000 [Originalausgabe: Essai sur le don. Forme et raison de l'échange dans les sociétés archaïques. In: *L'Année sociologique. Seconde Série* (1923/ 24), dt.: *Die Gabe. Form und Funktion des Austauschs in archaischen Gesellschaften.* Mit einem Vorwort von E. E. Evans-Pritchard. Aus dem Französischen von Eva Moldenhauer. Frankfurt am Main: Suhrkamp, 1968].

Mead, Margaret. *Coming of Age in Samoa. A Psychological Study of Primitive Youth for Western Civilisation.* New York, NY: Morrow, 1928 [dt.: *Jugend und Sexualität in primitiven Gesellschaften*, Bd. 1: *Kindheit und Jugend in Samoa.* Aus dem Amerikanischen von G. Carnegie. München: Deutscher Taschenbuch Verlag, 1970].

Offer, Shira / Barbara Schneider. Revisiting the Gender Gap in Time-Use Patterns: Multitasking and Well-Being Among Mothers and Fathers in Dual-Earner Families. In: *American Sociological Association* 76, No. 6 (2011), S. 809-833.

Olson, E. C. u. a. *Take Care Upper East Side.* NYC *Community Health Profiles*, Second Edition, 2006 (www.nyc.gov/html/ doh/downloads/pdf/data/2006chp-305.pdf, zuletzt abgerufen am 1. Oktober 2015).

Rabinow, Paul. *Reflections on Fieldwork in Morocco.* With a Foreword by Robert N. Bellah. Berkeley, CA: University of California Press, 1977.

Sapolsky, Robert. How to Relieve Stress: Managing Bad Stress and Good Stress. In: *Being Human*, 27. März 2013 (www. beinghuman.org/article/how-relieve-stress, zuletzt abgerufen am 1. Oktober 2015).

Sapolsky, Robert. Peace Among Primates: It's Our Nature. In: *Being Human*, 27. März 2013 (www.beinghuman.org/article/peace-among-primates, zuletzt abgerufen am 1. Oktober 2015).

Sapolsky, Robert. *A Primate's Memoir: A Neuroscientist's Uncon-*

ventional Life Among the Baboons. New York, NY: Scribner, 2002.

Scutti, Susan. Rich Women Most Likely to Binge Drink. In: *Medical Daily*, 24. April 2013 (www.medicaldaily.com/rich-women-most-likely-binge-drink-245248, zuletzt abgerufen am 1. Oktober 2015).

Shostak, Marjorie. *Nisa: The Life and Words of a !Kung Woman.* Cambridge, MA: Harvard University Press, 1981, 2000 [dt.: *Nisa erzählt. Das Leben einer Nomadenfrau in Afrika.* Deutsch von Manfred Ohl und Hans Sartorius. Reinbek bei Hamburg: Rowohlt, 1982].

Small, Meredith F. *Kids: How Biology and Culture Shape the Way We Parent Young Children.* New York, NY: Anchor, 2002.

Small, Meredith F. *Our Babies, Ourselves: How Biology and Culture Shape the Way We Parent.* New York, NY: Anchor, 1999.

Smith, Harriet J. *Parenting for Primates.* Cambridge, MA: Harvard University Press, 2005.

Smuts, Barbara. The Evolutionary Origins of Patriarchy. In: *Human Nature* 6, No. 1 (1995), S. 1–32.

Sterck, Elisabeth u. a. The Evolution of Female Social Relationships in Nonhuman Primates. In: *Behavioural Ecology and Sociobiology* 41 (1997), S. 291–309.

Stockley, Paula / Anne Campbell (Hg.). *Female Competition and Aggression: Interdisciplinary Perspectives.* The Royal Society, Philosophical Transactions B, 28. Oktober 2013.

Symons, Jane. Caveman Fasting Diet May Leave Women Diabetic. In: *Sunday Express*, 27. Januar 2013 (www.express.co.uk/life-style/health/373665/Caveman-fasting-diet-may-leave-women-diabetic, zuletzt abgerufen am 1. Oktober 2015).

Thompson, Clive. The Ecology of Stress. In: *New York Maga-*

zine, 15. September 2010 (nymag.com/nymetro/urban/featu-
res/stress/10888, zuletzt abgerufen am 1. Oktober 2015).

Volk, A. A. / J. Atkinson. Is Child Death the Crucible of Human Evolution? In: *Journal of Social and Cultural Evolutionary
Psychology* 2 (2008), S. 247–260.

Waal, Frans de. *The Bonobo and the Atheist: In Search of Huma-
nism Among the Primates*. New York, NY: W. W. Norton, 2014
[dt.: *Der Mensch, der Bonobo und die Zehn Gebote. Moral ist älter
als Religion*. Aus dem Amerikanischen von Catherine Hor-
nung. Stuttgart: Klett-Cotta, 2015].

Walter, Chip. Why Are We the Last Apes Standing? How
Childhood Helped Modern Humans Conquer the Planet. In:
Slate, 29. Januar 2013 (www.slate.com/articles/health_and_
science/science/2013/01/evolution_of_childhood_prolon-
ged_development_helped_homo_sapiens_succeed.html,
zuletzt abgerufen am 1. Oktober 2015).

Warner, Judith. *Perfect Madness: Motherhood in the Age of Anxiety*. New York, NY: Riverhead Press, 2005.

Weisner, Thomas / R. Gallimore. My Brother's Keeper: Child
and Sibling Caretaking. In: *Current Anthropology* 18 (1977),
S. 169–190.

Zimmerman, R. u. a. *Summary of Vital Statistics, 2012: Pregnancy Outcomes*. New York, NY: New York City Department of
Health and Mental Hygiene, Office of Vital Statistics, 2013
(www.nyc.gov/html/doh/downloads/pdf/vs/vs-pregnancy-
outcomes-2013.pdf, zuletzt abgerufen am 1. Oktober 2015).